ERP系统原理及企业建模精华

——企业管理者和财务经理人的系统思维和实践框架

王 征 著

中国财政经济出版社

图书在版编目（CIP）数据

ERP系统原理及企业建模精华：企业管理者和财务经理人的系统思维和实践框架/王征著．—北京：中国财政经济出版社，2013.5

ISBN 978-7-5095-3957-6

Ⅰ．①E… Ⅱ．①王… Ⅲ．①企业管理-计算机管理系统-研究②企业管理-管理信息系统-系统建模-研究 Ⅳ．①F270.7

中国版本图书馆CIP数据核字（2012）第228619号

责任编辑：陆宗祥　　责任校对：徐艳丽
封面设计：陈　瑶　　版式设计：董生平

中国财政经济出版社 出版

URL：http：//www.cfeph.cn

E-mail：cfeph@cfeph.cn

社址：北京市海淀区阜成路甲28号　邮政编码：100142

营销中心电话：88190406　北京财经书店电话：64033436　84041336

北京富生印刷厂印刷　　各地新华书店经销

787×960毫米　16开　16.5印张　246 000字

2013年6月第1版　2013年6月北京第1次印刷

印数：1—3000　定价：55.00元

ISBN 978-7-5095-3957-6/F·3212

（图书出现印装问题，本社负责调换）

本社质量投诉电话：010—88190744

反盗版举报热线：88190492、88190446

前　言

ERP系统进入商务运作领域由来已久，它使得现代企业将越来越多的活动集成到统一的平台和门户来完成，做到同类事务遵循唯一的处理流程，同一事务存在唯一的数据记录。ERP系统为商务运作提供了一种管理模式、一整套管理技术和建立在上述模式和技术体系之上的集成化IT解决方案。和传统教育专注于一般的理论和原理，传授关于“什么是……”、“应该是……”等类似的知识有所不同，ERP关注企业实践的完整场景和知识应用的技术途径，致力于“怎样在实践中把事情做对、做成、做好”，弥补了传统教育和企业经营管理实践的需求之间的脱节，这些正是ERP系统能够获得企业界一致认同、广泛应用和高度评价的根本原因。成功的ERP应用软件供应商及其合作伙伴正在成为或已经成为最具实力的公司顾问，因为他们不但能够告诉客户什么是先进的管理模式和管理技术，而且能够为客户提供在实践中采用这种模式和技术的解决方案。

现代企业管理者和财务经理人想要驾驭企业经营活动及其财务表现，必须深入和系统地学习ERP系统的原理和企业建模的理论。这是因为，第一，和传统的手工加简单软件环境相比，ERP作为企业经营运作的集成化解决方案有着诸多崭新的特点，对ERP的深入而系统的了解不是通过简单使用和一般接触就能做到的。企业管理者只有真正掌握了ERP系统的原理，才能够顺利地使用好ERP并充分开发和利用ERP所具备的潜能；才能对门类众多的商业化ERP软件做出准确的评估，从而找到适合各自业务需求的解决方案；才能在ERP实施过程中避免大量的时间和资金的浪费。第二，任何实际运行中的ERP，都无法做到100%地覆盖日常业务操作和事务处理，运用企业建模的理论和方法，创造性地设计出这些未覆盖领域的解决方案并使它们和原有ERP功能实现集成，是对每一位管理者的现实考验。第三，ERP不是管理的终结者，ERP本身也在不断的演进、成长和扩展之中，而且这种演进、成长和扩展是永无止境的。现代企业的管理者和财务骨干仅仅掌握企业现行的ERP系统的管理模式、技术体系是远远不够的，他们必须学习体现ERP思想精髓和未来发展趋势的企业建模理论和方法，以便在一个更为开放的平台上构筑更加个性化的商务解决方案，体现其有别于其他企业的差异化竞争力，并通过持续改善适应不断变化中的经营环境和管理需求。第四，企业内部的IT部门承担的只是用户需求的实现手段开发和后期维护的角色，对整个企业内部模型需求和信息处理的完整定义的重任往往会落在需求最为密集和严谨的财务负责人肩上。最后，由于ERP系统及企业建模代表着各个行业和职能领域的最佳管理实践和前沿解决方案，因此ERP系统原理及企业建模理论方法的学习，对于尚未应用ERP系统和企业建模手段作为商务运作解决方案的企业而言也具有现实的参考意义。

然而，大部分人员对ERP的了解多是在某一个具体的商业化ERP软件的使用过程中完成的。这类学习主要包括用户手册的阅读和理解以及实际操作的培训和练习。这个途径的主要问题是：第一，商业化ERP软件只对购买产品的企业的用户开放，其他人员很难得到学习的机会。第二，绝大部分用户仅仅有机会接触和了解商业化ERP软件的局部功能。第三，不同商业化ERP软件的结构体系和技术特点各不相同，针对特定ERP软件的学习所形成的知识和技能具有局限性。第四，无论是用户手册还是操作培训，往往都偏重于具体的操作步骤和规则，很少涉及 ERP 系统的原理和企业建模的方法。帮助读者透过主流 ERP 商业软件的具体表现，认识和掌握 ERP 系统的共性规律和企业建模的一般策略，从而建立起企业管理者和财务经理人应有的系统思维和实践框架，这正是本书肩负的使命。

内容提要

仔细阅读本书介绍将有助于您对本书的特色价值和体系结构建立正确的认识，从而更好地结合您的具体需求安排好学习计划。

本书的内容概要

本书旨在为企业管理者和财务经理人提供有关企业管理和模型构建的系统思维和实践框架。

本书首先以管理的实践框架为背景，给出了ERP系统和企业建模的管理学定位。在这个实践框架中，企业管理者需要面对三个基本问题：一是怎样形成正确的预谋来指引企业获得长远的竞争优势；二是怎样以有效果的和有效率的方式来运转企业并实现预谋；三是怎样处理和人有关的问题。ERP系统和企业建模致力于为第二个基本问题提供先进和可靠的解决方案。

对ERP原理的系统化挖掘和梳理、对企业建模理论的深刻探索和构建以及在ERP原理和企业建模理论基础上对综合性财务解决方案的总体规划构成了本书的主干内容。

本书的主要对象

本书的目标人群为中高层企业管理人员、企业财务骨干、企业ERP高级用户、管理及财务专业研究生、MBA学员、EMBA学员以及对ERP系统原理和企业建模方法有兴趣且具备一定企业运作和管理知识、经验的其他人员，本书对应用软件系统分析员或相关专业的高校学生也将会提供十分有益的帮助和启发。

本书的特色价值

本书作者基于对商业化 ERP 软件的主流产品的研究和在多家优秀跨国企业十多年的财务管理工作经验，提升形成了 ERP 系统的逻辑原理、模型结构、实现手段以及这些技术背后所体现的管理理念，并在 ERP 系统原理和企业建模理论的基础上，对综合性财务解决方案进行了总体规划。通过学习，读者不但可以对 ERP 系统原理和企业建模理论建立起整体和深入的理解，而且能够培养和锻炼读者构建综合性财务解决方案的能力。

本书在全局上体系完整，结构合理，逻辑严谨；在内容上见解透彻，论述充实，图文表现力到位，理论和实践并举。更值得一提的是，本书坚持系统思维和实践框架的完整性和可操作性，拒绝避实就虚和避重就轻。和本书相比，以往见到的有些 ERP 书籍只是针对某一个具体的 ERP 软件的功能性介绍，或是侧重于业务运作部门的功能，往往较少涉及功能背后的一般原理和共性规律，而对企业模型的完整结构以及综合性财务解决方案的完整规划的探索和构建更显缺乏。因此，本书是一部值得信赖的关于 ERP 系统原理和企业建模方法的独特著作。

本书的另一个可取之处就是它从管理和应用的角度来阐述 ERP 系统和企业建模，这使得本书有别于那些侧重于 IT 技术的 ERP 书籍。从而大大减低了 ERP 学习对 IT 背景知识的要求，做到深入浅出。当然，本书对理解 ERP 系统和企业建模所需具备的基本 IT 知识也做了恰到好处的介绍。

本书的体系结构

本书分为五章：

第一章阐述了管理的实践框架，并由此引出了作为管理的五大任务之一的企业建模的概念，帮助读者深刻领悟和确立企业建模在整个管理框架中的地位和作用。虽然管理实践对企业模型有着十分迫切的需求，但由于它的复杂性，建立和维护企业模型需要建模理论、建模工具和执行保证三方面的支撑。集理论、工具和保证于一身的 ERP 在这样的铺垫下进入读者的视线就有了明确的管理学定位。

第二章以现代企业的日常运作为背景，描述了现代企业日常运作所面对的事务的复杂性和需求的挑战性，从而使读者对 ERP 这个现代商务运作的集成平台建立起初步的概念和认识。在这个基础上，本章从企业的角度提出了学习和实施 ERP 的基本策略以及避免进入 ERP 的认识误区的建议和思考。最后，本章介绍了 ERP 由 MRP 开始发展到今天的各个主要阶段的基本原理和进步标志，为后续章节有关 ERP 系统的学习完成了铺垫。

通过一段精确的文字给出 ERP 的定义或概念固然十分重要，但这对于了解像 ERP 这样的复杂系统显然是不够的。第三章通过图形化的语言为读者绘制出 ERP 的“肖像”，并通过文字对 ERP 的“肖像”加以描述，这就是 ERP 的概念模型表述。由于 ERP 是一个十分复杂的系统，ERP 的“肖像”存在着不同的侧面，本章分别从 ERP 的职能结构、动力结构和信息结构为 ERP 绘制了三个概念模型，使读者对 ERP 系统的内涵建立起清晰的整体框架。

第四章以 ERP 的概念模型中的信息模型为线索，引领读者深入 ERP 内部，探寻其主要构件的逻辑原理。首先介绍的是数据库的基本概念和一般原理，接着，本章按照事务处理、格式报告和商务智能三个层次，对 ERP 的工作逻辑进行了深入的介绍。

无论是从概念上考察和描述 ERP 系统的职能结构、动力结构和信息结构，还是通过工作逻辑去理解 ERP 的事务处理、格式报告和商务智能等主要信息处理过程的基本原理，都只是对

ERP已有功能的一种认识，但它们都无法解释一些更加深入而根本的问题。比如，企业怎样才能清楚而且完整地定义和描述自己的商务运作管理需求？企业怎样才能判断一个具体的商业化ERP软件系统所提供的功能是否可以满足企业的商务运作管理需求？企业的具体商务运作管理需求是如何在通用性的商业化ERP软件系统中得以实现的？这些问题的答案与企业模型理论和建模手段有关。因此，和ERP的概念模型和工作逻辑相比，企业模型理论和建模手段将更加深入而且根本地帮助管理者建立适合企业需求的模型并在ERP环境中加以实现。第五章由三部分内容组成。第一节介绍了企业模型的主要构件，第二节解析了企业模型的构建和配置过程，第三节在ERP系统原理和企业建模理论基础上对综合性财务解决方案做出了总体规划。

目　录

1

管理的实践框架

本章阐述了管理的实践框架，并由此引出了作为管理的五大任务之一的企业建模的概念，帮助读者深刻领悟和确立企业建模在整个管理实践框架中的地位和作用。虽然管理实践对企业模型有着十分迫切的需求，但由于它的复杂性，建立和维护企业模型需要建模理论、建模工具和执行保证三方面的支撑。在这样的铺垫下集理论、工具和保证于一身的 ERP 进入读者的视线就有了明确的管理学定位。

1.1 管理的一般概念

什么是管理

什么是管理？这似乎是一个极其简单的问题。很多人都了解管理理论，或正在从事着管理实践。但大部分情况下，尽管“管理”可能是他们每天从事的工作，但他们却未必能够对这个问题给出精辟的一般性陈述。是否能够准确全面地理解“什么是管理”，对于从事管理实践的经理人是至关重要的。管理者可能每天都在忙碌着应付很多被别人推来的事务，但他们是否真正清楚自己必须做好哪些事？实施管理可以凭借哪些有效的手段？管理的目的是什么？如何评判管理的成效？找到这些问题的正确答案是保证管理有效性的基本前提。为此，管理者需要有一种结构统驭他们的思考和行为，否则，管理活动往往只是管理者的一种自发行为，管理者要在这种情况下驾驭复杂的局面和过程、保持管理的一贯有效性是令人难以置信的。

事实上，最近的100多年来，管理实践和理论研究的先驱们也一直在寻找这些问题的答案。20世纪初的古典管理理论主要包括以泰勒、吉尔布雷斯夫妇和甘特为代表的科学管理以及以法约尔、莫纳和韦伯为代表的一般组织理论。科学管理强调通过对一项操作的合理性分析科学地确定其最佳作业方法，从而提高操作人员的劳动效率。与此相对应，一般组织理论的重要贡献在于它提出了关于管理的一般职能和原则以及组织的原则和模式，并且相信管理者可以通过这些原则、模式和职能的运用来提高整个组织的效率。1912—1932年期间开展的著名的霍桑实验，标志着忽略人性特点、强调技术因素、通过纯粹的最佳作业方法、通过普遍适用的管理和组织的原则追求个体和组织效率的古典管理思想开始受到挑战。由此发展起来的人力资源管理理论主要包含以个人行为和作业小组之间的相互作用为主要关注点的人际关系理论，和以人际关系理论为开端，以心理学、社会学以及人类学为基础的行为科学理论，为现代人力资源管理理论奠定了坚实的基础。对管理实践和理论发展的第三项重要贡献来自于近50多年来以人机复杂系统的行为研究和预测为主要目标，以定量优化决策分析为技术手段的管理科学。

虽然古典管理、人力资源和管理科学的演进有着其历史的先后顺序，但这并不意味着后期出现的观点是对前期思想的完全取代，相反，这种演进的结果是新的理论和方法成为了原有理论的发展和补充。与此同时，每个阶段的管理思想仍然在各自的理论体系中继续完善。因此，人们开始思考如何将这些不同的管理实践和理论的成果和方法统一到一个框架之内，使人们得到有关管理的准确且完整的认识。其中，最有影响力的是管理的系统方法和权变方法。系统方法强调任何组织都是由相互联系的诸多要素组成的动态开放系统，这个系统通过转换过程将系统输入转变为系统输出，实现整体目标。管理者应当将组织中的各个要素当作组织整体的一部分，而不是单独地和独立地处理它们各自的问题。在实施任何管理行为的时候都需要充分考虑它们将给组织的各个部分带来的预期的和非预期的影响。权变方法则认为普遍适用的一般管理原则和组织假设是不存在的，管理者必须审时度势，根据具体情况灵活选择恰当的方式。

管理的概念

基于对管理实践和理论发展的充分了解，采用管理的系统方法和权变方法，可以对管理的一般概念做这样的总结：管理是人们为使一个社会经济系统对外适应和影响不断变迁的生存环境，对内构建、保持和调整其功能结构，从而通过其有效率的运行来有效果地达成其整体的意图和使命而进行的目标设立、方案制订、制度修订、过程和结果控制以及对员工和团队的领导等基本活动。

上述关于管理的定义包含了以下一些含义：

（1）管理的对象是开放的社会经济系统，它是由具有一定相互关系的人和其他重要资源构成的具有经济意义的有机整体；

（2）这个开放的社会经济系统具有整体使命，存在于该系统内部的各个要素应该服从于这种使命，管理的目的就是谋求系统的整体使命的达成；

（3）这个开放的社会经济系统存在于一定的外部环境之中，管理者必须根据内部资源的状况，动态地调整系统的运行方式，在适应环境的前提下得以生存，进而对环境施加积极的影响；

（4）管理者需要建立和维护社会经济系统中的各个要素之间的相互联系，使这些要素在以一定的结构形成的整体中发挥各自的作用；

（5）系统整体的意图和使命需要通过系统的运行来达成，管理者必须着手于系统的日常运行的效率，着眼于使命达成的效果；

（6）人是社会经济系统中最为关键和活跃的要素，也是区别于其他物质对象的最为复杂的要素，管理者必须以特有的方式对之加以优先关注；

（7）管理的基本活动包含设立目标、拟订方案、修订制度、控制过程和结果、领导员工和团队。

由此可见，管理的概念有着丰富而深刻的内涵。只有当管理者了解了应该关注哪些重要资源，需要完成哪些管理任务，通过哪些基本活动和基本技能完成这些任务，从而使得整个系统通过有效率的运行来有效果地实现整体使命。上述管理概念的内涵可以用图 1.1－1 形象地描述。

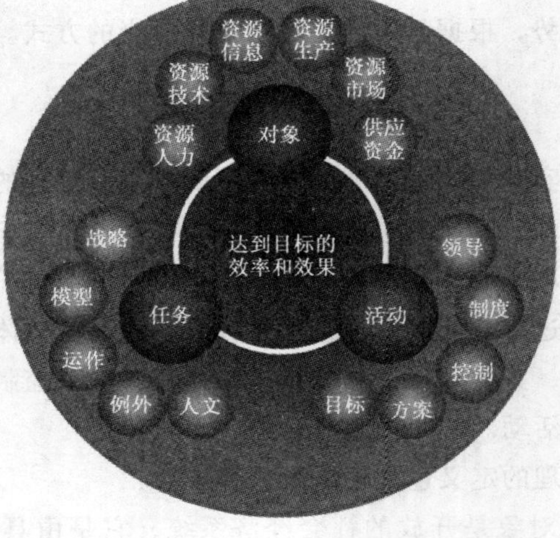

图 1.1－1　管理的概念

1.2 管理的基本对象

管理的对象是社会经济系统。管理者必须通过对社会经济系统的考察，找到构成这个系统的基本自然元素，即能够支持这个系统的最初创立和后续生存的根本资源。因为只有这样，管理者才能知道应当保护和开发什么资源，从而保证该社会经济系统的长期生存和健康成长。在社会经济环境中，企业是诸多这样的系统中的最具有代表性的存在形态。人们或按职能将企业划分成采购、储运、生产、销售、市场、人事、IT 和财务等不同的专业领域，或按地域分布将其划分成不同的地区组织，或按产品技术和细分市场将其划分成不同的业务单元，或通过上述多种划分标准的交叉来划分企业的不同组成部分。然而，通过这些划分而得到的只是组成企业的派生元素，而不是基本自然元素。企业的基本自然元素包括市场资源、技术资源、信息资源、生产资源、人力资源和货币资金六个类型。

市场资源

市场资源是决定企业市场地位的价值标签，它涵盖十分广泛的具体形态。市场资源可以是企业的市场进入资格，或是体现市场优势的商誉；也可以是企业多年经营形成的分销网络，或是公司和客户之间的战略合作和联盟；还可以是具有一定忠诚度的特定消费人群，或是一批有着长期稳定合作基础的重点客户。有时，市场资源是通过企业的经营而不断积累的市场认可，有时，它是企业通过兼并收购得到的知名品牌。

市场资源始终是处于动态变化中的。新的市场资源会在企业经营过程中诞生；已经存在的市场资源可能会在企业经营过程中得到强化和扩大，也可能萎缩、退化和消失，甚至形成“负资源”。市场资源的消长变化与企业的市场营销行为和销售活动有着密切的关系。正确的市场营销策略和销售安排，将使得企业的市场资源从无到有，从弱到强，从小到大；相反，失当的市场营销策略和销售安排，将对企业的市场资源产生危害。但是，良好的市场营销方案和销售实践并不构成市场资源正向发展的充分条件，即便企业对外通过出色的市场营销措施和销售手段建立了某种市场资源，如果没有相应的企业“内功”的支撑，已经获得的市场资源也将很快消失殆尽。从长期来考察，市场资源的创建、强化和扩大需要企业能够持续兑现自己对市场在价格、质量、交货期和服务方面的承诺。同时，市场资源的创建、强化和扩大离不开员工的努力，管理者还是应当尽量避免市场资源过多地依赖于个别员工的个人能力。

生产资源

直观的生产资源包括生产活动所必须具备的场地、建筑物、设备、能源以及其他战略性物资。如果对此进行更加深刻的思考，生产资源应该是企业和它的上游供应商所组成的供应链的整体竞争力，这种竞争力具体表现在质量、成本、交货期和服务四个方面。为了获得和保持生产资源方面的优势，企业不但需要对土地、建筑物、设备、能源等直接生产要素进行正确的投资，还需要对它们进行定期维护和持续改良，延长其使用寿命，提高其生产效能。此外，企业还应该不断改善生产计划、组织方式和生产工艺，提高直接生产要素的使用效率，缩短产品的生产周期；全程落实质量保证体系，确保产品质量；持续压缩成本，减少和杜绝浪费，加速资金周转，以便在价格受到竞争压力时，仍能使企业保持甚至增加利润空间；建设完善的服务网络和客户需求处理程序，为市场提供优质的客户服务。

技术资源

企业的技术资源肩负着产品设计和应用的创新、现有产品性能的改善以及通过结构优化和材料替换在不影响原有性能的前提下的成本节约等重任。技术资源的强弱对企业的新产品开发、应用领域的拓展、现有产品的更新换代和降低成本有着决定性的作用。因此，技术资源是企业保持和增加利润空间的秘密武器。

技术资源可以是来自企业外部的、由企业付费使用的专利权、专有技术和技术诀窍，也可能是通过企业内部技术部门的研发而获得的自主知识产权以及在长期技术实践中形成的专业特长和宝贵经验。企业在购买外来技术资源前必须对标的物的基本内涵、应用前景和量产可行性等关键内容做深入、细致的了解和研究；在决定对内就某一个研发项目进行大量投入前，也要对该项研发的方向、成功的机会和应用前景进行充分的讨论。

技术资源是企业的核心机密，也是企业技术进步的核心动力。因此，必须制定有效的保护措施，建立技术人员工作过程和工作成果的文档标准，及时整理和备份技术人员的工作文档并设定严格的查询和修改权限，杜绝将任何技术数据拷贝到公司服务器以外的其他媒介。对于核心技术，必要时应当做适当的拆分，并将拆分后的任务交给多个技术小组执行。

信息资源

无论现代通信和互联网技术如何发达，信息永远不会自动地、对称地、完整地、透明地、毫无代价地摆在每个企业和个人的面前。通过合法手段获得有价值的商业信息，为决策和经营提供参考依据对企业抢占商业先机、选择正确的策略和方案无疑是至关重要的。和企业生存发展相关的信息包括市场需求、技术进步、竞争对手、生产资源，以及供应商、客户、价格、国家政策等，内容繁多，来源渠道也存在诸多选择，取得的信息的真实性、及时性、相关性、准确性也各有所异。企业是否能够以合理的代价，通过恰当的渠道获取必要的信息是企业生存和发展的一项必要条件。一般的，完全独立于企业内部专业人员的商业化信息产品给企业带来的竞争优势是非常有限的，它们更多的作用是避免企业处于竞争劣势。企业内部优秀的专业人才对信息需求的甄别和对信息来源渠道的遴选能力，对取得的信息加以过滤、辨析、挖掘的能力，以及根据相关信息迅速采取行动的反应能力等，往往才是帮助企业在信息资源的竞争中获得优势的关键因素。

人力资源

人力资源包括劳动力资源和人才资源。在劳动密集型企业，劳动力资源的保有量和生产对劳动力资源的需求量成为管理者常常需要关注的一对矛盾。有时大量闲置的劳动力成为企业的沉重负担，有时大批集中到来的订单又造成了劳动力的急剧短缺。另外，劳动力工资不断上升的压力也需要管理者运用专业智慧加以合理化解。对操作技能依赖程度高的劳动岗位，也会常常在招聘和留任环节遇到困难。大规模的劳动密集型企业还会面临对员工培训及员工的健康、安全、卫生、纪律、情绪等诸多问题。

和劳动力资源相比，人才资源是一项更为活跃和复杂的元素。人才资源拥有的技能是复杂、高级和综合技能，他们的岗位和工作对企业有着广泛而深远的影响。这种影响力的建立，除了自身长期学习和积累的知识和技能背景之外，常常还需要通过对企业或者行业实务的长期了解后获得，这样的影响力很难在短期内得到复制。因此，企业管理者一方面需要考虑如何尽可能使得人才资源在企业内部得到长期保留，同时还需要有计划地培养后备人才，并通过有效的安排使得人才个体在岗时对企业整体的积极影响能够达到期望的效果，但当他（她）离岗时，其对企业整体的不利影响能够被控制在企业能够合理承受的范围之内。

人才资源的活跃性和复杂性还在于当人才资源具备开发其他基本自然元素的能力或直接拥有某项基本自然元素时，该基本自然元素就会被人才资源所替代。也就是说，其他基本自然元素的不足可能通过相应的人力资源的引进得到强化，企业对其他基本自然元素的需求有时可能会转化为对人力资源的需求。正因如此，人才是企业在任何情形下无可争议的首要战略资源。但是，企业需要的各项基本自然元素不可能百分之百地通过企业内部的人力资源的独立工作来获得，企业内部的人力资源往往需要通过和外部人员的分工合作或是通过直接购买和相互渗透来获得企业需要的其他基本自然元素。因此，企业需要通过战略思考和权衡来合理确定、适时调整自己的边界，来自企业边界以外的其他基本自然元素在不同程度上都独立于企业内部的人员而存在，从企业边界之外引进或直接从内部培养人才资源也应该以对各项基本自然元素的整体考察为导向。

货币资金

虽然货币资金并不能取代其他基本自然元素独立支撑企业，但企业的其他基本自然元素最终都将以货币资金来换取，有时甚至以货币资金来计量，同时，货币资金还是企业日常经营周转所不可或缺的。从企业在最初设立和建设期的原始资本金投入，到企业进入经营运作期的流动资金需求，再到企业为扩大经营规模和范围追加投入的资金，都说明企业不能够离开资金而生存和发展。

货币资金的来源分为企业外部和企业内部。股东、投资人、商业贷款、商业信用等都是企业从外部获取货币资金的途径，企业货币资金的内部来源取决于企业的盈利能力和对现金流的管理。从根本上看，外部资金供应的状态最终取决于外部资金持有人对企业的盈利能力、现金流状况以及风险等级的相对判断，一个持续亏损、现金流转困难、风险等级高于行业均值的企业是不可能再从外部获得任何资金的。因此，增强盈利能力、改善现金流状况、降低风险等级是管理者需要关注的核心问题。为此，企业必须通过市场营销手段和销售活动、持续的新产品投放和现有产品的改良以及能够快速提供优质产品和服务的供应链来确立和巩固自己的市场优势，同时，对内专注于降低成本和其他资金消耗，减少流动资金的占用，提高固定资产的使用效率，严格控制投资风险、经营风险和财务风险，保证其资金的综合盈利能力，避免在财务表现上出现过大的起伏。这些对于建立企业外部资金持有人的信心是极为重要的。由此可见，从企业外部获得货币资金的能力堪称企业的综合能力和终极能力的“晴雨表”。

明确管理对象的基本自然元素对管理者而言具有相当重要的意义，因为它们才是管理最终的着力点。在不同的企业、同一企业的不同业务单元、同一业务单元的不同阶段，这些基本自然元素总是交替变化的，或成为公司发展的核心优势，或成为制约公司生存和发展的“瓶颈”。企业管理者应当根据这些基本自然元素的强弱对比确定相应的竞争战略和管理重点。在对这些元素进行审视和考察的过程中，管理者需要认清这些元素的内涵是什么，它们对企业的现状和中长期未来会有怎样的影响，企业现有的基本自然元素是否处于安全状态，企业还需要新增或强化哪些元素，企业应该通过什么渠道或采取哪些措施来获得或强化这些元素，以及如何保证这些元素的长期安全性。

1.3 管理的基本任务

对管理职能的思考和总结一直以来都是管理文献和书籍的核心内容，但是有关“管理者的任务”仍然鲜见成熟的归纳。既然管理的目的是使得社会经济系统通过有效率的运作实现良好的目标达成效果，那么，进一步思考为了实现管理的目的需要完成的主要任务就成为一种合乎逻辑的自然推理。管理的任务是对管理目的实现在管理者行动上的分解，也是指引管理者思考的框架，而管理职能本身并不是管理的任务和目的，它们只是完成管理任务过程中可以运用的途径或手段。管理者的主要任务包括战略谋划、企业建模、常规运作、例外处理和人文建设五个方面。

战略谋划

管理者的首要任务是为企业进行战略谋划。战略谋划就是确定企业的使命定位、长期目标以及实现这一定位和目标的基本策略和时间进程。很显然，各个部门从各自立场出发所产生的整体效果不可能自发形成对企业整体最有利的战略。在最近的几十年中，企业最高管理者和其他职能或部门管理者的区别已经得到了充分的诠释和理解。企业最高管理者绝不应该只是各个部门管理者的协调员和监管员，他们更重要的角色应该是从企业整体的角度进行战略谋划的思考者和战略实施的推动者。通过战略谋划为企业指明长期发展方向已在实践中被公认是企业最高管理者的首要任务。战略谋划不仅使得各个部门的策略和导向朝着同一个目标体系，更重要的是，战略是企业生存和发展的预谋。在外部环境、产业结构和内部资源状态不断变化的今天，没有预谋的自发运行会使得企业最终难逃灭顶之灾。

根据 Michael Porter 著 *Competitive Strategy*：*Technoiques for Analyzing Industries and Competitors*（The Free Press 1998）中 Introduction，1980 的 FigureI－1 和 Figure I－2，战略内容和谋划过程可以通过图 1.3－1 得到形象的描述。战略谋划通过对企业外部环境分析（包括政治、经济、人文和自然环境）、产业结构分析（包括供应商、竞争对手、可能进入的新对手、可能出现的替代性产品以及客户五种力量）和对企业内部基本自然元素的分析（包括市场、生产、技术、信息、人力、资金六种资源）在较长期间内（3—5 年甚至更长的时间跨度，往往以一年为周期向前滚动）确定企业的使命定位（根据自身的资源优势和劣势以及在外部环境和产业结构中的机会和威胁找到差异化的生存方式）和发展目标（市场份额、销售收入、经营利润、社会责任等经济和非经济的指标）以及与之相关的实施策略、时间进程、资源需求和风险评估。

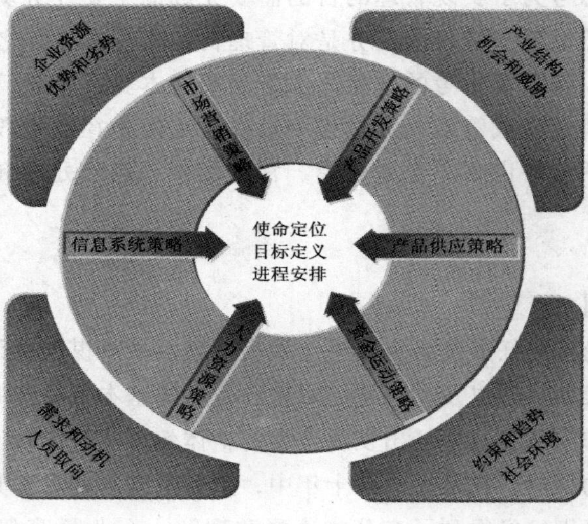

图 1.3－1　战略内容和谋划过程

战略谋划中常见的企业目标有细分市场定位、预期市场份额、预期收入和利润、预期投资回报率等。而策略无外乎市场营销、产品开发、产品供应、信息资源、人力资源和货币资金等六个方面，以此帮助企业在六类基本自然元素中获得某种程度和范围的竞争优势。表 1.3－1 示意性地展现了战略谋划基于必要的战略假设所形成的量化目标和策略。这些要素以计划期基准年为标杆，既高度概括，又相互关联。

表 1.3－1　　经营和资源需求计划的主要指标

计划项目	基准年	基准年＋1	基准年＋2	基准年＋3	基准年＋4	基准年＋5
主要指标						
市场份额						
销售收入						
边际利润						
税前利润						
资产总值						
员工总数						
财务杠杆						
股权收益率						
实现策略 1－新产品投放						
指标贡献						
市场份额						
销售收入						
边际利润						
税前利润						
资产总值						
员工总数						
财务杠杆						
股权收益率						
资源需求						
人员						
设施						
技术						
信息						
市场						
资金						
风险评估						

续表

计划项目	基准年	基准年+1	基准年+2	基准年+3	基准年+4	基准年+5
……						
实现策略2-产能性投资						
……						

事实上，决定公司成败的并不是诸如交货周期、产品可靠性等资源的绝对指标，而是在这些方面相对于竞争对手而言的差异或优势。战略谋划期望通过企业相对于竞争对手而言的差异化能力获得超额回报。

对于企业中较为成熟和稳定的部分，实现企业竞争定位和长期目标的基本策略可以是在其现有行业领域、经营模式和业务分布保持基本不变的情况下的规模性发展。但更多的情况下，为了应对不断变化的企业经营环境，管理者需要考虑对企业进行结构性调整。这种结构性调整可能是行业性的和地域性的，或者是产业纵向的和横向的，也可能是技术发展和选择方面的，或是产品线的深度和宽度方面的，还可能是经营模式上的或是营销策略上的。结构调整的途径可能是企业间的并购或是企业内部的重组，也可能是对新项目的投资或是对原有业务的清盘，还可能是企业内部的业务转移或者重新分工。

企业建模

落实和实现既定的战略，需要管理者调动所有的必要资源，需要所有部门人员的一致和一贯努力。管理者关于企业发展的长期战略，必须和企业中每一个员工、每一天、每一项作业紧密相连，否则战略就会成为空谈。企业是一个复杂的社会经济组织，在这样一个组织中使每一位员工每天的每一个作业在时间上保持一贯性、在各个职能之间保持一致性是一个非常大的挑战。为此，企业必须预先建立有效和齐全的运作机制，使得每一个员工的日常作业都有章可循，通过所有员工在各自岗位上的协调作业形成合力。这就是企业建模的朴素的实践根源。要做到使员工的日常作业都有章可循，首先必须建立政策，即规定该做什么，不该做什么，使每个员工都明白自己的职责；其次是要有程序和方法的“刚性”约束，即规定每一种作业的具体要求和完整过程，不但使每一位作业人员知道如何完成作业，而且对作业人员的操作程序和方法形成强制约束力；最后是要建立作业的促发机制，否则，即便有再好的政策和程序，也只能成为一种摆设。

当然，真正意义上的企业模型要远比上述讨论复杂得多，完成企业建模需要具备以下三个条件：

- 正确的建模理论

虽然 ERP 还远远不能覆盖企业所有领域的所有细节，但 ERP 时代已经清晰地昭示了这样一个要求：面对规模日益扩大、结构日益复杂的商务实践，经理人既要依赖有效的管理实践的完整框架一以贯之地掌控全局，做到虽日理万机仍不失条理，虽置身千头万绪仍能方略得当，同时也要为每一个业务细节的处理找到准确的解决方案，并保证该方案得到精确的执行。如果说管理者的战略谋划意在一以贯之、方略得当，那么企业建模的任务就是为每一个业务细节的处理找到准确的解决方案，并保证该方案的精确执行。要完成这样的任务，必须要有正确的理论指导，从而使得管理者面对任何具体状况时都能建立完整、有效的企业模型。

- 实用的建模工具

在战略谋划为企业确定了新的业务领域的情况下，企业在进入该领域开始正常运作前，必须首先建立与之相应的新运作机制；战略谋划对企业的结构性调整可能会改变企业原有的运作方式；即便是企业的规模性战略目标，甚至是企业的重复性常规运作也会因内部状态和外界条件的变化而需要对企业模型进行调整；企业模型就像一张众多元素互联的多维网络，对某一局部的调整可能需要对其他部分做出相应的改变。因此，企业建模非但是一件十分复杂的系统工程，也是一项频繁发生的艰巨任务。如果没有实用、有效的建模工具，管理者完成此项工作的难度是可想而知的。

- 执行的保证手段

可以设想一下，即便管理者完成了企业建模的任务，面对如此浩瀚复杂又经常变化的企业模型，员工是否能够正确理解和全面贯彻企业模型的要求必然成为又一个十分棘手的问题。因此，管理者必须寻找一种恰当的执行手段，将模型中所有经过深思熟虑才得到的作业要求分解成较为简单的操作，自动引导员工不折不扣地按照企业模型的要求进行日常作业。

企业模型的一般理论、建模工具和执行保证以及它们在财务作业领域的应用将是本书后续章节的主题，现代 ERP 系统及其所蕴含的企业建模思想便是承载这些精华的宝盒。

常规运作

完成企业建模之后，管理者就需要运用企业模型进行日常运作，这是实现企业战略谋划的主要依赖。在具备了企业模型的前提下，管理者需要做的就是带领员工在制度的框架内处理好各自的日常作业。企业模型仅仅是一套系统化的制度，按照企业模型机械地作业，是不可能使得企业实现其战略谋划的。因此，无论企业模型有多么完善，根据企业模型所进行的企业常规运作仍然需要管理者的智慧和努力。

对常规运作的较为简化的归纳可以借用戴明博士 1950 年由麦克阿瑟将军推荐并通过日本科学家和工程师联盟向日本产业界传授质量管理时总结的 P－D－C－A 循环来完成。如图 1.3－2 所示，常规运作正是在计划（Plan）、执行（Do）、检查（Check）和改进（Action）的循环往复中，通过看似日复一日的重复作业一步一步地靠近企业战略谋划所勾画的未来。管理者根据战略谋划的要求，制定较为短期的和操作性的计划，并通过同每一位员工（包括管理者本身）在模型框架中的日常作业来实施这个计划。在计划的实施过程中，总会出现各种因素使得实际情况相对计划而言出现偏离，因此，管理者必须对计划执行的过程进行适时的检查和监督，并在计划执行完毕后总结经验，找出问题，采取措施，从而进入下一个 P－D－C－A 循环周期。

例外处理

企业模型覆盖的作业，首先只能是建模时可以预见到的结构化事务。所谓结构化事务就是其操作的过程和方法是明确的，在输入给定的情况下，结果是可以预见的；其次在决定模型对作业的覆盖率时，管理者必须

图 1.3－2 体现 PDCA 循环的常规运作

进行成本和效益的分析，将所有能预见到的结构化事务都纳入企业模型，对运作的规范性而言固然有益，但企业建模的成本（人力、时间和财力）可能会因此大幅增加，而那些增补进模型的作业，在一年或数年内可能只会偶尔出现一两次。这么看来，企业模型所覆盖的一般只是企业常规运作中经常发生的结构化事务，那些建模时没能预见到的，或是预见到的非结构化事务以及预见到的低频事务，就成为管理者需要关注的另外一项任务。

企业模型通过制度规范了商务运作中绝大部分的日常作业，这使得管理者能够从重复繁琐的日常事务中解脱出来，投入到非常规事务的处理中去。在实践中，例外事务存在两种基本情况：第一种情况是在完成了例外事务的处理之后，企业模型不需做出任何调整。比如，在一个经营运作十分稳定的业务单元内，管理者可能需要针对一项新的规模性战略投资进行分析和决策，由于整个过程具有很高的非结构化含量（虽然面向现金流分析是较为结构化的，但可选方案的设计和形成以及对可选方案的评价和选择是极具非结构化特点的），且其发生的频率较低，因此在实践中，这类任务往往是在企业模型之外执行和完成的。但是一旦某一项投资方案被采纳，后续固定资产的构建完全可能在这个经营运作单元现有的成熟模型中得到作业上的支持，这时，管理者不需对企业模型进行任何调整。类似的实例还有对某个法律实体的清算和注销等。与前一种情况相反，第二种情况是管理者在完成了例外事务的处理之后，需要对企业模型做出相应的调整。比如，由于内部报告条件的变化，需要将一个法律实体在内部报告中拆分成三个独立的虚拟单元。在这个项目中，对拆分方案的分析、数据拆分的初始化以及拆分后常规运作解决方案的设计等，一定是在企业模型之外完成的。然而，管理者必须根据这些工作成果对企业模型做出相应的调整。

因此，如果说企业建模针对的是企业模型从无到有的初始化建设和日后的维护，那么例外处理的一部分工作内容就是在此过程中判断哪些例外事务会对企业模型产生影响并督促有关部门或人员完成对企业模型的必要调整。

人文建设

如果说管理者的前四项任务是针对“事”（这个“事”也包括和员工有关的事务性作业，比如按月发放薪资、确定岗位职责、员工绩效考评等），那么，人文建设针对的是企业中的“人”（这里的“人”指的是“人性”）。针对“事”的管理任务是有形的，任务是否完成以及完成的效果怎样，一般是可以计量的；针对“人”的管理任务则是无形的，任务完成与否以及完成的效果怎样，无法直接加以计量。但是，这对事和对人、四项和一项、有形和无形、可以计量和无法计量之间的对比丝毫不能说明人文建设不重要。所有的“事”都是由“人”去做的，因此，这无形的和无法计量的“人文建设”对有形的和可以计量的其他四项管理任务有着无法估量的巨大作用，人文建设的状况毫无疑问会最终影响到企业目标达成的效率和效果。

人文建设旨在建立和维护企业的核心价值观和与之相对应的企业文化。价值观是人们对是非判断的基本标准、对工作方式的基本取向和对社会生活的基本态度，而文化则是价值观通过人的行为所呈现出的整体表征。企业的核心价值观和企业文化是“神”和“形”的关系。很显然，企业模型中的那些有限的规定根本不可能涉及员工的所有行为，它们能够在一定程度上和一定范围内约束员工的作业方法，但无法从根本上引导员工的道德、技术和情绪。因此，管理者就必须致力于建立统一的核心价值观，只有这样，员工才能找到他们和谐共存的基本共同点，这些共同点将在企业制度所不能及的范围和层次统驭员工的行为。企业的核心价值观是通过最高领导人和核心管理团队成员在灵魂、思想和风格的良性磨合后逐步形成的。最高领导人和核心管理团队可以根据员工的心声对此做出必要的修正，但下属在学习和传承企业核心价值观的过程中对其内涵的延伸只是一种积极的补充。企业的核心价值观必须具有唯一性，为全体员工所认同。同一个企业存在局部价值观或多个价值观体系对企业和员工都将是十分有害的。但是，在企业的核心价值观之下的多元化文化却是管理者应该提倡的，这不仅体现了相互尊重的价值观，还有利于形成良好的文化氛围，使企业成为开放式的学习型组织。

对企业核心价值观的思考包括道德、技术和情绪三个方面。道德是人们进行是非判断的标准。正直、诚实无疑是所有企业应该追求的操守，然而面对现实，什么是企业必须坚守的底线，对于某些行为陋习的容忍程度等，都是更需要管理者冷静思考和谨慎回答的实际问题。技术方面考虑的是员工从事本职工作的智慧和技能。企业应该提倡和鼓励每个员工的创造性，发展员工的多项技能，但同时也必须避免对作业规定的随意否定和缺乏应有的技能深度。这就要求管理者在个人创造性的小智慧和整体运作的大智慧之间，在员工掌握的技能种类和深度之间做出适当的权衡。在情绪方面，除了个人和家庭因素外，员工在工作中的情绪状态主要受其从工作环境、人际关系、工作压力、报酬状况和发展空间等方面获得的公平感、安全感和成就感的影响。员工的激情对工作的推动力以及员工的不满对工作产生的阻力都是难以估量的，同时，员工的情绪也是最微妙和易变的。管理者当然希望看到员工在工作中充满激情，但管理者更应该思考和实践的是如何去创造能够激发员工激情的整体氛围。

有了核心价值观并不等于就有了以该核心价值观为灵魂的企业文化。企业文化是企业全体员工（尤其是各级管理人员和员工骨干）行为的整体表征，只有当各级管理人员和员工骨干接受了核心管理成员的共同理念，并且自觉地将这种理念植入他们的日常行为之中时，企业文化才真正具备了这样的灵魂。完成这个过程的不二途径就是管理者精心挑选若干具有代表性的细小行为并通过身体力行的倡导使之成为全体员工的良好习惯。这有点像要求人们参加体育锻炼，仅仅使大家相信锻炼的重要性是远远不够的，最有效的办法是帮助大家养成锻炼的习惯。领导干部以身作则遵守公司的规定，每一个员工信守承诺，最后离开办公室的员工负责关闭照明和空调等设备，向给予帮助的同事表达真诚的感谢等都是管理者能借以培养健康企业文化的行为习惯。图 1.3－3 形象地表现了通过良好的行为习惯培养和形成以企业的核心价值观为灵魂的企业文化的过程。

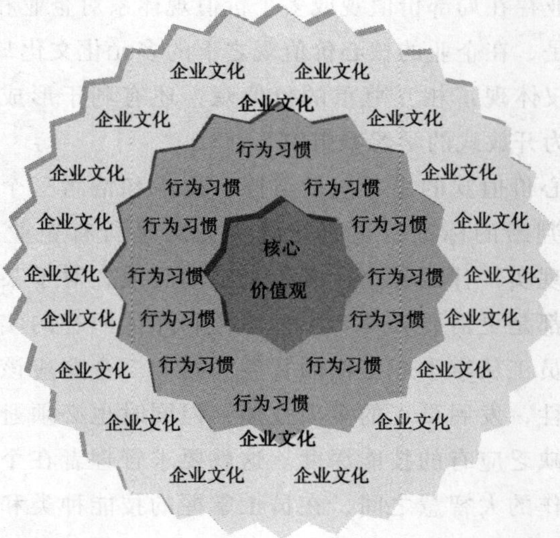

图 1.3－3　从核心价值观到企业文化

1.4 管理的基本活动

20 世纪初，法国实业家法约尔指出，管理者行使计划、组织、命令、协调和控制五项职能。20 世纪中，洛杉矶加利福尼亚大学的孔茨和奥多尼尔教授以计划、组织、任用、领导和控制五项职能作为其教科书的框架。时至今日，管理的职能仍然是大部分管理教科书安排内容的基本体系结构。计划、组织、控制和领导逐渐成为较为普遍接受的管理职能。本书在此基础上，对管理的职能重新做了梳理，形成了管理的五项基本活动。管理的基本活动是对管理者在管理实践中所从事的日常管理活动（管理者的所有日常活动并不都是管理活动）的总结、归纳和提升，是管理者在完成管理任务过程中所从事的基本事务类型。

设立目标

为企业整体或局部设定目标是管理者的首要基本活动，它包括对目标做出定义和将目标传达给目标的担当者并确保担当者能够准确地理解和认可目标。目标的具体内容可以大到企业战略中的长期目标，小到某一个销售员每周拜访客户的数量。有效的目标应该具备以下特征：

- 明晰性

管理者在设定目标时必须给出明确的、不会产生歧义和误解的信息，包括需要达成什么，由谁来担当，在什么时间内完成，有哪些可用资源，存在什么假设或约束条件等。

- 完整性

目标的完整性要求目标能够全面地反映管理者希望看到的结果。目标一旦设立，将会决定员工行为的导向，因此，对目标的描述往往需要同时采用多个相互制约的指标，并规定它们之间的优先和权重关系，避免出现员工行为导向的偏差。

- 一致性

一致性要求目标要保持稳定性和继承性，各个局部目标之间能够相互协同，共同服务于整体目标。管理者设立目标时需要具备长远的和全局的眼光。

- 可测量性

目标的可测量性是指管理者可以根据实际结果客观地、准确地判定目标是否达成。目标的可测量性保证了管理者和员工之间对于目标达成与否的认定将会是一致的。

- 可达成性

目标的可达成性是指在担当者付出必要努力的前提下，目标达成的可能性是完全存在的。太容易实现的目标和遥不可及的目标只会使管理失去严肃性。

落实方案

方案是实现目标的安排、途径和手段的总称。落实方案包括拟订方案和将方案传达给相关负责人员并确保他们能够准确地理解和执行。拟订方案需要明确具体的任务是什么，由谁来负责这项任务，需要在什么时候达成，如何操作。目标和方案的概念可能是相对的。综合性目标的实现往往需要多个职能部门或多个人员的相互协同，因此管理者需要将其层层分解，直至便于直接产生行动方案的子目标。在这个过程中，局部组织的某个目标很可能是其父级组织为实现该父级组织的某个目标而落实的总体方案中的一部分。

实施控制

控制就是监视和衡量受控过程中的实际进展和绩效，并和该受控过程的目标进程和绩效标准进行比较，以两者之间的差异分析为基础，制订并落实相关措施来纠正偏差或者调整不恰当的目标和方案的过程。就像目标设立和方案落实中所谈到的那样，实施控制中所采取的措施也需要有明确的内容、具体的负责人、清晰的时限、详细的操作说明等。

最常见到的控制类型是反馈控制。反馈控制根据受控过程的实际绩效和目标绩效的比较和两者之间差异的分析采取相应的措施。很显然，在纯粹的反馈控制中，措施出现在最终实际绩效确定之后，这时，一切已经成为过去的事实，对一个已经结束的受控过程采取任何措施都不可能改变结果，此时的管理者唯一能做的恐怕就是接受现实。但是，反馈控制使人们能够在结果产生后做一些经验的总结和推广，或是进行亡羊补牢式的事后补救、挫折性学习，有利于管理者将未来的计划工作变得更为有效。同时，反馈控制提供的实际绩效也是对员工工作成绩的最为全面和客观的反应，这将有助于对员工个人和团队进行绩效评估，从而做到持续改善。

在管理实践中，纯粹的反馈控制是不多见的。在更多情况下，管理者需要运用具有前瞻性的前馈控制机制。前馈控制将资源和条件的实际情况与设立目标和落实方案时的假设相比较，通过分析两者的差异，可以对结果做出合理的预期，管理者由此可以采取必要的措施来保证目标绩效的达成或者对目标绩效做出必要的修正。

在受控过程较为漫长和复杂的情况下，在前馈控制和反馈控制之间还存在太多的不确定因素会对最终的结果产生影响，因此，管理者还需要考虑建立必要的同步控制机制。同步控制关注受控过程的实际进展是否和标准方案的要求吻合，同时，通过关键性的中间状态指标来判断受控过程是否在正常的轨迹上朝着目标绩效的方向发展。

控制的三种基本作用机制可以用图 1.4 -1 得到形象的描述。在管理实践中，不同作用机制下的控制应用比比皆是。在信用管理中，对每一个赊销客户进行初始化信用调查和周期性的信用评估就是前馈控制应用的典范。通过调查和评估，管理者能够在坏账发生前根据客户的信用风险等级确定相应的授信额度和信用期限，从而将风险控制在企业有能力承受的范围之内。进行供应商的认证和原材料的入库检验，并根据认证和检验的结果采取相应的措施，监视原材料市场的行情、行业经济增长态势，当实际情况与设立目标和落实方案时的假设存在较大的偏离时，及时采取有效的应对措施等都是前馈控制应用的生动实例。同步控制的应用实例也很容易在管理实践中看到。管理者定期检查应收款明细账是否得到了客户会计部门的正式确认便是在信用管理领域中针对活动进展的同步控制应用的实例。如果企业希望完成年度销售和利润目标，在年度内定期（一般为每个月）对企业的销售和利润的实际情况进行检查就非常必要，这也是同步控制应用的经典实例。通过定期的检查，管理者能够了解本年度累计已实现的销售和利润是否处于达成年度总体目标的正常轨道上。如果已实现的销售或利润偏低，管理者可以在本年度的剩余月份内采取相应的措施扩大销售收入，压缩成本和费用，尽量使得全年实际销售和利润接近和超越年度目标。相反，如果市场的需求远远好于预期，已实现的销售或利润超出目标进程，管理者则可以适当增加投入以便适时地获得更为丰厚的回报。

修订制度

如果说目标、方案和控制表现了企业管理的动态过程，那么制度基本上可以被看做是企业管理的静态结构，它是企业在目标、方案和控制的动态过程中需要遵循的静态规则。管理者当然需要根据公司的成长、重组和营运情况对制度做出相应的调整，但在一般情况下，制度会在一个较长的期间内保持稳定，过于频繁的变化对制度的严肃性是有害的。在企业管理实践中，制度在内容方面存在非常丰富的类别，但按其作用方式，企业制度可以分为政策和程序两个基本类型。政策告诉人们什么可以做，什么不可以做，违反的后果是什么；程序告诉人们具体的工作步骤、方法和要求。审批权限制度是企业最为重要的政策之一，它规定了各个岗位的管理者的审批权限，但一般不涉及某一类交易从申请到批准再到完成的程序。员工现金报销制度是企业中最为常见的程序之一，它规定了员工现金费用

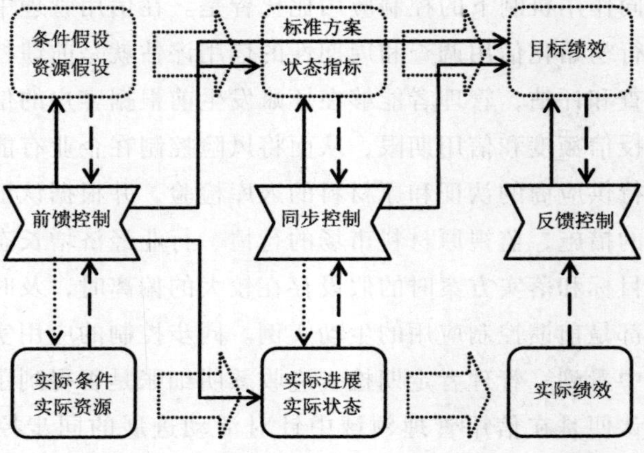

图 1.4－1　控制的三种基本作用机制

的报销应该如何申请，怎样填写相关的表单和提交审批，经批准的报销申请如何转到财务部门，相关会计人员收到报销申请后如何复核和付款等。

从某种意义上说，制度也可以被看做是完成某一类工作或处理某一类问题时的标准方案，但制度不是基本管理活动意义上的方案。作为管理基本活动之一的方案，是针对某一个具体目标而制订的，有明确的完成时限，一般只执行一次，方案在执行的过程中可能会得到不断的修正。而制度针对的是企业的中长期整体目标，它在有效期内对企业相关部门和相关工作具有普遍约束性，制度中的规定会在实践中被反复地执行，但制度一般并不为每一次执行设定具体的完成日期，制度应该具有稳定性，不宜经常修改。

领导员工

领导就是管理者在其个性中运用其品德、学识和技巧正确地识别和任用员工，引导和约束员工的认识和行为，提升员工的工作能力和绩效，激发员工的工作动力和热情，从而使得员工能够追随管理者共同努力达成企业目标的过程。

领导是管理的基本活动之一，它并不是管理的同义词。那么，管理者一定是领导者吗？管理者是被任命的，其影响力来自和他们在企业中的职

务相联系的职能、责任和权力。领导者是通过群众的认可而产生的，领导者对他人的影响力是来自人性的因素，而不是正式的职务、职责和职权。从理论上讲，所有的管理者都需要全面开展所有的基本管理活动，因此，管理者应该都是领导者。但在管理实践中，并不是所有的管理者都具备全面的管理能力，那些不具备领导能力的管理者就不是合格的领导者，甚至根本不能为群众所认可。员工之所以听从他们的安排，是企业的制度在起作用，而不是受他们的领导力的人性感召。在这样的情境中，领导是一种缺失的基本管理活动。同样，受到群众认可的领导者，也可能因其缺乏其他管理能力或由于其他原因不在管理团队中，因此领导者也不一定就是管理者。

作为领导者首先需要做到的是正确地识别和任用员工，知人善任是领导工作的起点。同时，领导者必须牢记的是需要通过领导的过程达成的目标是什么，领导过程的所有努力都应该以这个目标为导向，目标导向指明了领导工作的终点，领导作用的有效性也应该以达到目标的效率和效果来评价。在这起点和终点之间，领导的作用体现在引导和约束员工的认识和行为、提升员工的工作能力和绩效、激发员工的工作动力和热情三个方面。为此，管理者必须理清和深化自己的认识，约束自己的行为，追求正直、诚实、尊重等优秀的品德，培养自己在相关专业领域内的深入的知识和技能以及在相关领域内对全局和要点的基本理解和领悟，了解员工的人性需求、群体行为、激励机制等并在实践中运用这些知识和方法。

个人品德、专业学识和对行为科学的领悟只是对领导者的基本要求，而在这方面起决定性作用的是领导者的个性因素和软性技能。自信、勇敢、乐观、理性、激情、坚韧、开放、进取等都是作为领导者十分鲜明的个性特征。除此而外，卓越的交流和沟通能力、成熟的人际关系技巧、敏锐的洞察力和直觉、对全局和趋势的把握能力、对事物和现象的远见卓识等都是让别人感到安全、希望和折服并愿意追随的特质。

将有关管理的思考从职能分析转变为基本活动的分析并不只是名称上的改变，它更是管理者运用管理理论的实践性框架，它有助于管理者更好地理解自己应该做成哪些事情以及通过哪些基本活动将这些事情做成。管理的职能是介于任务和基本活动之间的一种知识性框架，它和实践性框架存在着重要的区别。很多管理的教科书都将设定目标和落实方案组合在一起称为计划。计划的确是一项十分常见和重要的管理活动，但是，设定目标和制订方案才属于管理的基本活动。为员工设定一项单一目标，为一项给定的目标寻求实现的方案都是在管理实践中极为常见的，它们无法和计划职能的定义严格地对应，但显然都属于管理活动范畴。鉴于上述原因，本书将设定目标和落实方案作为两项不同的基本管理活动。同时，计划职能也不能构成一项完整的管理任务，计划只是完成战略谋划、常规运作等管理任务过程中的一项活动。管理的组织职能主要是确定企业内部的角色结构，包括每个角色的职能、职责职权和资格要求以及这些角色间的相互关系。由于组织构建的复杂性，非常可能需要借助于设立目标、落实方案以及控制和领导等管理活动，由多个成员共同完成。由此看来，组织职能也不是管理的基本活动。同时，组织职能虽然和“企业建模”任务有些渊源，但组织职能本身并不是一项完整的管理任务，企业建模的内涵和外延要比组织职能深入和宽广得多。

1.5 管理的常用技能

除了管理的上述五项基本活动，还有一些名词会在类似的讨论中被提起，其中决策、评估、分析、沟通和协调最为常见。决策、分析、评估和沟通是管理者从事管理活动时的常用技能；至于协调，更确切地说，它应该是管理者通过管理过程需要达到的一种状态。管理的基本任务以及管理者为完成这些任务而从事的基本活动都是致力于企业内部各个要素之间、企业和外部环境之间的协调，从而达成企业的目标。因此，协调蕴含在所有的基本管理任务和基本管理活动之中，除此而外，在管理实践中找不到单独存在的纯粹的“协调”活动。

决策

决策渗透到了每一项基本管理活动之中。管理者每天都要面对许多选择，进行选择可能是对决策的最简单、直观的理解。虽然管理者处理的大部分选择性问题（比如签署一份员工的报销申请）是在极其短暂的时间内完成的，然而决策事实上是一个远比单纯进行选择复杂得多的过程，这个过程可以通过图 1.5－1 加以说明。

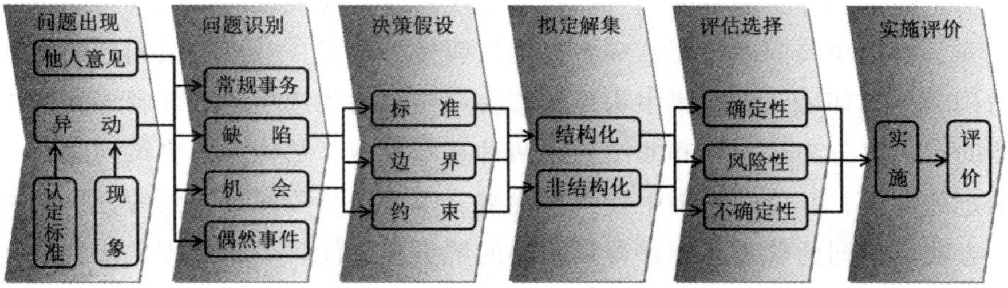

图 1.5－1　决策的过程

决策的第一个步骤是进行问题的识别，有了需要解决的问题才会有决策的必要。需要解决的问题是各种各样的，例如，应该为某个产品下个季度的销售确定一个怎样的目标？如何应对一笔过期的货款？应该采取什么措施对生产的延迟加以控制？应该提拔哪位员工占据新出现的职位空缺？应该制定怎样的奖金制度？问题的识别需要管理者能够清晰地看到问题的存在并了解问题的实质。这项工作并不像看起来那么容易和微不足道，它不但和管理者的洞察能力和判断标准有关，而且还取决于管理者的主观努力。那些在问题的识别中出现失误并沿着这种识别性失误采取失当措施的管理者并不比那些看不到问题因而没有采取行动的管理者高明多少。需要通过决策解决的问题可能会通过其他人员的反映进入管理者的视线，但更多的时候，管理者需要自己去捕捉异动，即现实状况和历史、计划或是管理者认定的其他标准之间的差异。但是反映和异动都只是线索和现象，管理者必须在了解到它们之后进一步把握其背后的本质，它可能是某种风险或机会，也可能是一次偶然的扰动或需要管理者处理的常规事务。对于纯粹的偶然扰动，管理者并不一定需要采取措施，对于常规事务，管理者应该按照企业模型中定义的规则做出处理。对于风险或机会，管理者需要通过以下步骤着手解决。

决策的第二个步骤是定义决策假设，包括决策边界、决策标准和决策约束。决策边界规定了对决策问题的解决深度和范围，许多问题可能受很多因素影响，存在着不同的侧面，不可能一下子完全解决。决策标准是对决策问题的备选解的优劣进行评估的指标，当存在多重指标的情况下，还须为各个单项指标设定权重。决策约束则是在为决策问题拟订备选解时的资源限制。

决策的第三个步骤是为决策问题拟订备选解。并非所有的决策都像签署员工报销那样只需要管理者在同意和反对或其他现成的备选解集中进行选择，很多决策问题需要管理者以决策假设为前提，分析决策问题的详细结构和外部环境，在解集中构思足够决策使用的备选项。管理者遇到的决策问题可以分为结构化和非结构化两种基本类型。结构化的决策问题存在确定的解集，并能从解集中找到最优解。因此，只要使用有效的分析和构思方法，不同的管理者能够得到相同的解集和最优解。非结构化的决策问题与此截然相反。除了以上两种基本类型之外，管理实践中的许多问题是介于两种基本类型之间的半结构化问题。由于决策过程本身也会消耗资源和时间，因此，管理者在分析和构思时应该注意决策质量与决策成本和决策时间之间的权衡。对于过于复杂的结构化问题以及半结构化、非结构化问题，在有限的时间和成本约束内给出可行的满意解往往要比进行长期研究而不做决策可取得多。

决策的第四个步骤是对所有备选解进行评估后做出选择。这里，管理者要关心的是应用每个备选解解决决策问题时所需要的投入和预期的结果。管理者在进行备选解评估的时候必须考虑确定性、风险性和不确定性三种基本情境。在确定性情境下，备选解和结果之间存在一一对应的关系；在风险性情境下，某一备选解可能出现若干种不同的结果，而且不同结果出现的概率是可以预计的；在不确定性情境下，某一备选解可能出现若干种不同的结果，而且不同结果出现的概率是无法预计的。管理者应该根据不同的情境对备选解采取正确的评估方法。

决策的最后一个步骤是应用最终获选的备选解使决策问题得到解决并对决策的效果进行评价。

评估

评估就是按照评估的目的建立相应的标准，并以此来测评一类对象中的一个或多个个体的表现和状态的优劣程度。完成一项评估需要根据评估目的进行设定范围、建立标准和测评个体三个阶段的工作。

依据评估目的确立评估范围，就是明确对哪个（些）对象进行评估，评估这些对象的哪个（些）方面的表现和状态。对员工的评估，可以是对企业的全体员工或是销售部门的员工，可以是评估员工的健康状况或是工作能力。在尚未确定评估范围之前就进入第二和第三阶段都是盲目的，因此确定范围是进行评估的基本前提。

评估的关键在于建立科学的和系统化的评估标准，包括全面反映对象表现和状态的指标体系、体系内各个指标的权重及赋值规则。评估指标及其权重是管理者基于对某类对象的一般性研究而总结出的有关其表现和状态优劣的特质结构，也是管理者对该类个体发展和成长的主观导向。赋值规则是决定接受评估的个体在某一个指标上得分的统一标准。建立科学的赋值规则对评估的有效性无疑是至关重要的，即便有了全面的指标体系和权重，不恰当的赋值规则也会损害评估的客观性。同时，建立科学的赋值规则也是不容易做到的，主要的困难在于：

（1）不是所有的指标都能通过客观、准确的定量化方式获得赋值的。在对企业的销售人员的工作能力进行评估时，作为评估的指标之一的销售额可以在企业的会计账簿中获得非常准确、客观的数据，但是，销售员的诚实度就不可能有客观和准确的数据来支持，在给这样的指标建立赋值规则时，就应当尽量具体，便于判断。

（2）从事实表现到确定分值，不同个体间的实际差距可能会被不恰当地弱化或强化。如果给在100万元以下的销售额指标赋值1分，100万元至200万元之间的销售额指标赋值2分，那么取得101万元销售业绩的销售员和取得99万元销售业绩的销售员就会得到不同的分值，而取得99万元销售业绩的销售员的分值和取得10万元销售业绩的销售员的分值却会是一样的！

评估的实质性阶段是进行个体测评。个体测评就是测定每一个接受评估的个体的每一项指标的分值，并根据他们的权重计算综合分值。由于评估标准甚至个体测评的整个过程免不了包含管理者的许多主管认定，因此，在确定了所有个体对象的各项指标的分值和综合分值之后，管理者需要对个体的分值进行综合评审和横向比较，以获得个体对象评价的整体合理性和个体间的相对合理性。

分析

假如管理者需要了解本季度的毛利和上个季度相比出现了较大下降的原因（分析目的），那么分析的对象就是这两个季度销售和成本的明细数据，包括发票号码、客户、日期、品种、型号、数量、单价、单位成本等（选择相关对象）。对这两个季度的数据进行初步的检查，剔除特殊原因和极端个例的影响，选择典型样本进行比较，形成了对毛利下降的驱动因素的完整认识（检查和了解）。之后，通过两个季度的销售和成本明细数据的对比计算，将下降的毛利总额按照驱动因素分解成和销量、单价、单位成本和产品组合因素有关的单项金额（整理和总结成一定的结构）。接着，在每一项因素的明细数据中找到占单项毛利下降额 80% 以上的交易明细，逐笔和销售经理、采购经理、生产经理沟通后得出了这样的结论：有 27% 的毛利下降是由于处于某一细分市场的客户的销量受到了这个领域的一个新的竞争对手的很大的冲击，由此减少了该细分市场客户的采购量；企业的产品在技术含量上的优势在渐渐地丢失，原有的超额价格开始受到竞争对手的挑战，企业不得不降低价格来保持市场的份额，这使得毛利下降了 25%；销售对客户购买的产品组合的引导和原材料成本控制总共为公司赢得了 3% 的新增毛利；另外，由于产品的原因，本季度某个客户出现了一次质量责任事故，企业按照合同在交易价格的基础上给了客户 15% 的折让，这消耗了 0.5% 的本季度毛利（挖掘出事实真相，成为对策研究的重要参考）……

上述分析是经营管理实践中极为常见的案例。它充分地说明了分析的本质和过程。按照一定的目的选择相关的对象，对其内部细节进行系统化的检查和了解，按照检查和了解到的结构完成对分析对象的整理和总结，并通过对主要异动个体的识别和挖掘找到满足分析目的的事实真相，以便为管理者制订相应的对策提供有价值的参考，这个过程就是分析。按照分析的目的确定正确的对象，通过对细节的深入了解和研究找到能够反映其本质特征的结构，在结构的引导下挖掘现象和结果背后的事实真相是成功分析的三个关键环节。

沟通

沟通是信息从发送者到接收者的传递过程。沟通存在着两个不同层次的目的：在第一个层次上，沟通是为了使得接收方对发送方的沟通内容有正确、全面的理解；在第二个层次上，沟通是为了使得沟通双方取得一致的认识。虽然沟通不为管理所特有，但沟通对于管理就像介质对于声源一样，没有介质，声源的振动就不可能得到传播，同样，没有沟通，管理者的意图就无法为员工所了解，管理者也将难以掌握企业内部和外部的状况。因此，管理者必须掌握必要的沟通知识和沟通技巧，否则，管理将难以奏效。

借助图1.5－2对沟通过程进行的详细分析，可以帮助管理者掌握有效沟通的要诀。

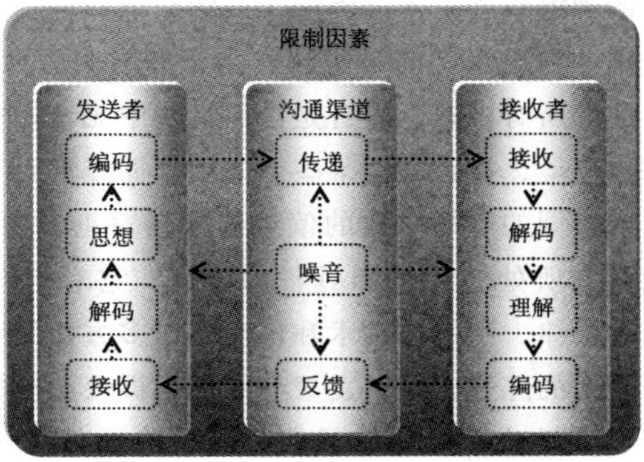

图1.5－2　沟通的过程

(1) 发送方首先应该明确沟通的目的，并对自己的思想进行必要的预处理，使之呈现出较强的逻辑结构，尽量避免涉及无关的内容。

(2) 编码就是发送方将自己的思想转换为语言、文字、符号、图形、声音、画面、动作、手势、表情等表达方式的过程。在这个过程中，发送方应该考虑接收方的知识背景和理解能力，采用最为适当的表达方式或者多种表达方式的组合，尽量避免使用对接收方而言过于专业化的术语，尽量通过准确和清晰的表达避免歧义和误解。

(3) 发送方应该根据内容的轻重缓急选择适当的渠道或多种渠道的组合向接收方传递需要沟通的内容。

(4) 接收方在收到来自发送方的信息时，应该全神贯注地认真阅读、倾听、观察和思考，这样才有可能通过接收到的信息来理解发送方想要表达的思想，甚至于捕捉到发送方不便于明确的或者是不愿意表达的真实思想。不善于倾听或者过早地打断或评价对方都是沟通中作为接收方的大忌。

(5) 无论对来自发送方的信息是否理解，接收方应该选择适当的时机和方式给予反馈。反馈有时只需要最简单的确认，比如“明白”、“是”、“好”、“知道了”等，有时可能需要对某些关键点做一些总结，以确认双方的理解是一致的。如果对发送方的信息有不理解之处，则更加需要通过反馈获得进一步说明来帮助理解。

（6）发送方必须十分重视接收方的反馈，在没有接收方的反馈时，应该主动要求接收方给予必要的反馈。发送方应对接收方的正确反馈加以确认，对其错误的理解或进一步的提问予以纠正或回应。

在上述过程中，沟通双方都需要注意噪音和限制因素对沟通的影响。噪音是指妨碍沟通的所有因素，噪音是沟通过程中无法避免的干扰。沟通时身处混乱的周边环境，接收方因某些个人因素而经常心不在焉，或错误或不当的用词，或不同的立场导致的偏见等都会对正常的沟通产生干扰。限制因素是沟通双方所处的环境和具备的条件，它对沟通过程存在着文化、社会、政治、法律、组织、技术和情境等诸多方面的限制。同样一个人对于同样一个事实的陈述，在朋友聚会和法庭诉讼两种场合可能会有所不同；员工向管理者反映情况的时候，可能会隐匿某些对自己不利的细节；在对方和亲人团聚度假的时候，用非直接的方式向他（她）提出询问可能会更加礼貌；身处异地的双方就不可能进行面对面的交流……管理者必须考虑到这些噪音和限制对沟通的影响，采取相应的方式规避和应对，才能保证沟通的效果和效率。

2

对 ERP 的初步认识

本章以现代企业的日常运作为背景，描述了现代企业日常运作所面对的事务的复杂性和需求的挑战性，从而帮助读者对 ERP 这个现代商务运作的集成平台建立起初步的概念和认识。在这个基础上，本章从企业的角度提出了学习 ERP、实施 ERP 的基本策略以及避免进入 ERP 认识误区的建议和思考。最后，本章通过对 ERP 的发展历史的回顾，介绍了 ERP 各个发展阶段的进步标志及基本原理，为后续章节有关 ERP 原理的学习完成了必要的铺垫。

2.1 进入 ERP 的世界

2.1.1 商务运作和运作管理

什么是企业在竞争中求生存、谋发展的有效战略无疑是一个十分广泛且复杂的课题。然而，无论管理者为企业有怎样高远和精妙的战略谋划，商务运作的复杂性都是管理者无法回避的现实问题，在进行战略谋划的同时，管理者必须找到有效的运作管理解决方案。

商务运作和运作管理

在本书第一章第三节“管理的基本任务”中，曾经有过关于“日常作业”的讨论，但对“日常作业”的具体含义并没有做出进一步的解释。商务环境下的日常作业是为实施企业战略和实现企业目标而进行的重复性的和执行性的商务活动，商务运作是所有“日常作业”的集合，它是包括计划、采购、制造、销售、市场、研发、储运、服务、质量、维护、人事、行政、财务和资讯等在内的所有职能部门围绕着公司的经营业务而进行的业务操作和基于业务操作而进行的事务处理。这里，业务操作是指作业人员直接针对物料、设备、客户、供应商、员工等作业对象开展的诸如购买、加工、搬运、检验、清点、发运、维护、访问、评价等活动；而事务处理则是针对业务操作而进行的计划、立据、审批、记录、汇总和存档等文案工作。

了解了什么是商务运作，就不难理解运作管理的含义。事实上，商务运作中的每一项日常作业都存在着“业务操作”和“事务处理”两个方面。业务操作是日常作业的物理进程，而事务处理则是日常作业的信息进程。运作管理就是通过对日常作业的信息进程来驱动和节制物理进程，并及时反映物理进程的结果和状态。为此，运作管理需要为商务环境中的事务处理制订并实施解决方案，运作管理的主要内容就是企业建模，以及建模以后的常规运作和例外处理。企业模型就是日常事务处理的集成化解决方案。

运作管理的整体目标

运作管理的目标就是要将诸多看似相互独立，甚至相互冲突的子目标统一到一起，以企业战略为指引，达到商务运作效率的整体目标，从而赢得某种形式和某种程度的差异化竞争优势。这些子目标可以简要地概括为更好的产品质量、更多的可选择性、更短的订货提前期、更低的产品成本和更完善的售后服务。

设想一个拥有 350 名员工的中小规模企业，生产 15 种不同类别、1 000 多个不同型号的产品，需要 15 000 多种不同的原材料，具有 1 200 家原材料供应商、5 家外协加工供应商和 900 家客户，每天至少处理 300

份大小不一的客户订单，每天至少向供应商下达700份原材料和外协加工采购订单，每年15—20种新产品、160次产品改良。面对这样一个商务环境，为了实现商务运作效率的整体目标，每天都需要面对的大量的运作性问题。比如：

（1）需要多长的时间可以针对某客户的需求完成产品的设计或完成现有产品客户化？

（2）能否在线向客户确认按其要求的交货期发货是可以做到的？

（3）如何在集团公司范围内实现已有零部件技术资料的共享以避免重复设计？

（4）如何在全球范围内合并采购同一个材料以获得更有利的价格？

（5）能否实时知道公司各个分销仓库的库存明细？

（6）应该在什么时间之前向某个供应商下达某种原材料的采购订单？

（7）今后5—10周公司营运资本会有多少缺口？

不要挑剔这些问题的表述顺序以及它们之间的内在关联性，因为它们只是随机选取的常见的运作管理问题的简单罗列。每个具有商务实践经验的人都可以想出更多类似的问题，它们中的每一个都是运作管理需要面对的。它们或者是对物理进程的状态和结果的反映，或者是对物理进程的驱动和节制，并且都和商务运作效率的整体目标中的某一个或某几个子目标相关。

建立商务运作的优势

不少企业以商务运作机制见长来获得竞争的优势，但所有的企业都应当避免让不力的运作管理成为竞争和发展的“瓶颈”。获得商务运作的竞争优势或者避免商务运作成为竞争劣势需要做到以下四点：

- *应对迅速*

应对迅速是指在可以接受的时间范围内，针对来自企业外部的关于价格和交货期的询盘给出正确的答复。企业的迅速应对能力基于对获利性和可利用产能的正确估计，对于企业兑现对客户的价格和交货期承诺至关重要，是赢得客户的第一步。

- 计划精准

商务运作中的计划包括客户需求预测、新产品计划、产能计划、生产计划和采购计划等。商务运作的整体效率只有通过精打细算和深思熟虑的计划过程才可能得到不断提升，没有计划或是脱离实际的计划必然会造成企业整体处于混沌状态，各个部门自行其是，主营业务自生自灭，其结果是原材料供应不及时，生产秩序混乱不堪，产品质量无法稳定，生产周期拉长，资源浪费严重，呆滞库存积压，所有这些都将使得企业与商务运作的整体效率目标背道而驰。

- 落实有序

落实就是按计划的指令实施业务操作。落实的过程远比计划更为琐碎，更加注重所有的细节，任何环节的失当或疏忽都会对计划的落实造成不良影响。因此，计划落实能否做到有序非常关键。

- 调控得当

调控是指根据具体情况在有效时间内对运作计划和业务操作做出适当的调整性安排，使得运作过程中出现的问题得到及时的控制。调控成为计划和落实的必要补充主要有两个原因：

（1）计划再精准也不可能囊括所有的细节，不可能预见突发情况。比如原材料运输途中出现了交通事故，没有按时到达；或是某个主要设备出现了故障，生产被迫停止；还可能由于不明原因出现了大量的残次品，需要大量返工等。在制造业，生产部门每天都需要举行调控例会来处理和解决这些细节性的冲突。

（2）运作计划的编制具有一定的间隔周期，在前后两次计划之间出现的某些在正常计划编制过程中未能涵盖的新情况，只能通过调控手段加以解决。比如收到了一项新的客户订单，由于要求的交货期比较近，需要对原有的生产计划做出调整。

- 信息及时

信息及时是指管理者获得的最新信息和商务运作的最新状态和进程之间的时间性差异没有对信息的有效性产生根本性的影响。如果管理者已经失去了可能采取行动的时机，那么在此之后获得的信息即便再正确和精准，也都于事无补，这样的信息毫无价值。最及时的信息莫过于实时的信息。实时的信息不但有助于针对客户的询盘提供正确的答复，提高计划的精度，使得调控措施更为得当，更重要的是，管理者可以借此加快商务运作的节奏，缩短计划周期和应答时间，减少因等待信息而出现的管理“真空”，从而使得问题能够在第一时间得到发现和纠正。

2.1.2 现代商务运作的特点

尽管现代商务比以往任何时期都更具有多元化的特色，但在科学技术高度发展、商业竞争空前激烈、资本和商业市场高度全球化、人才和资讯高度流通的背景下，仍然呈现出某些标志性特点。

客户需求个性化

满足个性化需求，不仅是企业迎合客户、取得市场份额的重要手段，也是创造和拉动需求的产品策略。客户需求的个性化带来的必然是产品品种或客制化作业量的大量增加。如今，数百员工制造上千种不同的产品的工厂比比皆是。与此同时，还是由于竞争，企业在交货期和销售价格方面承受着越来越大的压力，这意味着企业必须应对产品设计、工艺设计、生产组织、物料供应、存货控制、成本核算、销售定价、物流分销等运作管理环节的极大挑战。

供应链的协同化

更加细致的专业化分工是社会生产力发展的必然结果。社会生产力的每一个参与者越来越专注于自己最擅长的领域和环节，这就意味着整个产业链在横向更为激烈的竞争的同时，纵向却需要更为广泛和深入的企业间协作。竞争已经不是传统意义上对手间的单独游戏，而是从最初的产品设计、原材料供应到最终产品的生产、交付、运行和售后服务直至退役的整个生命周期内，由企业及其供应商所组成的供应链之间的竞争。因此，企业不单单需要重视自身的能力，更要着眼于企业和供应商之间的协同，才能赢得客户和市场。

技术和成本压力

行业技术的快速进步和产品的成本是一般企业必须面对的持续压力。企业每年都必须推陈出新，或是研发新的产品，或是应用新技术、新工艺，或是采用新的材料，或是改进原有产品的设计，因为只有新技术、新材料和新工艺才能帮助企业不断开发出新产品，改良老产品，从而使得企业享有超额毛利，不断降低产品的成本，改善产品的性能，保持和扩大市场份额。然而新产品的开发和老产品的改良使得运作管理面临着重大的挑战。企业不可能在不明了市场前景时就展开产品的研发和改良，也不可能在产品上市后再考虑营销方案并开始市场推广。因此，在新产品研发和老产品改良提案确定之前，企业必须充分了解并认证市场的前景；在新产品研发和老产品改良启动之后，企业必须确定这些研发和改良完成的具体时间，并将其纳入销售及运作计划中。这样，企业在市场和销售方面能够提前安排铺垫，以便在上市后能够立即给企业带来销售业绩。然而，在研发和上市的整个过程中涉及太多的环节需要协调。比如，何时能够完成产品设计？何时能够找到合格的供应商？何时能够提供合乎质量和成本要求的材料？何时能够完成生产设备的购置和调试？操作人员和管理人员的招聘、调用和培训何时可以开始、何时能够结束？市场的宣传和推广什么时候进行？第一批产品的上市方案是什么？新产品的上市对企业资金流有什么影响？这便需要企业在研发和上市的整个过程中，始终不断地进行设计、采购、质量、生产、市场、销售、财务等各个职能部门之间的协调。

生产过程复杂化

高科技的发展和应用使得更多在原理和结构方面十分复杂的产品应运而生，这些产品需要更严格、复杂的生产工艺和过程控制，这意味着更多的质量监控点设置，更多的质量检测数据采集，更多的统计和分析，更多的信息反馈和作业调整。生产效率是一定时间内能产出质量合格的产品的数量、成本以及在制品存货的水平，提高生产效率往往要求品种单一，产量稳定，减少生产间歇和更换，生产过程的各个工艺环节的产能和进度协调配套。上述两个方面的冲突构成了企业在质量控制、生产效率和交货期等诸方面之间更为尖锐的矛盾。

经营区域扩张化

现代企业的经营区域已经不再局限于当地或本土，它们必然带着对未开发地区的憧憬，一次次地尝试和完成产品市场覆盖以及永久性经营和运作机构的地理性扩张，这不仅要求企业能够遵循不同地区和国家的法律和政策，而且在企业商务运作上也需要企业能够有效地处理好诸多新的问题。例如，企业可能需要了解其在不同地点的物流和产能状况，并且在采购、生产和销售各个环节遵循标准的作业流程和集中的数据管理；由于企业的业务操作人员和各级管理人员的常驻工作地点甚至所处的时区可能有所不同，在组织结构和审批授权等方面也会需要更好的解决方案来应对时空方面的不便。

产业结构多元化

越来越多的企业通过购并和投资拓宽了各自的业务领域，呈现出跨行业经营的状态，实现了企业集团内的优势互补和风险分散。由于不同行业的市场行为、产品技术、制造过程、营销策略、经济政策、会计制度等有着截然不同的特点，具有多元化产业结构的企业如何寻求不同行业的运作管理解决方案，并实现跨行业的协同便成为一个亟待解决的现实的问题。

商务运作全球化

经营区域的扩大化和产业结构的多元化将跨国企业引入了更为深入的全球化战略思考，以期通过对企业资源进行全球化整合和分配获得规模优势，实现资源共享。这种调整的结果往往会使得企业在全球范围内形成若干制造中心、研发中心、配送中心、共享服务中心，它们在法律上隶属于不同国家和地区的不同公司实体，但在运作上辐射一定范围内的企业集团成员公司。这不仅仅使得企业在资金管理、会计服务、技术支持、原材料采购等方面有了全球化或者区域化的格局，同时也带来了运作模式和运作管理的复杂性。

2.1.3 运作管理的解决方案

现代商务运作管理的挑战

身处上述文字描述的这样一个商务运作时代，传统的运作管理必然会遇到极大的困难。所谓“传统的运作管理”，是指以职能为中心的、完全手工或半手工半自动的管理方式，这样的运作管理方式在现代商务运作的环境中最致命的弱点体现在处理复杂事务的能力、各类信息的及时性以及各个职能之间的协调性三个方面。可以想象，在完全手工或是半手工状态下，企业能够有效处理的事务的复杂程度是十分有限的，手工状态下，每个人可能能够在几十、上百种物料、产品、设备的运作规模下应付销售订单、生产计划、采购订单等各式各类的事务，但当物料、产品的种类、供应商和客户的数量、生产单元等变量的数目超过手工、半手工处理能力极限时，运作管理只能是粗放型的，这必然以牺牲计划在时间上、空间上和品种上的细度为代价。计划只能按照产品组、按照周或月、按照车间来编制，根本无法针对每一种物料和每一台设备来编制小时计划。在对有关执行情况的数据进行收集和反馈方面，手工的或半手工的统计、汇总、核对根本无法做到实时，信息存在着严重的滞后性，很多数据可能要到每周、每月结束若干天后方能提供给管理者。以职能为中心，不同职能部门的信息缺乏一致性，因此很难在计划、行动和考核上达到真正的协调统一。以上困难给商务运作的效果和效率造成的弊害主要表现在：

- *超量库存积压和经常性缺料的双重压力*

物料和生产计划的理想境界是在需要的时候采购或生产需要的品种和数量。传统方式无法有效应对现代商务运作的复杂局面，某些物料库存超量积压，而另外一些物料却出现缺货的两难境地就会是一种必然结果。这不仅会造成资金的超量占用，降低资金周转效率和资本回报率，更可怕的是因物料和产品长期积压、呆滞而引起的变质、淘汰、报废等直接损失，还需为庞大的库存物质支付本不该产生的存储费用。短缺的物料不仅可能拖延向客户交付产品的期限，而且会造成生产的不正常停顿和交替，这严重影响生产的效率，并成为产品质量和生产安全的重大隐患。物料短缺往往还意味着经常性的紧急采购和快运，这也会大大增加采购成本。

- *在产品个性化和交付时间方面竞争力低下*

个性化的产品意味着产品配置的灵活性、物料种类的多样性以及生产过程的差异性，这些变量交织在一起需要强大的供应链计划和执行过程的支持，以便在为客户提供多样化选择的同时，尽量优化物料采购和生产安排，尽量缩短订货提前期，准确估计和有效实现交付承诺。在传统方式最适宜的大量重复生产类型的情况下进行备货式生产，根本不可能兼顾数量如此庞大的系统变量以及快速、细致的计划和执行支持。由于产品品种数量的限制，经常会因为无法满足客户的产品配置需求而失去订单；粗放型的计划和执行系统，需要更长的安全提前量作为实现承诺的保障，这也会造成客户订单的流失；如果减少安全提前量，又会增加延期交付的风险，增加企业履行赔偿义务的成本，损害企业的信誉。因此，传统方式在产品个性化和交付时间两个方面的权衡中，不可避免地会做出某一个方面甚至两个方面的牺牲，无法全身而进，这将大大降低企业在现代商务角逐中的竞争力。

- *从需求管理到产品开发和供应的严重脱节*

在更为完整的现代商务场景中，对市场需求的了解、产品的改良和创新、供应能力的管理、配送和服务体系的完善、资金需求和供应的平衡、资本获利能力的提升以及经营和财务风险的控制等职能活动都需要各个部门基于一致的数据信息协调地计划和落实，这一点在传统的方式中是无法实现的。这和汽车不能飞行的道理有些类似，汽车的设计理念和原理都体现了在平坦的路面上行驶的意图，而希望这样的一种结构能够飞翔是不现实的。职能导向的管理方式以部门各自的职能为基本视野，在单个部门的范围内各自进行数据的定义、处理和存储，考虑事务处理的程序和方法，这样的机构只能适应品种单一、需求大众化、市场稳定的经营环境。在现代商务大背景下的企业，不但系统变量数目庞大，计划和执行深度细化，而且需要对计划做出调整，对执行过程实行控制，对各部门间的活动进行协调，传统方式因其不具备跨部门协同运作的机制，根本无法达到上述要求，不同职能之间会出现数据上的冲突，故不可能形成对客户需求和市场变化的快速响应。

对 ERP 内涵的初步认识

有效应对现代商务运作管理的挑战不是一件容易的事情。管理者一直都在努力寻找和尝试提高商务运作整体效率的有效途径，ERP 便是在商务管理实践中发展起来并逐渐成熟的运作管理集成化解决方案。

ERP是由英文词组“Enterprise Resource Planning”的首字母组成的专有名词，意为企业资源规划。ERP是一个内涵丰富、外延广泛的概念，存在多重不同的理解和表述。但是，通俗地讲，ERP是目前应用最为广泛的商务运作管理软件。

ERP的概念是20世纪90年代初由美国Gartner公司正式提出的。但理论界普遍认为，20世纪60年代的MRP，80年代的MRPII以及90年代初至今的ERP，是ERP在过去的50多年的发展历程中的三个重要的里程碑。事实上，MRP、MRPII、ERP是人们对商务运作管理软件在功能和技术两个方面的认识总结和合理展望，它既是来源于商务运作管理软件实践的理论成果，又为商务运作管理软件的实践发展提供指导。ERP的理论和实践正是以这种互为因果的方式经历着共同的成长。

在应用实践中，MRP、MRPII、ERP并没有各自的技术标准来判定某一个具体的商业化商务运作管理软件产品或是自行开发的商务运作管理应用系统是ERP还是MRPII。事实上，一个具体的软件产品或应用系统是ERP还是MRPII并不重要，关键是看它能提供怎样的功能，承载这些功能的又是怎样的技术手段。也正是因为人们在实践中的这种实质重于形式的倾向，导致了今天人们在日常交流中使用ERP一词时，已经不再关注Gartner公司当初提出的严格意义上的ERP，ERP几乎成了商务运作管理软件的集体代名词。

在没有特别约定的情况下，人们在日常交流中使用ERP这个名词时，一般是指基于电脑网络平台、以各类业务计划为驱动引擎、以事务处理为基础功能的商务运作管理集成化解决方案。基于现代信息技术、以电脑网络为集成平台通常是ERP给人们的第一印象。ERP突破了传统商务运作管理方式下人们在空间和时间方面受到的限制。在空间方面，ERP能够通过广域网络覆盖企业在地理上分布广泛的场所机构；在时间方面，ERP基于实时的事务处理，提供实时的数据，大大提高了企业对外的快速应对能力和对内的及时调控能力。业务计划为ERP系统的运行提供了核心动力，全面而详尽的业务计划体系是企业一切商务运作管理指令的来源。从严格意义上讲，企业不存在独立于计划外的纯粹事务，企业的所有业务操作都必须以计划为核心，服务于计划，统一于计划。在计划引擎的驱动下，ERP 系统打破了传统方式下的职能导向，提供了以客户和市场为导向的事务处理功能，能够支持几乎所有的结构化的日常事务处理，保证计划通过有序的业务操作得到严格的落实。基于事务处理所获得的大量、完整和准确的数据和其他来源的外部数据，ERP 系统能够为管理活动提供各种有用的查询、报告和分析支持。ERP 的集成性表现在：

（1）所有的工作都通过唯一的门户来完成；

（2）同一类的工作遵从唯一的业务流程；

（3）对同一对象的描述只存在唯一版本的数据。

ERP 针对的目标领域是商务运作管理，它为企业内部的执行性、重复性活动提供集成化的解决方案。

那么，有关 ERP 的实施和应用是不是管理者的一项新的任务？当然不是！从上述有关 ERP 的描述中可以看到，ERP 提供的集成化商务运作管理解决方案实质上就是针对具体企业而构建的企业模型。ERP 将一般企业模型建立在系统化的模型理论之上，并为建模过程提供了标准化的工具。企业在完成建模后，也就得到了针对自身需求的集成化商务运作管理解决方案，保证具体企业模型中的所有规则都能对常规运作产生刚性约束。因此，ERP 的实施过程就是管理者在 ERP 环境下完成企业建模的过程。而 ERP 实施后的运行就是管理者在该企业模型的支撑下所从事的常规运作。

ERP 能给企业带来什么

ERP 能给企业带来什么？对于这个问题，不同的人有着不同的回答。对 ERP 的了解越是深入，就越能看到和利用 ERP 带给企业的更多的价值。

根据美国生产及库存控制协会（APICS）的统计，ERP 系统可以使企业平均降低库存 30%—50%，减少交付延迟 80%，缩短采购提前期 50%，减少停工待料 60%，降低制造成本 12%，减少管理人员 10%，提高生产能力 10%—15%。暂且不论这些数据是在什么时间、在怎样的企业样本中、通过什么方式、按照什么标准获得的，其可靠性和代表性又如何，但它们代表着一种对实施 ERP 的合理性进行定量化考察的视角。的确，ERP给企业带来的价值应该是可以（至少是部分可以）通过量化指标看到的。每一个企业的情况可能会有所差别，但一般而言，这些量化价值都最为直接地表现为库存水平的降低、生产成本的减少以及客户满意度的提高三个主要方面。库存水平的降低源自于ERP面对数目庞大的系统变量的超强计划和控制能力，ERP能够根据个性化和多变的市场需求编制详细的易于执行的计划，并实时地收集有关执行情况的详细数据，及时识别实际操作中出现的问题并采取相应措施，做到在需要的时候按需要的数量采购到和生产出需要的品种。由此，也大大减少了库存的存储成本以及减值和报废损失，减少了停工待料和因计划不善而带来的效率低下，因而增加了产能，减少了产品的单位成本。完善的采购计划将不同时间送达的物料需求合并下单，不但为采购人员赢得了更多的时间，使其专注于供应商的选择和管理，而且前瞻性的采购活动也更加便于供应商组织生产供应，增加了供应商的安全感，也赢得了更多的降价空间。详细而且优化的计划以及对偏差的及时识别和有效控制提高了按时交付率，缩短了订货提前期，通过ERP系统的在线支持能够对客户询价和投诉做出更快的响应和更准确的处理，这些都使客户满意度得到了提升。

事实上，这些可以量化的指标往往只是ERP价值“冰山”在水面之上的可见部分，还有很多难以量化的重要因素隐藏在水面之下。因此，仅仅根据以上定量化的收益来判断ERP的投资回报率是十分危险的。那些隐藏在水面之下的无形价值，是建立在对功能的高度集成和对信息的深度应用基础之上的企业综合运作管理能力以及为业界高度认可的最佳实践。它们将使得企业的经营和运作更加智能化，帮助管理者进行更加明智的战略谋划，使得整个企业通过更加有效率的运作更加有效果地达成战略目标，这些无形的价值将随着企业对ERP了解的深入和运用的成熟逐渐显现。ERP和传统的商务运作管理就好像是驾驶汽车和骑马两种不同的旅行方式，骑马在古代是一种极为有效的旅行方式，但在今天，除了将骑马作为一种娱乐或竞技体验，还会有多少人愿意停留在以骑马为主要旅行方式的时代呢？ERP不仅是所有行业领袖企业的不二选择，也越来越广泛地影响着无数中小企业。ERP改变着众多知名咨询机构的性质和力量对比，是对手间寻求竞争优势的重要手段，往往也是来自合作伙伴的要求。骑马旅行的时代已经一去不复返了。

2.2 ERP 的对策思考

20 世纪末，ERP 以系统化、商业化软件产品的形式进入了人们的视野并逐渐获得了广泛的应用。作为应对现代商务运作管理挑战的集成化解决方案，ERP 成了商界瞩目的热点。一时间，到处可见 ERP 的广告、资料、论坛和培训，关于 ERP 的话题和认识也是广泛而杂乱。面对这样的局面，管理者应当如何思考和行动？

2.2.1 ERP 不只是商务运作平台

ERP 所引发的商务运作管理的变革已经成为影响产业结构中各方强弱对比的新生力量，它对现代企业的影响力不是一个"商务运作管理软件"或是"商务运作管理平台"所能概括的，这种影响力要比人们的一般想象深刻得多。管理者应该对 ERP 给企业带来的影响有充分的认识，以便为将要来临的或者正在经历的深刻变革做好准备。

针对商务运作管理的集成化解决方案

ERP 通过对商务运作中事务处理的所有细节的系统化的定义形成了集成化解决方案，将诸多看似相互独立甚至相互冲突的子目标统一到了一起，以企业战略为指引，追求商务运作的整体效率。ERP 对事务处理的步骤、方法和内容具有刚性约束力。无论企业的机构和业务有多么庞大和复杂，管理者的计划和操作指令都能够通过结构化的业务逻辑得到严格执行，成为企业强大执行力的客观保障。规范的事务处理形成的数据具有极高的完整性、一致性和实时性，为决策、计划和控制等管理活动提供了可靠的信息支持。ERP 的供应链管理还可能使一个企业与它的客户和供应商建立同步式协同，使企业的供应链具备应变性和延伸性竞争优势。

前沿管理理论和最佳管理实践的应用

优秀的商业化 ERP 产品，集中了数以千计的管理专家的智慧和经验，这些智慧和经验来自最前沿的管理理论和方法的研究和优秀企业最佳管理实践的成功和失败的总结。ERP产品将这些智慧和经验转化为具有一般适用性的企业模型中的标准性或可选性配置，实现了将管理经典转化为管理应用的梦想。所以，学习ERP对于使用或准备使用ERP的企业以及暂时不使用或不打算使用的企业都具有深远的意义。

连接企业战略和日常运作的沟通渠道

ERP还是一种系统化的沟通工具。它采用的共享数据库和编码系统消除了对同一对象的多重描述以及对不同对象的相同描述而引起的歧义，确保了沟通的准确性。管理者确立的企业战略计划通过层层分解最终转化成为每位员工的日常作业，而这个过程是由ERP严格按照企业模型中定义好的进程向前推进的。ERP的这种沟通渠道的作用还表现在它能够为各级管理者提供商务运作数据，为管理者正确制订各个层次的计划指令提供可靠的信息支持。这种闭环式的沟通既保证了管理者的计划和调控指令能够得到严格的执行，又能够帮助管理者根据最新的商务运作状况对原有的计划和调控指令做出必要的调整和补充。

为企业带来机会和财富的知识宝库

ERP的海量数据也是蕴含商机的企业财富宝库。通过一定的预处理，ERP中的交易数据可以转变为更有价值的信息源，并通过数据挖掘技术获得对经营和运作的各个方面的更为深刻的认识。如果对这些信息善加利用，可能会给企业带来更多的价值。以这样的角度看待ERP系统十分有利于管理者为企业赢得战略上的竞争优势。

管理哲学和企业文化的倡导和实践

ERP所倡导和实践的管理活动带有鲜明的性格标签。ERP以系统化的思维着眼于商务运作的整体效率，在事务处理的相互联系之中着手于过程和方法的每一个细节，为每一种不同的事务类型明确了唯一有效的规则和要求，并对实际运作形成“刚性”约束。ERP充分实现了数据的一致性和实时性，强调数据的真实性和准确性，要求管理者的计划和调控指令以反映最新事实的数据为依据，将最宏观的战略谋划和最基层的重复性、执行性活动相关联。长期处于ERP环境下的企业，其管理者的理念必然会受到 ERP 性格的影响，并继而影响到整个企业的所有员工的行为。以大局为重，反对本位主义，致力于细节的完善，对敷衍马虎说“不”，尊重和基于事实，不做没有根据的定论，维护制度的严肃性，谨防特权和松懈，目标、计划和行动并重，杜绝只说不做的空谈等必将成为企业主流文化中的重要成分。

2.2.2 从策略到行动的 ERP 之路

ERP 对商务运作管理的深刻影响以及由此可能带来的竞争力量的消长已经是一个毋庸置疑的事实，但同时，ERP 的应用需要不菲的资金、人力和时间的投入，而且在 ERP 系统实施后，对 ERP 企业模型的重大改变将是较为困难的。管理者必须客观地面对这个现实，确立企业在 ERP 应用上的基本策略并付诸行动。这个过程一般含有 ERP 的指导策略、ERP 方案的构建、ERP 系统的实施以及 ERP 的后续管理四个阶段。

ERP 的指导策略

管理者在做出任何决定、采取任何行动之前，必定首先通过认真学习建立对 ERP 的充分了解和正确认识。阅读 ERP 的有关书籍和文献，和 ERP 的专家进行深入的讨论，参加有关 ERP 的培训、推介会和洽谈会，参观实际应用 ERP 的企业，了解 ERP 在这些企业中的实施和运行情况，听取 ERP 顾问和用户对 ERP 产品的评价等，都是管理者学习和了解 ERP 的良好途径。然而，由于商业化的 ERP 产品种类繁多，关于产品介绍和推销的文档更是良莠不齐，这给 ERP 的学习带来了困难。克服这些障碍的有效途径之一就是通过本书的学习形成关于 ERP 一般原理的知识性框架，让这种框架成为管理者主动了解 ERP 的指导以及全面和正确认识 ERP 的路标。

以 ERP 作为现代商务运作管理的解决方案已是大势所趋。ERP 应用对于企业而言远不仅仅是投资和收益的权衡，ERP 首先应该是企业战略中的一个重要变量。但是，什么样的企业应该实施 ERP？什么时候是企业实施 ERP 的最佳时机？企业为 ERP 实施投入多少成本才较为恰当？企业的 ERP 实施应该覆盖那些领域？思考这些问题没有标准的指南，答案取决于企业的具体情况和管理者的个性智慧。针对 ERP 的策略研究、方案评估和效果评价也没有公认的成熟理论和方法。

驱使企业实施 ERP 的直接原因就是传统的商务运作管理方式在现代商务环境中的局限性，管理者无法通过传统的商务运作管理方式迅捷并有效地掌控数目庞大的系统变量，而其根本原因则是竞争，因为竞争，企业的产品才需要有如此多的品种和改进，成本才有了持续的压力，订货提前期才需要尽可能地短，对客户询价和投诉的应对才需要快速而准确。因此，竞争对手的运作管理水平以及上下游主要合作伙伴的管理模式是企业决策的重要标杆。如果企业的商务运作管理水平落后于其主要竞争对手，无法适应上下游主要合作伙伴的先进管理模式，企业则希望尽快消除这种劣势；相反，如果企业的运作管理水平优于其主要竞争对手和上下游主要合作伙伴，企业则可能希望通过提升自身及上下游主要合作伙伴的商务运作管理水平进一步扩大竞争优势。为此，企业必须以其战略谋划为依据，清楚地了解在这样的战略场景中企业和竞争对手及其上下游主要合作伙伴在商务运作管理水平方面的具体差异，认真评估这些差异对于企业的生存和发展的影响会在什么时候出现，力度有多大。如果这种影响从某个时点开始成为一种不可忽略的变量，企业必须在此之前采取有效的措施。企业可以通过挖掘传统管理体系的潜力来提升管理水平，但当传统管理体系面对数目庞大的系统变量已经显得捉襟见肘时，ERP 便会成为企业摆脱劣势或扩大优势的唯一策略。另外一个影响决策的重要因素就是 ERP 的实施成本对企业财务状况的影响。企业范围内的 ERP 实施，需要投入大量人力和资金，不可能在一两个月内完成，而且投资的回报一般不会立即显现，管理者在决定 ERP 实施之前必须对 ERP 生命周期的过程和成本有清晰的了解，同时，也应该对企业 ERP 实施成本的承受能力有清楚的认识。

是暂时在传统管理方式基础上进行有限的提升，以免因短期内集中投入过多的资金和人力而产生过大的压力，或是以充分的资金和人力投入为代价，着手 ERP 在整个企业范围内的全面实施以求得竞争地位的改善，还是采取一条由传统方式向全面 ERP 环境逐渐过渡的折中道路，是对企业管理者智慧的考验。管理者需要通过权衡，在适当的时机、以恰当的投入进行 ERP 的实施，使得企业的价值得到可持续的保护或提升。

企业战略以及在此背景之下管理者在传统商务运作管理方式和完整 ERP 环境之间所作的权衡，只能成为一种指导性的 ERP 策略，并不能形成具体的行动方案。但正是这种策略，提供了 ERP 方案研究和可行性分析的指导方向，确立了企业对 ERP 核心功能的基本要求，形成了 ERP 实施效果评判的重要参照。

ERP 方案的构建

ERP 方案的构建是企业在 ERP 方案实施前由特定的小组成员所进行的有关 ERP 的学习、调查、研究、规划、分析和决策等工作的总称，它涵盖了从组建 ERP 前期研究小组到企业 ERP 方案最终确定的整个过程。

- 组建团队

选择具有强烈的使命感以及团队合作意愿和技能、具备强大的自我学习能力的成员组建前期研究小组是 ERP 方案构件的第一步。团队的成员应该能够代表不同的管理层级和职能领域，以便使得由他们组成的研究小组对企业战略和商务运作管理有足够了解，具有商务运作管理的全局眼光，精通职能部门的专业运作，了解资讯技术的最新发展，掌握项目管理的实践经验。这个团队的使命就是要在一定的时间范围内（以 3—6 个月较为适宜）形成供企业最高管理层进行决策的 ERP 方案建议书。

- 基础培训

研究小组在成立以后的第一项活动就是初步了解 ERP 主流产品、ERP 实施顾问和 ERP 管理咨询等与 ERP 相关的市场情况，确立并实施有关 ERP 一般原理、ERP 实施过程以及 ERP 主流产品等方面的基础培训。在这个阶段，企业可以考虑选择数家商业信誉好、专业能力强的管理咨询公司，通过和他们的对话来最终确定培训的内容和要求。这样的培训应该是基础性的，不应该带有任何偏向，这对小组成员能够最终形成完整的 ERP 知识体系以及独立的分析和判断能力是至关重要的。因此，此时的管理咨询不宜由代表某个或某些 ERP 产品和服务的实施顾问公司来担当，而应该选择专注于 ERP 一般原理和市场独立研究的机构或个人来担任。在企业 ERP 之路的下一个阶段，这样的管理咨询机构或个人还可能成为企业的专业代表和 ERP 应用软件供应商、实施顾问进行交涉和协调，协助 ERP 实施小组完成工作。

- 调研分析

完成了基础培训之后，研究小组需要进行有关 ERP 应用软件产品和实施顾问的市场调研，并就企业对 ERP 功能的需求展开分析。这个阶段的主要任务是信息的收集，为方案的构建和评估做好准备。通过对外的调研，研究小组能够对市场上 ERP 的主流产品和顾问公司有较为详尽的了解，对于 ERP 主流产品，需要了解的内容包括产品的历史背景和主要优势、市场份额、主要应用行业和领域、企业模型的结构和建模工具、功能的完整性和可配置性、技术架构和平台的通用性、对其他应用软件及二次开发的开放性、售后服务和支持的水平以及一次性投入和运行成本等。有可能的话，研究小组应该争取能和这些 ERP 应用软件产品的典型用户有直接的接触，获得用户角度的评价、体会和经验。对于实施顾问公司，需要了解的内容主要包括成功和失败的案例、主要顾问的背景和经历、ERP 实施的一般过程和常见困难等。与此同时，研究小组对内开展的 ERP 需求分析，则应该紧紧围绕企业战略来思考企业的模型结构，识别出企业的重点功能、特殊功能和现有管理方式下较为薄弱、存在风险、效率低下的功能并加以深入研究，或是给出建议的方案，或是提出具体的要求。对除此之外的其他功能，一般都是所有企业共同的需求，对这部分需求的定义和分析可以适当简约一些。在 ERP 的市场调研和需求分析的基础上，研究小组还需要进行产品和需求的匹配分析，锁定必要数量的候选 ERP 软件产品并对它们进行对比评估。

- 制订目标

在完成调研分析和匹配分析之后，研究小组需要制订出企业实施 ERP 的明确目标，包括覆盖范围、预期效果以及评价标准和方法。覆盖范围是指将在哪些职能领域和组织单元进行 ERP 系统的实施，预期效果是指企业在 ERP 系统实施完成后期望获得运作表现的改善和提高。由于 ERP 只是一种运作管理的工具，并不能从根本上离开管理者而直接决定企业的经营性结果，因此，预期效果以及评价标准和方法应该围绕着 ERP 所提供的技术性能，尤其需要关注的是 ERP 在企业的重点功能、特色功能和原有管理方式下较为薄弱、存在风险、效率低下的功能方面的性能表现。

- 技术方案

在上述工作的基础上，研究小组可以开始构建多种可能的 ERP 技术方案，并对这些方案各自的优劣进行论证，提供给企业最高管理层作为决策的重要依据和参考。建议方案需要对实现途径和运行方式进行论证。理论上，实现 ERP 管理方式的基本途径有三种，它们是完全定制开发应用系统（简称“完全定制”）、多个商业化 ERP 软件产品的集成（简称“优化组合”）和单一的标准化综合 ERP 软件产品（简称“单一集成”）。这三种基本方式存在着各自的利弊。完全定制能够在功能上十分贴近企业的实践和需求，但从需求定义到成功运行，是一个从“零”开始的漫长过程，在此期间，企业的需求可能会出现陆续的变化，这些都意味着很高的失败风险。和商业化的 ERP 软件产品相比，完全定制途径下的开发和维护活动无法在众多用户企业间分享，其结果必然是高昂的成本支出。而且定制化的系统在功能的灵活性方面一般都是比较薄弱的，这也意味着当企业的需求有所扩展、延伸和调整时将会遭遇巨大的困难。正因如此，在社会分工如此细化，软件产业如此发达的今天，完全定制已经很少为企业所采用了。优化组合和单一集成可谓是各有千秋，企业的行业、产品和职能方面的差异性以及所处的法律、经济、文化环境的复杂性对 ERP 功能的多样性提出了很高的要求，能真正实现全覆盖的大型综合 ERP 软件产品的最大优势就是系统内部各项功能的高度集成和协调一致，但这些 ERP 系统对企业核心运作机制、特殊功能需求的支持往往很难处处尽善尽美，个别企业的最佳实践也可能因这些大型综合 ERP 软件产品功能的限制而得不到流畅的再现。能够做到两者兼顾的大型综合 ERP 软件产品，一定会过于复杂且价格不菲。而与此相反，优化组合通过多个不同的商业化 ERP 软件产品的集成，能够充分利用不同的 ERP 软件产品开发商在各自领域的优势，但这同时也增加了集成的技术难度和冲突的风险。而且采取优化组合策略的企业需要和不同的 ERP 软件产品开发商和实施顾问打交道，这也增加了 ERP 实施和后续管理的困难。

企业在 ERP 系统的运行方式上同样需要面对自主管理和系统托管的基本选择。自主管理方式下，企业拥有自己的服务器和技术人员，企业能够承担绝大部分的监管、维护、备份、安全等职责，只有和硬件、软件和网络本身性能和状态有关的问题以及一些较为复杂和深入的应用问题才需要供应商的参与和支持。而系统托管则是将企业的这部分职责外包给一个专业的应用服务公司并租用该服务公司的硬件设备。两者的利弊权衡在于服务水平、安全性和成本。

- 实施规划

除了上述技术方面的调查、研究和比较、权衡之外，研究小组还需要对ERP实施的阶段和资源的投入方面给出客观的估计，这主要包含ERP实施在职能领域和组织单元方面的时间安排以及ERP实施的成本支出和相关人员工作小时的投入。对于小型简单组织，比如只含有一个单址机构的微型企业，ERP的实施一般不需要分成若干个阶段。但是，对于跨区、跨国的多实体大型综合企业，整个企业同步地实施ERP会遇到的技术难题、可用资源的限制和需要承担的风险将是难以想象的，因此，大型综合企业的ERP应用一般会分地区、分模块地向前推进。另一个决定采用一步到位还是分阶段实施策略的因素是ERP实施对职能领域和组织单元的覆盖范围以及实施过程中需要对ERP系统的修改程度，ERP对职能领域和组织单元的覆盖范围越广泛、需要对原ERP系统的修改越多，就越适宜采用分阶段的实施策略。这样做不但可以降低众多组织单元同时实施情况下所产生的协调一致的难度，还能够避免多个组织单元遇到相同实施问题时的重复劳动，使得企业能够从先完成ERP系统实施的组织单元中获得有益的经验和教训。那些在多个类似组织单元的实施中形成的较为的成熟的配置能够成为参考标准被应用到其他相似组织单元中去，这大大改善了后续组织单元ERP系统实施的效果和效率。

成本的投入自然是方案中极为重要的部分，研究小组需要对ERP整个生命周期内的一次性支出和经常性支出的金额和时间做出合理的估计。相关员工的时间投入是一项十分重要的隐形投入。ERP实施项目所涉及的员工都是各个职能部门的骨干，他们是企业日常运作的中坚力量，他们对自己的业务有深刻的理解和清晰的思路，对商务运作管理的核心功能和薄弱环节有着真切的体会，他们将会对ERP的实施做出重要贡献。但ERP的实施项目会和他们的日常职责在时间和精力上发生冲突，尽早明确ERP实施项目对他们的希望有利于这些骨干提前准备，对日常工作做出有预见性的安排。

ERP系统实施的具体工作可以完全由企业内部的员工独立完成（简称“内部模式”），也可以全部交给实施顾问公司，在实施完成之后再由实施顾问向企业员工按岗位逐一进行交接（简称“外包模式”）。事实上，这两种方式都存在着各自的利弊。内部模式可以节约大量的实施顾问费用，和向顾问介绍业务需求的过程，但这一模式对内部人员的专业能力有着极为苛刻的要求。如果没有这样的内部人才资源，内部模式所产生的结果一定是令人失望的。与此相反，外包模式能够充分利用实施顾问公司的专业能力，但企业须为此支付昂贵的的顾问费用，况且，顾问公司需要充分了解企业的需求才能完成实施工作，这仍然需要企业员工投入必要的时间和精力。因此，为绝大多数企业所采用的是一种介于两者之间的“混合模式”，在混合模式下，由企业内部各个领域的骨干组成的实施团队担当 ERP 系统的实施主角，承担最终责任，但他们在技术上能够得到实施顾问公司的支持。

- 评估决策

研究小组提交的 ERP 实施规划，一般应该包含两种或者两种以上的备选方案，并以企业的商务运作管理现状为基准，通过各备选方案之间以及备选方案和基准之间的比较，对所有方案在技术和功能、成本和收益、风险和机会诸方面进行全面评估，为企业最高管理层提供最为决策的依据和参考。

技术和功能方面的评估涉及目标 ERP 软件产品的市场稳定性、行业及领域优势、与企业需求的吻合程度、企业模型的结构和工具、功能的完整性和可配置性、技术架构和平台的通用性、对其他应用软件及二次开发的开放性、售后服务和支持的水平、实施过程的难易程度以及目标运行方式的合理性。

成本和收益方面的评估就是逐一确定可以量化的成本和收益项目发生的金额和时间，并进行折现计算，通过净现值或内部收益率的大小来判断备选方案的优劣。在成本和收益评估中，成本是指 ERP 系统生命周期内的所有现金支出，它包括 ERP 系统实施的一次性费用和系统上线后的日常运行、维护、更新、备份、培训等所有费用，而收益则包括因 ERP 实施应用而带来的增量收入和成本节约。尽管量化指标能够给人明确的计算结果，但是，仅仅以成本收益的计算结果作为 ERP 方案的决策依据将是十分危险的，分析人员也许能够在可接受误差的范围内对 ERP 系统的生命周期总成本作出估计，但是，穷尽 ERP 系统会给企业带来的所有益处或是不实施 ERP 系统会给企业造成的所有危害并一一加以量化是不可能的。即便是可以量化的成本和收益项目，也离不开必要的假设，一旦假设发生变化，原有的数字也就失去了意义。比如，实施 ERP 以后销售收入有望获得 15% 的增长，这就是一项增量收入，但这一增长是基于“企业的外部环境和其他内部条件与 ERP 实施前保持不变”的假设之上。如果在 ERP 实施成功后，宏观经济环境出现了危机，而企业又对销售队伍进行了全面的整顿，因 ERP 的实施而直接产生的销售收入的增长是很难准确认定的。因此，决策者在基于成本和收益评估进行 ERP 决策和实施效果评价时需要十分慎重。ERP 是商务运作管理的解决方案，它仅仅是一种工具而不是结果，它只是通过一个集成化的商务运作管理环境为企业提供了增收节支的可能，而不是保证，经营和运作的结果最终将取决于管理者的智慧和努力、竞争力量的对比以及宏观经济环境等众多因素。

除了可量化因素的假设可能会发生变化，还有很多影响决策的重要因素根本就是难以量化的，这就是进行风险和机会评估的意义。风险和机会评估就是要回答在技术和功能评估、成本和收益评估之外还有哪些重要的不利和有利因素，它们会对各备选方案的优劣表现产生怎样的和多大的影响。

在上述 ERP 方案建议书基础上，经过同研究小组的充分沟通，企业最高管理层将会对 ERP 的实施方案做出最终的决策。

ERP 系统的实施

ERP 系统的实施包括从和 ERP 软件产品供应商和实施顾问公司进行合同谈判到 ERP 系统成功上线运行的全部过程。这个过程对于分阶段进行 ERP 系统实施的企业而言是一个相当漫长的过程。对于某一个业务结构较为完整的基层组织单元而言，ERP 系统的实施一般需要 6 个月左右的时间。ERP 系统的实施是一项相当复杂而系统的工程，其成功与否取决于诸多因素，其中最为重要的是企业最高领导层的参与和推动，一个团结、专业、坚韧的实施团队和一整套科学、实用的 ERP 实施和项目管理的方法体系。ERP 的实施一般包含以下几个方面的工作：

- 项目定义

项目定义是根据管理层的决策方案和 ERP 软件产品供应商、基础设施供应商和 ERP 系统实施顾问公司进行谈判、达成共识和签订合同的过程，是 ERP 方案进入实施阶段后研究小组首先需要完成的任务，其目的是明确 ERP 系统实施项目的具体范围、总体进程、重要事项约定和各相关方的义务、责任和权利。界定明确的项目边界、规则以及各参与方的角色对于 ERP 系统的成功实施是非常重要的，这些基本问题是进一步制订项目详细计划的依据，也是衡量参与项目的各方是否合格地履行了应尽义务的标杆，有利于避免项目实施过程中的盲目性和随意性，防止责任各方之间产生严重分歧或相互推诿，保证 ERP 实施项目在范围、时间和成本方面和计划相符。因此，项目定义是 ERP 系统实施项目参与各方长期友好合作的依据和利益保障。

- 团队组建

由于 ERP 系统的实施意味着大量细致的讨论研究、分析设计、在线操作以及基础数据和技术文档的准备和整理，实施 ERP 系统必须组建专门的实施团队。实施团队的规模和结构取决于 ERP 实施项目的性质和规模。完整的基层组织实施团队结构一般包含领导组、项目组和业务组三层结构。领导组负责项目的定义，检查项目进程，解决资源冲突，裁决重大的分歧；项目组负责对项目全程的完整的管理，协调各个业务组的活动和成果，代表企业和 ERP 软件产品供应商、ERP 实施顾问公司和基础设施供应商进行技术协作，确定各个业务领域的目标解决方案，指导和检查各个业务组的实施工作，编写 ERP 实施工作进度报告，负责一般用户的培训，制订规范化的操作指南等；业务组负责执行 ERP 系统实施的具体工作。领导组的负责人应该由企业的最高领导担任，项目组的负责人应当由领导组的成员担任，各个业务组的负责人应当由项目组的成员担任。所有的成员必须具有团队合作精神和乐观坚忍的意志，除此而外，他们每一个人都应该对各自领域的业务以及所处组织单元的整体运作情况有扎实的了解。

- 成员培训

实施小组的成员在从事实施任务前必须经过充分的培训。培训的内容包含 ERP 系统实施项目的背景和定义，实施团队的结构、使命、运作方式和工作要求，目标 ERP 系统的基础架构、一般原理，各个职能模块的功能和配置细节，以及目标 ERP 系统实施的具体阶段和详细步骤。

- 计划拟定

在计划拟定阶段，项目组首先需要根据项目定义制订出只包含关键实施节点的总体计划，在这个基础上，业务组根据各自领域的业务需求、目标 ERP 系统的功能和配置细节以及具体的实施路径制订详细计划，明确每一件任务有谁、在何时完成，了解执行每一项任务的前序和后续工作。业务组计划须提交项目组，经项目组审核和汇总通过后生效。

- 功能实现

系统功能的实现是 ERP 系统实施的实质部分，在这个阶段，各业务组在项目组的统一领导和协调下，通过系统配置、开发和集成，使得 ERP 系统具备能够系统化地满足企业需求的功能。为此，实施团队的成员首先需要在 ERP 企业模型理论的指引下，进行企业需求的详细分析和匹配。实施团队可以从描述现有状态的企业模型入手，通过优化分析得到目标企业模型，并和 ERP 提供的系统功能进行对比分析，最终确定企业所需要的并可以得到 ERP 系统支持的模型。这样的套路合乎正常的思维逻辑，但在实践中，实施效率将十分低下。因为通常情况下，企业模型的描述、优化、对比都是以手工方式来完成的，并将涉及企业需求中几乎所有的细节，故而非常耗时、耗力。

更加现实的方法是以 ERP 系统的标准功能为基调，在功能类别上对 ERP 提供的基本功能单元进行逐项选择，在功能细节上对基本功能单元内部进行参数配置。例如，采购可能包括原材料采购、固定资产采购、一般服务采购等不同模式，而每一种模式下的各项任务和作业的具体功能细节是由其后台的参数配置决定的。然而这样做又会产生另外一个问题，那就是当企业的目标模型和 ERP 的标准功能无法调和的时候，企业应该修改 ERP 系统，还是改变企业原有的或是期望的运作方式？完全标准化的解决方案可能会使企业失去自己的个性和优势，但是完全个性化的解决方案也会使得企业背负沉重的开发和维护成本和风险，而置 ERP 软件产品开发商经专注研发而形成的最佳实践解决方案和标准化、模块化所带来的可延展性和可塑性等宝贵价值于不顾。事实上，企业在经营运作中遇到的大部分业务操作和事务处理都有着高度的相似性，它们并不是决定企业个性价值的核心竞争力，对于这些领域，应该以现有的 ERP 标准功能为基础，通过类别选择和参数配置尽量去接近和实现企业的目标模型。而对于企业特有的、体现其个性价值的目标方案，实施团队必须加以一一识别和保留，如果无法通过 ERP 系统的标准功能得到淋漓尽致的再现，企业须设法通过修改 ERP 或另行定制应用程序来实现。

● 数据准备

和功能实现同样重要和关键的是数据准备，这项工作包括主数据、时点数据、未完成交易数据、历史交易数据以及其他相关数据的整理、补充和检验，并最终导入 ERP 系统之中。主数据是 ERP 中较为静止的数据，它和交易无关，客户和供应商资料、物料的基本信息、会计科目和成本中心等都是最为常见的主数据。时点数据是企业在切换到 ERP 系统的那个时点的状态信息，会计科目的余额是最为重要的时点数据。如果某些合同、采购订单、销售订单中所规定的交易尚未执行完毕并且仍然有效，那么这部分信息就是未完成交易数据，财务职能领域的未偿付的往来发票也是常见的未完成交易数据。在企业从现有运作模式切换到 ERP 系统模式之后，未完成的交易将在 ERP 系统中继续得到执行。历史交易数据可以以企业原有的方式存在，不一定要导入到 ERP 系统之中，但在对数据的完整性有较强要求的情况下，即便是已经执行完了的历史交易数据，企业仍然需要导入到 ERP 系统中去。例如，将自客户、供应商上一次对往来余额的书面确认之后的所有往来交易的明细导入 ERP 系统，将会给今后的往来确认和查询带来不少便利。另外，很多格式报告需要引用历史数据进行分析计算或对比展现，使得企业需要考虑必要的历史交易数据的导入。需要导入 ERP 系统中去的其他相关数据由企业根据实际需求而定，比如很多企业会将销售与运作计划、财务预算和更新计划以及未来若干年的战略谋划、经营及资源计划等信息导入 ERP 系统中。

企业原有的运作模式和解决方案与 ERP 系统可能存在很大的区别，需要导入 ERP 的数据可能来源于若干个独立的信息系统，甚至需要企业根据纸质文档以手工方式键盘录入。但是，无论是哪种来源，从原有运作模式直接获得的第一手数据和 ERP 系统的要求相比将会在合法性、完整性和一致性方面存在差距，需要实施团队对这些数据的格式和内容作出标准化转换，对缺失的数据进行补充，对数据和数据之间的一致性实施校验。

● 系统测试

系统测试包括单项功能测试、系统整体测试和并行测试等。在功能实现之后，实施人员需要对实施的结果加以检验，确认根据给定的输入是否能够得到期望的输出。在进行单项测试和整体测试之前，实施团队必须根据实现的功能，预先设计好能够遍历所有业务分支的测试方案，包括这些业务分支需要输入的数据和期望得到的正确输出。在测试的过程中，测试人员需要一一记录所测试的功能的具体表现，并形成测试报告。

单项测试的对象是一个个孤立的功能点，而整体测试的对象则是由这些个别的功能点所组成的整个业务过程，确定在这个业务过程中的前序功能和后续功能之间是否能够完美地相互衔接。并行测试是在企业切换到ERP系统前保持同步运行新旧两套系统，因此，并行测试的所有输入和输出都是真实的数据。并行测试的目的是增加系统切换的把握，减少切换以后可能出现的没有预想到的状况的风险，但显然，一线操作人员和实施团队的工作量将会大大增加，这不仅因为每一笔业务需要在新旧系统中实施两次操作，还由于对两个系统的输出结果需要进行对比分析。在功能实现环节，企业很可能对原有企业模型进行了优化，这使得新旧系统的输出结果的比较更为困难。单项测试和整体测试一般是ERP实施过程中不可省略的步骤，而是否进行并行测试可以由实施团队根据具体情况作出选择。

● 用户培训

在系统切换之前，实施团队需要完成的最后一项工作就是进行文档的汇编和用户的培训。ERP实施完成之后，实施团队必须根据实施过程中的工作底稿编写完备的文档，以便让读者了解到：

（1）新的企业模型呈现出怎样的总体结构。

（2）每一项独立的任务包含哪些作业，涉及哪些岗位，这些作业之间以及不同岗位之间存在着什么样的相互依赖和支持关系，哪些工作需要在ERP系统内完成，哪些需要在离线状态下由操作人员手工完成，各个环节需要保留哪些原始凭证等。

（3）各项人机交互操作应该如何一步一步地在线完成。

(4) ERP 系统中所使用的各类编码具有怎样的规则，那些预先定义的分类码都代表什么含义。

(5) 在功能实施过程中对基本功能单元的选择和参数的配置以及这些选择和配置实现的是什么样的企业需求等。

这些文档，将是用户培训的重要资料。随着 ERP 技术的不断发展，自动化的在线文档技术已经成为用户学习和掌握 ERP 系统配置和业务操作的主流方式。自动化在线文档不仅节约了项目组人员大量的文档编写时间，还有效地保证了文档内容的准确性、一致性、一贯性，提高了用户培训和学习的便利性和针对性。

ERP 的后续管理

正如本书第一章所阐述的那样，企业建模是管理者的基本任务之一。有太多的原因决定了任何一个企业模型都不可能是永久性的，经营模式、客户需求、管理思想、竞争态势、法律要求等方面的不断变化，要求管理者必须设立和投入专门的职能和资源，把企业模型的维护作为一项持续性的工作。只有恰当的企业模型才能够保证管理者战略意图的实现，才能够对企业的风险实施有效的监管。ERP 系统的实施只不过是一次特殊的企业模型“维护”，它使得企业从原有的传统模型跳跃到了 ERP 模型，完成 ERP 系统的实施绝不是企业建模任务的终结，而只是管理者在没有终点的企业建模道路上的一座里程碑。ERP 的后续管理应该是从对现有系统的评价开始，经过目标设定、模型修改、文档维护、用户培训，又回到系统评价的不断循环前进的过程。当然，除此之外，ERP 的后续管理还包括 ERP 日常运行的监控、排错和备份等事务性工作。

2.2.3 ERP 可能带给企业的困扰

ERP 也会给企业带来各种各样的困扰，或者使管理者进入某些误区。但事实上，这些困扰和误区都是管理者致力于管理的五项任务之一的“企业建模”时本来就需要面对的问题和困难，从根本意义上说，它们不是因 ERP 而产生的。ERP 对商务运作管理体系中的每一个细节的深度关注使得这些原本在传统环境下同样存在的问题和困难在 ERP 环境下更加凸显和无法回避。但正是由于这种对每一个细节的深度关注，才使得 ERP 作为现代商务运作管理的解决方案具备了完善的可操作性，为企业商务运作的整体效率开辟了前所未有的天地。以下几个方面的思考将有助于管理者识别和应对ERP带来的问题和困难。

ERP的应用不等于问题获得解决

ERP为商务运作管理提供了解决方案，但不等于有了ERP就有了完善的商务运作管理。这就像有了一把高级小提琴不等于有了美妙动人的小提琴声。“只要使用了ERP，就一定会有令人满意的运作效率和经营业绩”的认识是对ERP的重大误解和盲目信从。再好的解决方案也只是工具，要通过人的使用才能发挥其应有的作用。同样的ERP软件产品，由于实施和使用它的人不同，也会出现不同的应用表现和使用效果。ERP对于企业而言可以意味着很多深远的意义，但从根本上说，它仍然是以人为中心的，在ERP环境下工作的管理人员和一线员工必须掌握ERP的使用方法，学习ERP的智慧，了解ERP的原理和潜在能力，对ERP建立整体的系统化概念，从而通过ERP的正确应用和不断改善来提升商务运作的整体效率，获得竞争优势。在任何情况下，人永远是最具决定性作用的因素。

最大的困难是来自内部人员的阻抗

管理者需要认真思考、慎重应对的还有ERP的实施可能带来的有关人员的问题，这是所有的困难和问题中最为重要的。ERP的应用相对于传统的商务运作管理而言是一场深刻的变革，运用ERP所蕴含的管理思想对企业模型进行再造，往往意味着对权利、责任和职责的重新分配，这将遇到来自内部人员的极大阻力。而在实施完成之后，ERP系统对于用户关键操作的“刚性”约束可能会使得日常作业在消极情绪的影响下变得僵硬和机械。管理者必须看到，这些问题虽然都是因ERP的应用而出现的，但改变不合理的企业模型，为基本的事务处理制订“刚性”约束，其目的完全不是趁机剥夺谁的权利和利益，也完全不是提倡僵硬和机械的工作态度。权利、责任和职责的分配应该合乎商务运作整体效率的总目标，对事务处理的“刚性”约束是为了让员工在处理非结构化问题时有更可靠的信息来源和更多的可支配时间，避免相关人员的宝贵精力被事务处理方式的随意性造成的混乱局面所吞噬。

全面准确估算投资性和费用性支出

ERP 的实施和应用会产生投资性支出和费用性支出。投资性支出是和 ERP 的实施有关的一次性成本，主要包括购买 ERP 产品或其使用权的支出、ERP 系统实施的咨询费用和员工的培训费用等，其金额的大小和 ERP 产品的选择、ERP 的用户数量、ERP 的功能范围和企业模型的复杂程度相关。对于大多数企业来说，这将是一笔不菲的开支。费用性支出是企业每年需要支付的 ERP 的运行和维护费用以及必要的培训费用。所以，在决定 ERP 实施之前，管理者必须充分预计到这个决策对企业现金流和损益的影响以及企业的承受能力。

不要低估技术上和逻辑上的复杂性

ERP 在技术上和逻辑上的复杂性会给企业的 ERP 之旅带来重重困难。在这样的复杂程度下，即便是资深的 ERP 顾问也很难做到同时精通其产品的所有模块。这样的复杂性不但给管理者的 ERP 学习、策略研究、项目决策带来了极高的难度，也是对 ERP 系统实施过程的艰巨考验，同时还会给用户使用技巧和基本知识的培训带来不小的挑战。从 ERP 的策略研究到其进入良性运行的成熟期一般需要 5 年左右的时间，在此期间企业所遇到的困难将是 ERP 实施之前无法想象到的，管理者对此必须有充分的、全面的准备。面对重重困难和挫折，首先需要的是企业最高管理者的坚定信念、高度重视和实际参与；其次应该做到的是建立一个团结、坚韧、乐观、自信、专业、敬业的核心团队；最后必须做到的是基于系统化的实施程序，借鉴可能获悉的经验和教训对项目全过程采取严格的管理。

避免对 ERP 的配置进行频繁的改动

ERP 实施完成之后，对 ERP 企业模型的根本性改变将是较为麻烦的。ERP 在技术上和逻辑上的复杂性使得这种改变的工作量和难度系数有可能接近甚至超过初始状态下的 ERP 实施，同时，这种事后的局部改动更可能引起功能性冲突，这些冲突很难被企业 ERP 骨干甚至实施专家完全、及时地遇见和识别。还有很重要的一点就是，这种改变很可能会使得数据的一致性和一贯性受到影响，给后续的数据输出带来诸多不便甚至“陷阱”。因此，有关人员在确定企业需求、配置企业模型的时候，必须做认真、细致、深入和反复的推敲，充分借鉴可能获悉的经验和教训，尊重优秀 ERP 产品中采用的最佳管理实践，用发展的眼光考虑企业的长期需求，以避免对 ERP 企业模型配置的频繁改动。

落实和保证 ERP 知识技能的继承性

在 ERP 环境下，用户操作技能和企业模型配置知识已成为关乎企业运作的大事，有关 ERP 的技能和知识的传承可能会由于人员的流动、业务模式的演化、对 ERP 企业模型配置的持续调整和 ERP 系统本身的高度复杂性等原因出现断层，给企业运作埋下极大隐患。为此，管理者必须建立有效的措施来保证 ERP 技能和知识的继承性。这些措施包括使用标准术语和符号，编写详细的文档体系，通过定期的培训按岗位为员工讲解专门化的 ERP 知识和技能，在 ERP 的各个模块领域指定高级用户和他们的替补人员，定期向他们介绍 ERP 的一般原理和分模块的 ERP 详细配置和操作，通过严格的流程保证所有 ERP 文档和培训资料得到及时和完全的更新等。

有效地监管 ERP 环境下的内控风险

优秀的 ERP 产品具备强大的权限控制、流程控制和数据控制，为几乎所有 ERP 用户的关键操作设定了“刚性”的控制，但与此同时，也将内部控制的风险相对集中到了公司的 IT 部门或少数高级用户身上。尽管 ERP 有不少诸如测算和自检等辅助功能，但在逻辑上和技术上的细小改变或漏洞往往不易为人们所察觉，而且诊断和排除这些细小的改变或漏洞也较为困难。管理者必须对此采取有效的措施使 ERP 环境下的内控风险得到有力的监管。

ERP 功能的浪费和不足在所难免

对于商业化 ERP 软件产品，一方面，因其对一般商务运作管理的普遍适应性，在具体企业的应用中，一定程度的功能闲置和浪费是不可避免的；另一方面，又因其提供的可配置变量终究是有限的，在具体企业的应用中，某些个性化的成熟流程可能得不到完美实现，需要企业为此做出一定的妥协。

2.3 从 MRP 到 ERP

ERP 的发展包含了不同的阶段，后面阶段是对前面阶段的补充和发展而不是简单的取代，因此，了解 ERP 的过去对完整地了解 ERP 的内涵和外延是必要的。一般认为，ERP 发展到今天主要经历了物料需求计划（MRP）、制造资源规划（MRPII）和企业资源规划（ERP）三个阶段，促使这种发展变化的动力则是商务运作管理的实践、管理理论的发展和应用技术的进步。商务运作管理的实践取决于由产品和生产技术、市场需求和竞争特点等诸多因素共同作用下的商务运作管理模式的发展。在社会经济和生产力水平的不同历史阶段，商务运作管理有着不同的困境和挑战，这些困境和挑战在一开始都集中在制造领域；不断应对商务运作管理新挑战需要不断发展的管理理论的指引，成熟的管理理论为有效的商务运作管理解决方案提供了基本策略和业务逻辑；电脑和网络技术的更新和发展使得应用成本不断下降，功能不断增强，建立在应用技术基础之上的集成化解决方案才因此为越来越多的企业所青睐。

2.3.1 MRP

MRP 的出现

在 MRP 时代到来之前，由于社会生产力水平的限制，市场在总体上呈现出供小于求的状态，快速地生产出标准化的产品成为竞争关注的重点。企业总会为每一种物料备有充足的存货，这样可以避免因缺料而中断生产。人们不会担心存货过高的问题，因为一成不变的那几款最终产品对原材料的需求相当稳定，即使有些物料的库存过多，企业也一定能够在它们因陈旧、淘汰或失效而报废之前将其消耗完毕。人们相信客户会一直购买相同的东西，物料采购、产品制造和销售似乎永远在相同的状况下重复着，查看过去的购买和消耗记录就能够预计将来的需求，过去没有采购过的物料现在和将来也不可能需要。这就是为什么经济批量和再订货点法在当时成为最流行和最有效的生产和物料的计划和控制策略。在年需求总量一定、单位时间需求量较为稳定的情况下，可以根据每次订货发生的操作成本（或是每次生产发生的设备调整成本）和库存的年持有成本率来确定一个最佳订购批量（或生产批量），使得年度的订货费用（或设备调整成本）和存货持有成本之和最小，这就是经济批量（EOQ）模型。同时，还可以根据采购（生产）周期和日需求量计算出再订货点，企业在某种物料的库存量下降到再订货点时，应该按经济批量向其供应商下达采购订单（或向车间下达生产指令），这样，该物料库存便能够在消耗完之前得到及时补充。

进入 20 世纪 50 年代，随着社会生产力水平的发展，市场出现了供大于求的状况，竞争的表现也更加复杂，许多商务运作管理的挑战出现在企业管理者的面前。正如本章 2.1.3 小节中所阐述的那样，由于需求的个性化，企业需要备有的库存的种类越来越多，这不仅在资金上给企业造成了不小的压力，而且那些多余的库存很可能会因为不再适合新的个性需求或失去了技术上的先进性而遭到报废，这将削弱企业在成本上的竞争力。更为严峻的是，面对种类繁多、配置各异的物料和产品需求，企业很难做到面面俱到，因未及时采购某一种原材料（无论这种材料多么微不足道）造成停工、因计划不当造成的交货延迟等情况每每发生。对于这些挑战，经济批量模型和再订货点法显然是无能为力的。最早开始尝试提供新解决方案的软件是 BOMP。BOMP 是由英文名称“Bill of Material Processors”（意为“物料清单处理程序”）的首字母组成的专有名词。BOMP 能够存储和调用复杂产品的物料结构，当某一种物料发生设计上的改变后，通过这种结构能够找到所有受到影响的产品。同样，通过这种结构也能将最终产品的需求逐层展开形成零部件和原材料的需求，将不同最终产品对相同零部件和原材料的需求加以合并，再根据客户对最终产品的需求品种、数量和时间以及零部件和原材料的提前期，在一系列连续的时间区间内由远及近逆向地确定所有物料的投入和产出以及订购和到货计划。

和之后出现的 MRP 技术相比，BOMP 在按照 BOM 展开计算零部件的需求时，没有考虑现有的库存、采购和生产情况，同时，BOMP 按照实际的需求数量产生计划，没有考虑批量的概念来对持有成本和采购成本、调整成本进行权衡，并且无论需求数量多少都采用固定的采购和提前期。即便如此，BOMP 已经包含了 MRP 最为核心的思想。进入 20 世纪 60 年代以后，计算机硬件和软件产业也出现了新的发展，新型计算机具有更加强大的能力、更加稳定的性能和较低的成本，第三代计算机语言也到了广泛的应用。MRP 就在这样的历史背景下诞生并成为 ERP 发展历程中的第一个里程碑。

MRP 是由英文词组"Material Requirement Planning"的首字母组成的专有名词，意为"物料需求计划"。它致力于生产计划和库存控制。MRP 包含了时间区间、独立需求和派生需求、逐层确定批量和计算需求、根据库存和计划执行状况从总需求量推算出净需求量、根据生产周期和采购周期由远及近地逆向确定时间进程等重要技术，并通过这些技术的组合确定物料需求品种、数量和时间。"在当时的文献中，这一整套技术方法被称为'时间序列'或'时间分段'物料计划（Wight，1970），物料需求计划的英文首字母缩写 MRP 是在十多年之后才出现的，而且，其内涵也一直不怎么清晰，直到 Joseph Orlicky 对这些技术做了综合而详尽的描述之后，MRP 才有了完整的技术轮廓（Orlicky，1975）。"（摘自 Enns V. "*A Brief Overview of MRP*" APICS Calgary Chapter Newsletter Mar 2008）根据 APICS 的定义，MRP 是运用物料清单、库存及生产计划的数据来计算物料需求的一整套技术，它提出物料的补充性订单的建议。由于它将时间划分成一段一段连续的区间，它能够对还没有进入锁定区间的尚未执行的订单重新安排时间进程。基于连续时间区间的物料需求计划从主生产计划（MPS）上的产品需求开始计算确定零部件和原材料的需求数量和具体日期。它能够展开物料清单，考虑现有的库存数量和已订购的数量的影响，按照恰当的提前期来逆推物料净需求，从而在连续的时间区间上完成物料需求的计划。

MRP 的原理

MRP 的原理可以通过以下几个方面得到了解。

- 独立需求、物料清单和派生需求

在 MRP 中，对物料的需求有独立需求和派生需求之分。独立需求来自独立于企业的外部实体，派生需求是因独立需求而派生的。有关独立需求的信息只有根据销售订单或者销售预测来确定，而派生需求的信息可以根据独立需求信息和物料清单（BOM）通过计算来获得。表 2.3－1 是一个假想产品的物料清单的简单示意，其中，客户对产成品 A 的需求属独立需求，其他所有的零部件和原材料都是派生需求。产成品 A 通过加工获得，每一个产成品 A 由 1 个零部件 A－1、2 个零部件 A－2 和 4 个零部件 A－3 组成，这些零部件都需要通过加工获得。而每一个零部件 A－1 又由 2 个原材料 A－1－1 和 1 个原材料 A－1－2 组成，这些原材料需要通过采购获得。零部件 A－2 和 A－3 也有和 A－1 类似的特点。当客户对产品 A 的独立需求数量确定后，MRP 就可以根据物料清单计算出和这个产品相关的所有物料的派生需求数量。

表 2.3－1　　物料清单的简单示意

父级物料	物料名称	数量	来源	说明
无	A	1	加工	产成品
A	A－1	1	加工	零部件
A	A－2	2	加工	零部件
A	A－3	4	加工	零部件
A－1	A－1－1	2	采购	原材料
A－1	A－1－2	1	采购	原材料
A－2	A－2－1	1	采购	原材料
A－2	A－2－2	1	采购	原材料
A－2	A－2－3	3	采购	原材料
A－3	A－3－1	1	采购	原材料

- 采购周期、生产周期和批量

满足对物料的派生需求必须进行采购或者生产，因此需要考虑取得这些物料所需要的采购或生产时间，这就是物料的采购周期和生产周期。生产一批物料的总时间是由许多环节的耗时多少决定的，主要包括设备调整时间和待工时间、物料在各工序前的等候时间和在各工序上的加工时间以及物料在工序间的移动时间等。其中，有些时间是和被加工物料的数量成正比的，有些时间仅仅和整批被加工物料相关。整批物料的总的生产周期，不仅仅和这些时间参数以及批次中的物料数量相关，还和每一道工序的并联工位的数量以及物料在工序间的移动批量有关。假设物料移动批量生产周期为 T_b，则 T_b 等于

$\sum [(Q_b \times TP_i) + TS_i + TM_i + TQ_i + TW_i]$

上述表达式中：

Q_b 指物料的移动批量；

TP_i 指每件物料在工序 i 上的纯加工时间；

TS_i 指工序 i 为生产该批物料做准备需要的时间；

TM_i 指该批物料移动到工序 i 所消耗的时间；

TQ_i 指该批物料在工序 i 上等待加工的时间；

TW_i 指工序 i 在该批物料上发生的窝工时间；

i 指工序的序号，$1 \leqslant i \leqslant n$；

n 指工序的总数量。

MRP 假设物料的实际加工批量等于移动批量，或是移动批量的整数倍，并以移动批量的生产周期为基础来计算实际数量的一批物料的生产周期。假设某物料的移动批量为两件，实际批量包含两个移动批量（第一批和第二批），需要经过三个工序，图 2.3－1 展示了在这样的假设下的实际批量的生产周期。从中可以看出，物料生产周期的确定是一个极为复杂的问题。在实践中，对物料加工过程中在时间方面的所有细节进行非常精确的考虑是不可能的或是不经济的，物料的生产周期参数一般都是根据移动批量、各工序调整时间和加工时间以及“瓶颈”工序的产出节拍等基本因素和必要的安全缓冲时间来确定的，实际的物料等待时间和工序窝工时间必须通过生产组织的优化和工序能力的均衡化加以压缩。MRP 利用生产周期参数就可以对实际批量的生产周期进行合理的精确估计。假设物料实际批量生产周期为 Tr，则 Tr 等于

$T_b + T_c \times [(Q_r \div Q_b) - 1] + T_s \times Q_r$

上述表达式中：

T_b 指物料移动批量生产周期；

T_c 指“瓶颈”工序的生产节拍，即完成物料移动批量的加工所需要的时间；

Q_r 指物料的实际批量；

Q_b 指物料的移动批量；

T_s 指安全缓冲时间系数。

一批产成品的总生产周期包含从第一份与之有关的原材料采购订单的下达开始到完成最后一个该产成品的生产为止的全部时间。它的长短是由

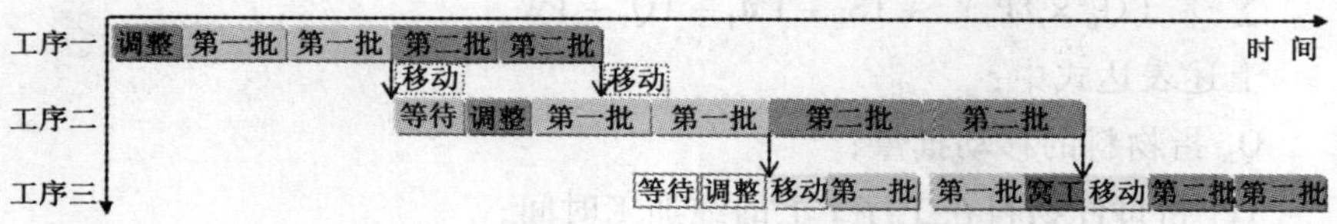

图 2.3 -1 实际批量和生产周期

该产成品的总成、与该产成品有关的所有零部件加工和原材料采购所构成的全部路径中最长的那一条决定的。

采购周期实质上是供应商的生产周期与物料运输时间之和，因此原理上和生产周期类似。如果事先和供应商确定好了单次采购的批量，那么，供应商一般就能对采购周期作出承诺。

- 计划期、时间区间和计划周期

图 2.3 -2 对计划期、时间区间和计划周期做了形象的说明。MRP 在计算时着眼于从现在到将来某一个时点的期间内的物料需求计划，此期间就是计划期。计划期可能是一个月、一个季度或者更长的期间，其长度取决于企业的采购、生产和交付等各个环节的具体特点。在计划期内，MRP 将时间进一步划分成一段段连续的区间，这些区间是计划运算的最小时间单位，但它们不必是等长的。一般而言，越是近期的计划就越是临近具体的行动，就越需要有明确的时间，因此时间区间的长度较短；越是远期的计划就越是和将来的可能安排有关，其时间就不必特别准确，因此时间区间的长度较长。这样安排既能够保证近期的物料需求计划的精确性，又能减少电脑系统的总体运算工作量。MRP 并不是在一次运算的计划期末才进行下一次运算，而是以远远短于计划期的时间间隔向前进行滚动式的计划，两次运算的时间间隔就是计划周期。

MRP 的逻辑

MRP 运算物料需求计划是按照由远及近、由总需求量到净需求量的逻辑过程进行的。图 2.3 -3 描述了 MRP 工作的基本逻辑。由远及近的逆推过程是从客户订单和销售预测开始的。根据尚未执行完毕的客户订单，销售预测和产成品库存状况，系统便能够形成主生产计划（MPS）。主生产计划实际上是根据客户的订单、销售预测的产品交付时间表，扣除现有产成品库存加上需要建立的安全库存，从而得到计划期每一个时间区间内需要交付的产成品的品种和数量净值。有了主生产计划，系统便可以根据

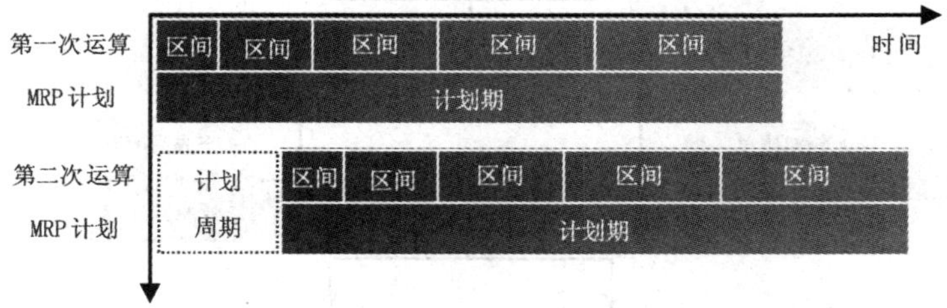

图 2.3－2　计划期、时间区间和计划周期

这些产成品的总成生产周期由远及近地倒推出需要在哪些时间区间开始这些产成品的总成生产，并以此为基础形成产成品的总成生产计划。接着，系统再根据物料清单计算出在产成品总成前需要准备好的所有零部件的品种和总数量，并根据现有的零部件库存和需要建立的安全库存将零部件需求的总数量转换为净数量。然后，系统再根据这些零部件的生产周期由远及近地倒推出需要在哪些时间区间开始这些零部件的加工生产，并在此基础上形成零部件加工生产计划。同理，系统根据每一种零部件的物料清单计算出在开始加工这些零部件前需要准备好的所有原材料的品种和总数量，并根据现有的原材料库存和需要建立的安全库存将原材料需求的总数量转换为净数量。最后，系统根据这些原材料的采购周期由远及近地倒推出需要在哪些时间区间向供应商下达这些原材料的采购订单，并在此基础上形成原材料的采购计划。

产能约束

上述 MRP 的基本运算逻辑隐含着无限产能的假设，只要独立需求与生产周期和采购周期不相冲突，MRP 总能够通过运算得到相应的物料需求计划（包括生产计划和采购计划），这显然是有问题的。企业和供应商的生产设施是不可能在短期内发生变化的，其产能可能存在一定的弹性，但终究不是无限的。当那些由 MRP 输出的不同种类的产成品、零部件和原材料的生产计划和采购计划被下达到生产部门和供应商，汇总以后的结果可能是令人遗憾的，这些计划所需要的生产能力可能会远远超出企业和供应商目前的生产设施允许的最大产出，根本无法实现。这样看来，MRP

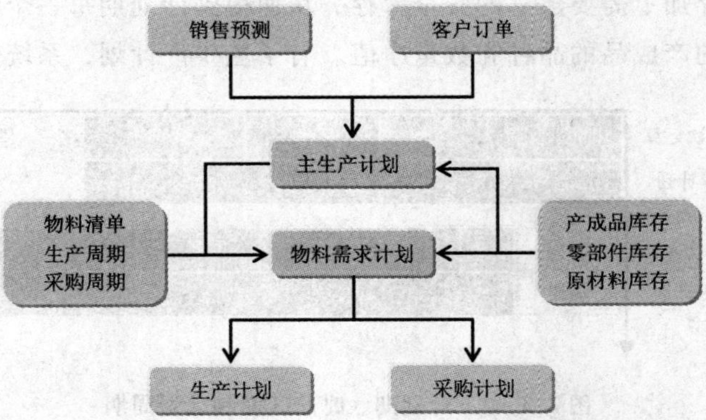

图 2.3－3　MRP 的基本逻辑

的运算逻辑就像是一个单向的输入和输出过程，MRP 通过运算产生物料需求计划，但是这些计划的执行结果却无法得到保证。这使得 MRP 实际上成了一个敞开式的系统，对其输出的结果不能进行自我修正。

为了解决这个问题，MRP 采用了粗能力计划（RCCP）和投入产出控制两项措施。粗能力计划是在详细的物料需求计划产生之前，在生产能力方面对主生产计划的可行性所作的匡算。由于确切的物料需求还不明朗，这一方法无法在细节上预计可能出现的局部冲突和短暂“瓶颈”等产能问题，这也是要通过投入产出控制技术来监测和调整生产负荷和资源的原因。事实证明，当生产车间的负荷和平衡状态相对稳定时，通过粗能力计划和投入产出控制基本能够确定产能是否充足，但在更多的情况下，需要在详细的物料需求计划发布之前进行更加具体的计算才能保证主生产计划的可行性。

为了解决这个难题，能力需求计划（CRP）被引入了 MRP 系统。CRP 先在无限产能的假设下根据物料需求计划计算相应的能力需求，当能力需求超过正常生产能力时，企业需要采取措施，以人工方式进行调整。常见的措施包括将生产任务提前到产能过剩的区间以及在产能不足的区间加班或增加班次。如果由 MRP 直接产生的能力需求计划无法通过合理的产能调整得到解决，就可能需要说服客户接受推迟交付的建议甚至放弃某些客户的订单。之后，需要根据这些调整措施修订 MRP 的需求数据和工作日历等信息，通过 MRP 的重新运算得到可执行的物料需求计划和能力需求计划。这种机制使得管理者能够预见生产计划中的能力短缺问题，并在事先加以考虑和解决，而不是等到问题出现的时候。

能力需求计划需要借助物料工艺数据和生产能力数据两种基础数据来完成。物料工艺数据是单位物料需要消耗每一个工序的时间，生产能力数据是由执行相同工序的设施组成的工作中心在计划期各个时间区间内的总小时数。如图 2.3－4 展示，从物料的产出计划出发，在引用物料工艺数据后，便可以得到各个工作中心在各个时间区间内的能力需求计划，再和生产能力数据比较，就可以知道每个工作中心在各个时间区间的产能过剩和不足。再经过人工调整，便能够得到可执行的能力需求计划。在本例中，工作中心 W1 需要在连续的三个区间的头两个区间内各加班一天，并在第三个区间内加班一天半。工作中心 W2 和 W3 需要在这三个连续的区间内满负荷运行，这样，原本区间 3 严重的产能不足和区间 1、2 的产能过剩可以得到平衡。

物料工艺数据（小时）

物料	W1	W2	W3
M1	1.1	3.2	1.4
M2	0.7	1.4	1.1
M3	1.4	3.2	2.2
M4	0.4	1.1	0.7

生产能力数据（小时）

工作中心	区间1	区间2	区间3
W1	120	120	120
W2	320	320	320
W3	200	200	200

能力需求计划（小时）

工作中心	区间1	区间2	区间3
W1	118	118	150
W2	298	287	375
W3	180	181	237

产能过剩（+）或不足（-）（小时）

工作中心	区间1	区间2	区间3
W1	1.9	1.9	-29.8
W2	21.6	33.1	-55.5
W3	19.6	18.9	-36.9

物料产出计划（个）

物料	区间1	区间2	区间3
M1	35.0	27.0	30.0
M2	55.0	77.0	68.0
M3	15.0	11.0	23.0
M4	53.0	49.0	98.0

调整后能力需求计划（小时）

工作中心	区间1	区间2	区间3
W1	128.0	128.0	130.0
W2	320.0	320.0	321.0
W3	200.0	200.0	200.0

图 2.3－4　能力需求计划

执行支持

MRP 的基本运算逻辑产生的计划信息还只是指导性的，还不具备直观的可操作性，尤其当产品结构、工艺过程以及供应商组合情况较为复杂时，这样的指导性信息显然还需要通过更加详细的作业指令才可能被每个工位上的一线员工所执行。MRP 能力需求计划的执行支持功能针对每个工作中心编制作业顺序和完成时间，生产计划的执行支持功能以派工单的形式将生产计划下达到生产车间，采购计划的执行支持功能根据采购计划生成采购单，并将采购单下达到采购人员。这样，生产作业人员和采购人员便可以根据具体的指令执行生产作业，落实采购计划，仓库作业人员也可以根据采购、生产和销售的执行结果对库存数据及时完成更新。

即将临近的时间区间内的采购计划和生产计划将会在有关负责人确认之后通过采购单和派工单的形式下达到实际操作的部门去执行，已经下达的和正在执行中的派工单和采购单将自动进入锁定状态。当原材料的订单下达给供应商以后，虽然与之有关的零部件加工计划和产成品总成计划还没有进入执行状态，但如果这些零部件加工计划和产成品总成计划此时被撤销或调整，会给企业造成被动的局面，因此，MRP 可以针对不同的物料设定不同的生产计划锁定期，确保在生产计划执行日之前的若干天以内不再调整或取消这些计划。被锁定的计划、已经下达计划和正在执行中的计划的预期执行结果都会对下一周期的 MRP 运算产生影响。具备了执行支持系统的物料需求计划的运算原理可以通过表 2.3－2 得到更加清晰的说明。其中，表头部分的所有数字和表体中所有带下划线的数字都是已知的信息，其余的数字都需要通过计算来获得。计算的顺序是从第一周的净需求量“零”开始，由左向右沿着箭头指示的方向对数字逐个进行确认。20 世纪 70 年代针对 MRP 在能力需求计划和执行支持系统两个方面所进行的补充，标志着闭环 MRP 的诞生，闭环 MRP 的基本逻辑可以用图 2.3－5 来加以说明。

表 2.3－2　具备了执行支持系统的 MRP 运算原理

物料名称 物料代码	产成品 ABCD		安全库存　5 移动批量　5			生产周期　5天 工序节拍　2天	
星　期	本周 0	1	2	3	4	5	6
日　期	当天：7.31	8.1-8.5	8.8-8.12	8.15-8.19	8.22-8.26	8.29-9.2	9.5-9.9
客户的订单需求总量		5	12	8	5	7	6
库存结余	8	8	6	8	8	6	5
净需求量		0	0	7	2	4	5
总成生产计划完成		5	10	10	5	5	5
总成生产计划开始	15	10		5	5	5	

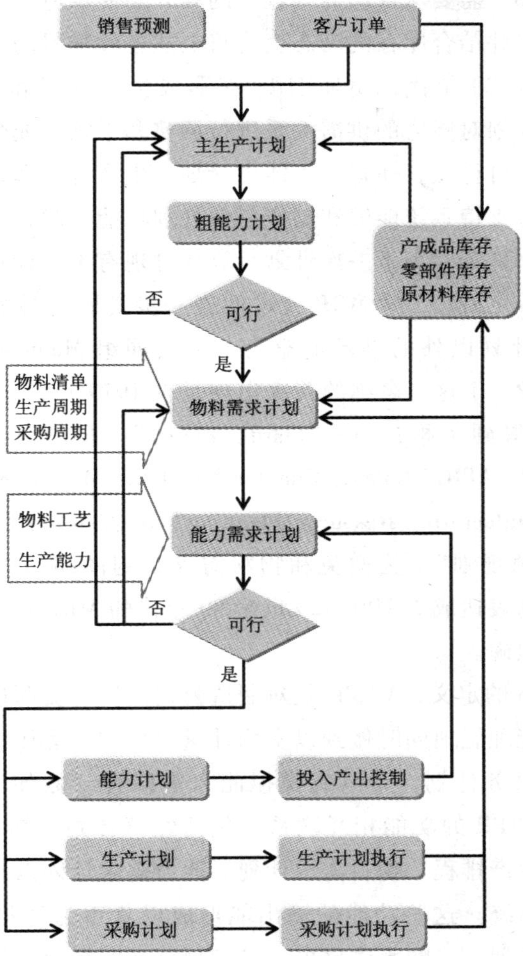

图 2.3－5 闭环 MRP 的基本逻辑

2.3.2 MRPII

MRPII 的出现

20 世纪 60 年代的 MRP 是针对制造环境、以物料为中心的一整套生产和库存的计划和控制技术。它将计划期划分成一段一段连续的时间区间，按照物料清单将最终产品逐层展开，根据每一种物料的生产周期和采购周期，从独立需求的数量和时间出发，由远及近地逆推出每一个时间区间内每一个生产单元和生产阶段需要产出和投入的派生需求的品种和数量，以及采购部门需要从供应商处收到的和开始向供应商订购的派生需求的品种和数量，并结合库存的动态变化将上述各种物料的总需求量转换为净数量。20世纪70年代，闭环MRP在形成生产计划和采购计划之前，通过能力需求计划对能力的供需关系进行调整和平衡，充分保证了最终的物料需求计划的可行性，还建立了能力计划、生产计划和采购计划的执行支持系统，执行支持系统能够和销售订单处理功能一起，根据执行的结果对存货信息做出更新，为下一次计划运算提供现有生产计划和采购计划执行状态的信息。之后，“对MRP技术的进一步发展主要集中在单个制造环境中对生产计划以外的领域的整合。英文词组Manufacturing Resource Planning或MRP－II这一名称的首次出现是在1979年，之后Oliver Wight使得这一概念得到了推广（Goddard，1987）”（摘自Enns V. “*A Brief Overview of MRP*” APICS Calgary Chapter Newsletter Mar 2008）。MRPII是由英文词组“Manufacturing Resource Planning”的首字母组成的专有名词，意为“制造资源规划”。为避免和物料需求计划的缩写MRP相互混淆，将制造资源规划表达成MRPII。20世纪80年代的MRPII是ERP发展历程中的第二个里程碑。

根据APICS的定义，MRPII是对制造公司的所有资源进行有效规划的一种方法。它能理想地同时做到以实物计量单位进行运作性计划和以货币计量单位进行财务计划，并具有模拟能力来回答“假如……将会怎样”类型的问题。MRPII的功能相互联系，包括经营计划、销售和运作计划、生产计划、主生产排程、物料需求计划、能力需求计划以及物料和能力计划的执行支持系统。这些功能的输出能形成以货币为计量单位的财务报告，诸如经营计划、采购承诺报告、发货预算和库存预计等。制造资源规划是闭环MRP的直接的发展和延伸。

从本质上讲，MRPII是以闭环MRP的物料和产能计划以及执行支持系统为核心的单个制造环境下的运作管理解决方案。和闭环MRP相比，MRPII有了许许多多长足的进步，但它们中间只有一部分能称得上是MRPII的标签。MRPII相对于闭环MRP而言的标志性发展主要体现在业务数据和财务数据的同步以及更加完整的计划体系两大方面。

财务数据的同步

在MRPII之前，闭环MRP系统整合的范围仅仅包括计划、销售订单处理、车间作业排程、生产工单处理、投入产出控制、采购订单处理、库存事务管理等基本事务处理职能，MRPII 在这个基础上完成了对财务功能的整合。

企业经营的最终目的是取得经济效益，但闭环 MRP 无法使管理者实时地了解计划和执行活动将会产生和已经产生了什么样的经济结果，这样的状况可能会给计划和执行带来一定的盲目性。事实上，无论企业是否能够获得实时的财务数据，在计划和执行活动进行的同时，其经济后果也就随之而确定了。在 MRPII 出现以前，财务职能和业务活动是完全分离的。这不仅造成了财务数据脱离和滞后于业务数据，而且还会因同一项事务数据的多次重复输入造成数据的不一致性以及时间和人员的浪费。MRPII 实现了财务数据和业务数据的同步。管理者在完成了业务计划以后就能够根据这些计划给经营结果和财务状况带来的预期影响，在盈亏和现金流方面对计划进行财务可行性的评估；在业务部门完成了采购和销售订单的创建后，就有了采购承诺、预计销售、预计毛利等财务信息，同时还能看到这些订单对现金收支、库存变动的影响；当仓库人员根据采购订单将供应商送达的原材料验收入库的时候，自动产生的财务数据将会增加相应的库存和负债金额；当生产部门从仓库领取原材料用于产品制造，自动产生的财务数据将会增加在制品金额，减少原材料金额；当生产部门将产成品报验入库后，自动产生的财务数据又会减少相应的在制品，还会在直接人工和制造费用的发生金额中做相应的扣除而作为产成品成本的一部分，同时，按照在制品减少额、直接人工和制造费用的扣除额的总和增加相应的产成品库存金额；当产成品出库发往客户的时候，自动产生的财务数据又会减少产成品的金额，增加销售成本，同时，增加销售收入和应收账款。

完整的计划体系

在闭环 MRP 原有的主生产计划、粗能力计划、物料需求计划、能力需求计划的基础上，MRPII 增加了经营及资源计划、销售及运作计划、分销需求计划、工具需求计划等。虽然它们的编制和运算没有完全像主生产计划、粗能力计划、物料需求计划、能力需求计划那样通过系统的实质性支持实现自动化，但 MRPII 的思想促使企业的商务运作管理形成了更加完整的计划体系，体现了从战略到操作、从整体到局部的系统观念和方法。

2.3.3 ERP

ERP 的提出

MRP 和 MRPII 都是人们通过对商务运作管理软件在功能和技术方面的实践总结形成的管理模式、方法体系和解决方案。在这个过程中，APICS 成为总结、提升、推广和发展 MRP 和 MRPII 的重要力量，APICS 关于 MRP 和 MRPII 的文献和出版物也具有很高的权威性。和 MRP、MRPII 不同的是，ERP 是美国 Gartner 公司在 MRPII 的基础上对企业运作管理模式、方法体系和解决方案的展望和设想。Gartner 公司是世界领先的信息技术研究和咨询公司。“1990 年 4 月 20 日，Gartner 公司发表了以《ERP：下一代 MRPII 的远景设想》（ERP：A Vision of Next - generation MRPII）为题，由 L. Wylie 署名的研究报告”[①]，第一次正式提出了 ERP 的概念。在之后的两至三年内，Gartner 陆续发表了一系列的分析和研究报告，其 1993 年的题为“ERP：Quantifying the Vision”的会议报告对 ERP 进行了详尽的阐述。根据上述报告，ERP 具备这样一些功能：

（1）内部集成。ERP 的内部集成主要包括工程技术、核心业务以及数据采集三个主要方面。工程技术领域的集成意味着对计算机辅助设计（CAD）、计算机辅助工艺设计（CAPP）、计算机辅助制造（CAM）以及在产品数据管理（PDM）基础上进一步发展而形成的产品生命周期管理（PLM）等功能的整合；核心业务领域的集成是指在 MRPII 原有功能的基础上进一步完成制造执行系统（MES）、人力资源管理（HRM）、企业资产管理（EAM）等功能的整合；数据采集方面的集成主要是通过质量管理的统计过程控制（SPC）、分布控制系统（DCS）以及射频识别技术（RFID）来实现。

（2）外部集成。ERP 的外部集成意味着在客户关系管理（CRM）、供应商关系管理（SRM）以及供应链管理（SCM）等系统功能的基础上，依靠企业对企业（B2B）、企业对消费者（B2C）等电子商务（e - Commerce 和 e - Business）门户以及企业应用接口（EAI）和中间件（Middle - ware）等技术，通过互联网实现企业和客户、供应商、消费者的整合。

（3）混合生产。ERP 支持包括离散、流程和分销方式在内的所有生

① 陈启申：《ERP——从内部集成起步》，第 2 版，北京：电子工业出版社 2005 年 4 月版。

产类型。

(4) 图表处理。ERP 注重数据的深度处理和决策支持功能，发展以商务智能（BI）为代表的在线分析处理（OLAP）以及通过对大量数据整理和分析发现潜在价值的数据挖掘技术（DM）。

Gartner 公司对于 ERP 的设想尽管具有非常专业的远见卓识，但正如 Gartner 公司在其 2000 年 10 月 4 日发表的题为“ERP Is Dead — Long Live ERP II”的研究报告中指出的那样，“在此之后，ERP（的实践）呈现出来一种完全不同的‘风味’。扩展版 ERP 反映出了这样一个事实，许多非制造型企业转向 ERP 系统旨在获得财务交易处理能力的主要支撑。当企业留意能够提供供应链管理、客户关系管理和电子商务（e－business）功能的应用软件以便使自己跑在竞争对手的前头的时候，ERP 供应商们却以企业应用套件（EAS）作为应对策略，EAS 可以通过合作、并购或本土开发等方式实现。但是，EAS 的那句不成文的（能够）为企业内部的‘所有的人提供所需的应用软件’的流行口号没有能够使它自己适应一个强调（内部）专注和外部联合的将来。……与 Gartner 公司对 ERP 的原始定义相左，无论是哪个行业和地区，现实中 ERP 已经被人们理解成为后台职能部门的交易处理系统。”事实表明，在 Gartner 提出 ERP 的概念之后，一些 MRPII 软件供应商出于商业目的，在根据 Gartner 公司的 ERP 概念作了有限扩展之后便将其 MRPII 产品在名称上“升级”为 ERP，这些应用软件虽然远远没有达到 Gartner 有关 ERP 的原始定义中的状态，但市场已经广泛和习惯地使用 ERP 来称呼它们，ERP 因此成为脱离 Gartner 公司原始定义的模糊概念，Gartner 公司也不得不放弃当初提出的 ERP 的清晰定义。这种杂乱的局面使得 ERP 很难通过简短的文字得到全面而本质的概括，这就是为什么 ERP 至今没有被普遍认可的统一定义。ERP 到底是什么，只能通过对实际状况的分析和研究来总结。

2002 年，APICS 对 ERP 做了如下定义：a method for the effective planning and controlling of all the resources needed to take, make, ship and account for customer orders in a manufacturing, distribution or service.①，可以译为“一种在制造、分销和服务型公司中对所有为满足客户订单而需要获取、

① 陈庄、毛华扬等编著：《ERP 原理和应用教程》（第二版），电子工业出版社 2006 年 8 月版。

生产、运送和核算的资源进行计划和控制的有效方法。”在 APICS 出版物“APICS 字典”中，ERP 又被定义成对一个组织进行有效计划和控制所必需的业务流程进行组织、定义和标准化的框架，它使得该组织能够运用内部的知识来寻求外部的优势。更为深入详细的 ERP 定义还可以在之后的 APICS 的出版物“APICS Operations Management Body of Knowledge Framework”中找到：“ERP 是对一个企业所有资源进行计划的企业模型框架——从战略计划开始，最终和执行相联系。流程的约束成为 ERP 行为的可预见性的不可缺少的一部分，管理系统具备责任的可追索性和结果的可说明性。ERP 系统则是使得上述流程部分地获得自动化并实现各职能领域之间的信息共享和对业务交易的高效率处理的基于信息技术的工具或软件。”

另外一种引用较为广泛的定义是这样对 ERP 进行描述的：ERP 是企业范围内的完整解决方案，它致力于将一个企业内的所有部门和职能集成到同一个计算机系统。ERP 系统由应用软件的模块组成，这些模块覆盖市场和销售、现场服务、产品设计和开发、生产和库存控制、采购、分销、工业设施管理、工艺设计和开发、制造、质量、人力资源、财务和会计以及信息服务等所有的业务领域。ERP 系统强调通过模块间的集成消除信息的冗余。ERP 以对 MRPII 的扩展为起点，但现在也包括了零售、银行、公共部门、公共设施和教育等其他行业类型。

即便是 APICS 的定义，也没有得到普遍的认同。它在 ERP 的内涵方面过多地纠缠于一些非本质性的细节，而且在表述上也值得商榷；在 ERP 的外延方面，它对 ERP 的概括无论是“对资源进行计划和控制的有效方法”，或是“对业务流程进行组织、定义和标准化的框架”，还是“资源计划的企业模型框架”都不够全面。事实上，ERP 是基于特定时期商务实践的需求和当时的信息技术的手段而形成的有关企业运作的管理模式和方法体系以及支持这种管理模式和方法体系的解决方案。作为管理模式，ERP 将整个企业作为其考虑的对象，把企业按地域、产品、应用、渠道、法律等准则划分成不同部分，并通过一定的结构再现它们在现实世界的本来关系，进而在这种关系中完整和立体地抽象了企业运作的职能分工、动力机制和信息层次，形成了适合一般企业的标准模型的框架；作为方法体系，ERP 吸收了各个职能领域的先进技术和最佳实践，比如，计划职能中的 MRP 技术、准时制生产和约束理论、质量职能中的统计质量分析、6σ 技术、财务职能中的作业成本管理、标准成本法等都是经事实证明非常成功的先进技术或最佳实践；作为解决方案，ERP 基于信息技术的支持，提供了企业建模的手段，实现了先进技术和最佳实践的应用，并且将这些方面按照企业模型的结构集成在一起，通过自动处理能力和人机交互的支持能力来约束商务运作的行为，推动商务运作的进程，并能够做到在整个企业内部：所有的工作都通过唯一的门户来完成，同一类的工作遵从唯一的业务流程，对同一对象的描述只存在唯一版本的数据。由于运作实务的具体特点和解决方案的实现技术之间不可能做到完全吻合，作为管理模式和方法体系的 ERP 不可能在所有环节、所有方面都有对应的解决方案的支持，因此，在得不到 ERP 解决方案支持的领域，需要管理者通过其他方式（比如管理会议、电子表格、电子邮件等）来实践 ERP 的管理模式和方法体系。

由此也可以看出，无论 Gartner 公司在当初提出 ERP 概念的时候是如何考虑的，对于今天的实践而言，企业资源规划（ERP）应该不是概括这种管理模式、方法体系和解决方案的恰当的名称，这种管理模式、方法体系和解决方案远远不只是一个为企业编制所谓资源计划的工具软件。企业运作当然需要编制计划，但运作管理不只是计划的编制；企业运作当然需要考虑资源，但运作管理关注的不只是资源。

ERP 的标签

不同的社会经济背景下的企业运作管理存在不同的需求，相应地，不同的信息技术背景为实现这种需求所提供的支持手段也会是不同的，因此，ERP 管理模式和方法体系及其解决方案必然带有实践需求和支持手段的双重标签。

● 提供了企业模型的框架结构和建模手段

企业模型的思想和方法根植于业务流程再造（Business Process Reengineering，简称“BPR”）理论。BPR 是由美国麻省理工学院（MIT）计算机科学的教授迈克尔·哈默（Michael Hammer）先生提出的，是当代最具影响力的管理思想之一，迈克尔·哈默先生本人也被认为是 BPR 之父。

企业内部各个部门的特定职能对整个企业都是不可缺少的。一个企业运行是否良好，完全依赖于该企业内部各个部门是否良好地履行了各自的职能。然而，企业不是这些部门的简单相加，企业的整体功能是无法通过其中的任何一个或一部分部门的独立运作来实现的。企业的卓著表现来源于所有部门在相互协同中的整体优化。单独地、分别地关注某个（些）部门的运行，将无法获得企业的整体成功。在传统运作模式下，管理者在使各个职能部门履行其职责的时候，往往将各个部门割裂开来单独加以考虑。这种模式在产品品种少而稳定、总需求大于总供给的经济环境下并没有导致明显的不良后果。或者说，在绝大多数情况下，各个部门的工作内容和方式简单而且稳定，达成基本的协同并不困难。随着生产能力的提高，市场力量由卖方向买方的扭转，竞争的不断加剧，企业需要以更少的成本、更快的市场响应、更具个性化的品种、更可靠的质量、更周到的服务才能生存和发展。这使得各个职能部门的运作不但加快了节奏而且充满了变化，在这种情形下还需要保持各个职能部门之间的相互协同就变得十分困难了。此时，企业必须把关注点从部门职能转移到业务流程上，明确哪些是客户真正需要的价值，并以此为导向来组织和安排内部的程序，这是企业改变管理模式、创造竞争优势的必经之路。

那么，什么是业务流程呢？从根本上讲，任何企业都是在为其客户提供价值，企业内部的不同职能部门都是以这个价值的创造、形成和传递为导向而工作。很显然，客户面对的是作为一个整体的企业而不是一个一个单独的职能部门，客户所获得的是体现这一价值的最终产品或服务而不是这一价值形成的一个一个单独的步骤。这就要求企业对外关注哪些是客户真正需要的价值，对内关注哪些具体工作以怎样的安排才能创造和形成客户需要的价值。企业以客户价值为导向开展生产经营活动时，需要在日常运作中完成大量的业务操作和事务处理，各部门、各岗位往往需要在各自职责范围内承担其中的一部分工作，针对某一项具体的业务操作和事务处理而进行的所有工作必须遵循特定的次序规则，采用标准的作业方法，达到相关的技术要求，这样一组特定工作就是针对该项业务操作和事务处理的业务流程。

业务流程实际上是管理者针对日常商务运作制定的程式化管理规范，是在企业日常运作中体现和落实管理者预谋和计划的基层保障。在企业系统内部，存在着许多关键的业务流程，有部门内部的业务流程，也有跨部门的业务流程，ERP通过技术手段将管理者制定的管理规范固化在系统中，使得管理者对操作人员日常事务的管理由程式化管理转变成自动化管理。

“‘再造’的概念起源于 MIT 在 20 世纪 80 年代后期进行的一项名为‘20 世纪 90 年代的管理’的研究。当时，基于‘3C’（客户、竞争、变化）为特征的企业理论的影响日益增大，‘科层制管理’（hierarch management）已不再适合企业的发展。该项研究旨在借助计算机及信息技术带来的革命性影响为企业管理指明方向。”① 之后，哈默在《哈佛商业评论》上发表了具有代表性的文章《再造工作：不是自动化，而是要推倒重来》，从而提出了 BPR 理论，开创了一场新的管理革命。基于部门职能和管理层级框架的管理思想显然已无法适应实践的发展，BPR 的理论和方法开启了人们对企业模型的探索之旅。既然企业内部的所有事务的处理过程和方法都可以通过流程加以表现、分析和定义，那么，企业建模的任务便可以通过这些流程的分析和定义来完成。企业在进行 BRP 时相信每个企业都是个性化的，所以，企业流程的设计都是从“零”开始，抛弃原来的管理运作模式，一切重新考虑。之后，再针对企业的个性寻求 IT 的解决方案。

BPR 理论的价值和影响是毋庸置疑的。但实践证明，尽管有不少 BPR 的成功案例，但是，更多的企业在运作上因 BPR 而变得越来越糟糕，它们最终不得不放弃业务流程再造。BPR 的问题在于：

（1）企业从“零”开始的业务流程设计需要耗费大量的时间、人力和成本，其实际投入往往远在管理者的估计之上，而且，公司的业务需求往往在不断的变化之中，这就意味着流程设计将成为一项长线作业。

（2）企业在 BPR 过程中对所有流程进行逐一的分析和设计，缺乏对企业模型的整体认识，这使得流程在全局范围内的整合面临极大的困难。

（3）能完全和企业个性化需求相匹配的软件产品几乎是不可能找到的。企业往往需要投资开发个性化的 IT 解决方案，但个性化的 IT 解决方案最终对不断变化的企业需求也同样束手无策。

MRPII 时代的企业应用程序专注于孤岛式的制造环境中的基本计划功能和执行支持，没有涉及流程再造、企业模型和建模工具等方面的理论、方法和解决方案。ERP 承载了 BPR 以业务流程为中心的管理思想，开启

---

① 徐志跃等：“过去八十年中最具影响力的十大管理思想”，《哈佛商业评论》，2003 年 1 月。

了商务工程（Business Engineering，简作“BE”）的时代。BE旨在为企业提供普遍适用的标准模型的框架结构和建模手段，成为管理者进行企业建模的指南和工具。在BPR过程中，IT的角色完全从属于业务流程的分析结果，其作用仅仅是实现业务流程的自动化，而BE使得IT不再是从属于业务流程设计结果的自动化工具，而是引领企业流程分析和设计直至提供最终方案的主导。企业在运用BE所支持的一般企业的标准模型进行企业需求分析和方案设计时，绝大部分的工作只需要在该模型的框架内利用ERP所提供的标准的“模型积木块”进行拼装和参数配置便能够方便地建立、修改和维护各自的模型，其结果直接获得ERP系统的支持，根本不存在软件开发的过程和细节。BE的优势体现在：

（1）相信企业中的大部分业务需求是相同或相似的，只有在少数环节或区域的业务需求体现了企业的个性，是企业核心竞争力的体现。管理者应该将精力和资源集中到这些个性的区域。基于业务需求的共性，BE运用IT的手段，建立了几乎包含所有常见基本业务方案的标准模型。

（2）BE提供的标准模型，基于国际企业管理的“最佳实践”，并结合不同地区和行业的特点提供了有针对性的补充，因此，BE所体现的不仅是方案的自动化，更是方案的优化。

（3）企业在进行方案分析和设计时，以BE的标准模型为业务蓝图，而不再是“零”起点。企业利用BE所配备的模型浏览工具选择功能，通过图形符号和文字说明了解它们的细节，并以此为基础，建立企业的现状模型和目标模型。企业可以利用模型分析工具将各自的具体模型和BE的标准模型相比较，找出具体模型的漏洞、弱点并制作改进方案。

（4）BE所提供的标准模型具有一定范围内的功能应变性，可以适应企业间的个性差异。经过分析，企业可以明确哪些需求和BE标准模型是基本吻合的，对于这部分需求，企业可以利用ERP的功能调试工具调整所选方案的细节，从而完成企业目标模型的配置。只有在少数情况下，BE的标准模型和企业的目标模型的差异无法通过功能应变性解决，或者企业的某项特殊业务需求在BE的标准模型中不存在对应的功能支持，这时，企业可以寻求特殊的解决方案。

- 采用了多重策略“混合动力”驱动模式

在制造型企业中，存在着不同的生产类型。可以根据生产过程中物料的计量方式把生产活动划分成离散式和流程式生产，也可以根据客户对产品需求的标准化程度将生产活动划分成单件、批量和大量生产，又可以根据产品结构和加工工艺的复杂程度将生产类型划分成大型复杂产品和小型简单产品生产，还可以根据企业对客户需求的响应策略将生产类型划分成备货生产、订货组装、订货生产和订货设计。这样多种维度的交叉组合可能出现非常复杂的局面。MRP 的基本逻辑虽然从原理上普遍适用于任何生产类型，但在实际应用上，MRP 更适合变量数目较小的简单生产系统，在面对重复性小的大型复杂产品，或者品种极多且变异频繁的交替式小批量生产，或者物料和工作中心数量较大且工艺一致性差等情况下的复杂生产系统时，MRP 将会遇到计划和执行两个方面的困境，其效率和效果都会呈现出很大的局限性。

在计划方面，为复杂生产系统的每一种物料都设定较为准确的生产批量和生产周期是不怎么现实的。没有这些基本参数，MRP 的计划就无法完成；即便设立了这些参数，其中隐含的关于设备调整时间和待工时间、物料等候时间和移动时间的常数假设也会因复杂生产系统的不稳定性而偏离实际，这在很大程度上影响了 MRP 计划的有效性；MRP 按时间区间编制计划，在时间区间内的任何时间完成物料的供应都是可以接受的，在时间区间过长时（比如以一周或更长跨度为时间期间），仍然可能造成大量库存等待在下一个时间区间被消化，增加了企业的库存总量；MRP 基于无限产能的假设输出物料需求计划，再通过人机交互方式进行能力的平衡试算，这在复杂生产系统的情况下是一件十分艰巨的任务。

在执行方面，再完美的运作管理模式及其解决方案，也不可避免实际情况和计划之间的偏差，成功实现计划的关键在于及时识别偏差并采取必要的纠正措施。但是在复杂生产系统中，由于系统变量的数量较大，并且 MRP 的计划是按时间区间编制的，在一个时间区间内实际情况和计划的差异一般很难得到及时的识别，其后果往往就是在因部分料件的缺货造成客户订单交付延迟的同时，又有更多按期完成的料件因同样的原因成为积压物资，实际情况和计划的差异所造成的不良影响很不幸地被放大了；同样还是因为复杂生产系统的变量过多，即便实际和计划的差异被及时发现了，也很难在如此众多的变量中拟定妥善的措施，做到既对差异有效地进行纠正，又不对其他部分产生不良的影响。

ERP 继承了 MRP 的基本逻辑，兼收并蓄了约束理论（TOC）和准时制生产（JIT）的思想和方法，其解决方案能够同时支持MRP，JIT和TOC等多重逻辑，形成了生产驱动的混合模式，更好地适应了不同生产类型的特点。

（1）约束理论。约束理论（Theory of Constraint，简作“TOC”）是以系统论思想为基础、以系统“瓶颈”资源为导向的系统优化方法论和技术体系。TOC是20世纪80年代由戈德拉特（Mosche Elizahu Goldratte）博士在他的优化生产技术（OPT）的基础上创立的管理技术。OPT是一种有限产能排程应用程序，在OPT开发的过程中，戈德拉特博士认识到系统只能被优化到由其本身的不确定性所决定的“自然噪音”的程度，对大多数组织而言，当它们自身的不确定性水平过高时，通过过于复杂的数学模型对其进行的优化将收效甚微，这一结论促使戈德拉特博士对优化策略进行了新的思考，形成了约束理论。

TOC的核心思想认为在系统内部存在着太多的有依赖关系的变量，这使得企业不可能在其产品或服务让客户满意的同时，对其每一项资源的潜能的利用都达到最大化，系统的总体表现只受为数不多的变量的限制，TOC将这种限制系统整体表现的变量称作“约束”，并在这一基本原则下形成了具有一般适用性的系统优化策略：第一步，识别哪些因素和资源是限制系统总体表现的“约束”；第二步，在必要的时候采取措施充分利用“约束”的潜力和寻求途径解除“约束”；第三步，保证非约束性因素服从于上述措施；第四步，对系统约束进行评估，并回到第一步。以上述基本策略为基本方法论，TOC衍生出了以TOC生产计划、基于缓冲手段的控制、TOC项目管理以及TOC管理会计为代表的一系列新的方法和技术，这些方法和技术都可能成为ERP解决方案的一部分。

TOC的生产计划技术被称作“鼓点—缓冲—绳限方法（DBR）”。DBR是由鼓、缓冲和绳子三个英文单词Drum，Buffer和Rope的首字母组成的缩写。生产系统的产出率可以理解为平均多长的时间产出一个产品，生产系统的最大产出率是由该生产系统的产能约束资源决定的，产能约束资源一般就是瓶颈工作中心。根据客户订单、库存数量、BOM和工艺数据，可以通过MRP计算得到每个工作中心的产能需求，产能需求和最大产能比例最为悬殊的工作中心就是生产系统的约束。想要提高整个生产系统的产出率，可以采取许多措施增加瓶颈设备的能力，比如延长该设备的工作时间，增大加工批量以便减少设备调整所消耗的时间，通过增加和改进设备的工具装备实现更高的加工效率，对设备进行定期保养以免出现故障等，但最为重要的一项措施就是通过有限能力计划使得最终的产出计划在满足客户订单需求的前提下尽量有利于瓶颈工作中心产能的充分利用。这种由生产系统中的瓶颈工作中心决定的产出节奏就是“鼓点”。和 MRP 计算所有工作中心的生产计划不同的是，DBR 只输出瓶颈工作中心的生产计划。

尽量加快鼓点的节奏是必要的，同时还必须考虑如何避免瓶颈工作中心的宝贵能力资源出现闲置。生产系统的各种不稳定因素有时可能会造成非瓶颈工作中心出现临时性的高峰或偶然性的延误，这是造成瓶颈工作中心能力闲置的主要原因。为此，DBR 所采取的手段就是为瓶颈工作中心设置“缓冲”，缓冲就是安全余量，在 DBR 中所说的“缓冲”是一种提前期的安全余量。MRP 的采购周期和生产周期中也包含了安全余量，但是，DBR 的安全余量和 MRP 有着本质的区别，它针对的是约束而不是所有物料。缓冲保证了每一颗物料在瓶颈工作中心需要之前就能够到达该瓶颈工作中心，因此，瓶颈工作中心在一般情况下会有一定数量的待加工物料。而对于不经过瓶颈工作中心的物料，这种缓冲应该建立在产品总装环节。

物料到达瓶颈工作中心的正常提前期和必要的安全余量为原材料投放到生产车间设定了时间上的限制，这种限制就是“绳限”。在这个绳限之前，原材料是不允许被投放到生产车间中去的，因为那样对产出进程毫无帮助。

这样，DBR 在决定瓶颈工序的生产计划的同时，也为所有物料确定了投放时间表，这已经为生产执行提供了足够的指令信息。一般而言，处于瓶颈工作中心之前的生产作业，将采用小批量间歇式生产方式或是准时制生产方式，以免物料在瓶颈工作中心前出现过多的积压，而处于瓶颈工作中心之后的生产作业，可以采用较大的批量，以减少移动次数和后续设备的调整次数。

（2）准时制生产。对准时制（Just in Time，简作“JIT”）生产最为直接和具体的概括可以表述为一种以“看板”为手段的拉动式生产驱动技术。由于 JIT 是“丰田生产模式”中最为核心的管理技术，人们常常习惯把“丰田生产模式”称作 JIT，这便形成了 JIT 的宽泛含义。丰田生产模式是由日本丰田汽车公司首先创立并且推行的先进生产管理体系。20 世纪70年代的石油危机，对于高度依赖资源进口的日本造成了不小的冲击，促使了“丰田生产模式”在日本企业中的推广。20世纪70年代末80年代初，西方企业管理学领域开始探索日本企业成功的秘密，由此，以JIT为标志的“丰田生产模式”受到了广泛的关注。20世纪80年代后期，美国麻省理工学院在其研究项目“国际汽车计划”中，把日本的汽车制造业的生产方式和欧美进行了对比，将以丰田汽车为代表的生产计划和控制模式命名为“精益生产（LP）”。

作为一种生产管理模式，JIT推行通过不断改进去除一切不产生增值的资源消耗的理念，这种理念可以概括为“零缺陷、零储备、零库存、零搬运、零故障、零提前期和批量为一”。但JIT绝不只是一种口号，JIT的成功在于它形成了一整套制度、技术和手段来实现这样的理念。例如，零件的加工和产品的装配是增值活动，但检验不会增加产品的价值，为此，需要建立有效的质保体系，保证每一件产品都是合格的；设备维护和生产操作人员的工作都是增值活动，但他们不可能同时工作，因此，可以通过培养员工的多种技能消除这种浪费；设备故障导致资源的浪费，为此，JIT推行设备的预防性维护，等等。

作为一种生产驱动技术，JIT以看板为手段来实现工序间的信号传递。只有当下一道工序给出需求信号时，才进行生产活动，并且以“一”作为物料需求、加工和移动的批量。在MRP和JIT相结合的混合驱动模式下，由MRP负责下达最后一个工作中心的生产作业指令，其他工作中心的生产作业指令由JIT通过看板方式产生，从而使得生产过程中的种种缺陷和失调得到及时和充分的暴露，为第一时间采取纠正措施指明了方向，成功地制止了在部分料件缺货的同时出现其他相关料件过量生产的尴尬现象，以及由此衍生出来的种种间接浪费。

JIT实现了在需要的时间生产需要数量的需要品种，这和MRP的通过物料需求计划确定在什么时间需要什么品种的多少数量的物料在目标上是完全一致的。但MRP为了应对不确定因素，允许存在安全提前期和安全库存量，而JIT将这一目标推到了极限，严格按需而动，做到不早不晚、不多不少的程度，而且批量为一；MRP是以计划指令为手段的推动式生产驱动技术，而JIT则是以看板信号为手段的拉动式生产驱动技术。另外，JIT对供应商的要求和对严格按照客户订单生产已经蕴含了供应链的思想，这一方面需要供应商能够和企业成为相互协同的一个整体，就像企业的一个车间或一道工序一样；另一方面企业需要及时获得客户的订单信息，并使得自身的生产系统具有足够的柔性来适应客户需求的变化，这是 MRP 技术所不具备的。

- 强化了数据的深度处理和对决策的支持

ERP 能够自动向有关人员发送定期的或按条件触发的状态报告、差异报告和特别报告，提供及时的状态信息（比如销售日报、客户回款周报等）、超限偏差（例如当原材料的价格差异超过 5% 的时候或是实际销售低于计划 15% 的时候，ERP 系统能够自动触发超限偏差报告）和异常警报（例如当单项事件的风险评估超过 50 万元时，ERP 系统能够自动触发异常警报）作为管理者的决策支持；综合报告可以定时或随时为管理者全面提供关于企业运作的汇总信息，并提供数据钻取功能，帮助管理者评估企业的总体表现，洞察深层次的个体变异，从而做出相应的决策；商务智能（BI）还能够为管理者提供交互式的广泛分析，帮助管理者发现和解决隐藏的问题，捕捉和利用潜在的机会。

ERP 的上述格式报告和商务智能深受平衡计分卡（Balance Score Card）思想和方法的影响。罗伯特·卡普兰（Robert S. Kaplan）和戴维·诺顿（David P. Norton）在《哈佛商业评论》（1992）刊物上发表了他们的“平衡计分卡——驱动业绩提高的衡量体系”一文，首次提出了“平衡计分卡”概念。当时，卡普兰是哈佛商学院的会计学教授，而诺顿则是他自己创办的一家咨询公司的总裁。“平衡计分卡是一套能使高层经理快速而全面地考察和评估企业状态和业绩的指标体系。它包含了财务指标，同时，它通过一些驱动财务业绩的因素，如客户满意度、内部流程以及组织的创新与学习能力等运营指标，对财务指标进行了补充。…… 平衡计分卡的思想起源可以追溯到 20 世纪 80 年代中期，当时，美国企业界正在引进来自日本的管理新方法，如全面质量管理、雇员授权等，而原有的财务评价体系无法量化企业在采用这些管理新方法之后能力的提高。…… 1996 年，卡普兰和诺顿关于平衡计分卡的第一本专著《平衡计分卡——化战略为行动》的出版，标志着这一理论的成熟。平衡计分卡能够帮助战略实施人员明确公司在财务、客户、内部管理、学习与创新四个方面的内在因果关系，从而实现长期利益和短期利益、局部利益和整体利益的均衡。…… 平衡计分卡改变了人们对于业绩衡量的传统看法”[①]，形成了关于企业的综合、全面和客观的画面，开创了企业的综合考察和评估的新领域和新视野。

ERP的格式报告和商务智能建立和运用了关键绩效指标（KPI）体系，各个KPI的值是以企业日常运作的事务数据为原始资料，按照设定的数学公式计算而得到的，每一个KPI都反映了企业的某项特征状态，体现了管理者应予以关注的重点。KPI帮助管理者实现了对企业的高度综合、系统和客观的评价，KPI体系引导管理者在存在异常指标值的企业领域进行深入的挖掘式分析，为管理者发现问题和隐患，发掘潜力和机会提供了相当有力的思考方法和实现工具。

- 其他较MRPII具有显著进步的系统功能

除了以上谈到的几个具有划时代意义的ERP标签之外，和MRPII相比较而言，ERP在以下几个方面也体现出了显著的进步。

（1）实现了语种、币种和财税制度的跨国应用。多语种、多币种、多会计制度和多税务政策是ERP把企业按地域、产品、职能、渠道、法律、职责等准则划分而成的各个部分集成为一个整体时不得不解决的课题，这不只是不同币种、不同的会计制度和不同税务政策的简单拼凑，多币种、多财税制度、多会计实体的解决方案需要在会计日历、内部往来、报表合并、汇率差异、记账规则、科目设定等许多方面加以考虑。

（2）拓展了非制造型企业的行业解决方案。ERP已经不再局限于制造业，它为越来越多的行业开发提供了具有针对性的解决方案，这使得ERP成为名副其实的一般企业的商务运作管理解决方案。

（3）集成了更多的职能领域和公共管理工具。在MRPII的基础上，ERP新增加了工程技术、人事管理、质量管理、设施维护以及包含项目管理在内的办公自动化等方面的基本事务处理功能，在企业内部更大的范围内实现了数据共享。

（4）运用了先进的计算机和网络通讯技术。支持ERP管理模式和方法体系的解决方案是由ERP的应用软件系统以及计算机、通讯设备和网

① 徐志跃等：“过去八十年中最具影响力的十大管理思想”，《哈佛商业评论》，2003年第1期。

络设施支撑的，因此，实现 ERP 管理模式和方法体系的方式必然和信息技术提供的手段密切相关。有很多例子可以直观地说明这种联系。过去，信件或传真是信息传达的主要方式，现在，电子邮件、移动通信已经成为更加普遍的手段；过去，货物出入库时需要通过人工的清点，现在，条形码成为了每一件单独货物的身份标签。在 MRPII 时代，无论是硬件、软件还是关系数据库技术都无法提供足够的速度和容量来支持今天的 ERP 系统的运行，并且，系统和设备的成本也是大多数企业所望而却步的。20 世纪 90 年代起，小巧的个人电脑的能力已经超过了不久前还十分主流的大型计算机，关系数据库、第四代语言、结构化数据查询语言、客户机/服务器结构、分布式数据处理技术、网络及通讯技术得到了发展，而且，应用这些技术的成本已经不再遥不可及。这些技术能够支持 ERP 采用更多、更为复杂的运算，支持条形码、PDA、移动电话、传真等更多类型的终端和手持设备，也使得 ERP 具备了更大的开放性，能够和不同的系统（包括 MS Office）协同工作，还可以通过 EAI（Enterprise Application Interface）和中间件（Middle - ware）技术支持企业内部不同系统间的优化组合。这些都大大增强了 ERP 的表现能力。

ERP 的未来

尽管人们在实践中形成的对 ERP 的理解和 Gartner 的原始定义呈现出很大的差异，但 ERP 在此之后的发展轨迹和最新动态，事实上又回归到了 Gartner 公司当初提出原始 ERP 概念时的研究报告中所构想的状态。由于之前在 ERP 概念理解上的扰动，ERP 就不能再一次用来作为这种回归后的状态的名片了。2000 年 10 月 4 日，Gartner 公司发表的题为“ERP Is Dead — Long Live ERP II”的研究报告，用 ERPII 作为后 ERP 时代的发展标签。

Gartner 公司在这份报告中将 ERPII 定义为一种企业战略和一整套具有行业领域针对性的应用程序，它通过建立和优化企业内部和企业间运作流程和财务流程的协同为客户和股东构建价值。报告指出，“在一个协同化的世界中，企业的竞争不仅仅取决于产品和服务的交货期、成本和质量，还取决于他们为其协同伙伴发布的信息的质量”，这一需求“将使得 ERPII 作为企业内部和企业间流程的效率的实现手段而最终取代 ERP”。从 ERP 到 ERPII 的转变，具体体现在：

（1）在角色方面，ERPII 将从传统 ERP 的资源优化和交易处理扩展为通过企业的努力运用与这些资源相关的信息推动与其他企业的商务协同。

（2）在行业方面，ERPII 将突破 ERP 所局限的制造业，向非制造业拓展。

（3）在功能方面，ERPII 将超越 ERP 所专注的制造、分销和财务等共性领域，提供具有针对性的分行业应用程序。

（4）在流程方面，ERPII 不再像 ERP 那样将流程限定在企业内部，而是发展可以和外部连接的流程。

（5）在架构方面，ERPII 的以网页为中心、便于集成的开放式和组件式架构将取代 ERP 的大型整体封闭架构。

（6）在数据方面，EPRII 将把重点从力求将所有数据存储在企业内部转变为发展对商圈内广泛分布的数据的处理能力。

Gartner 公司的这份报告中关于 ERPII 的特征和它当初提出的 ERP 的原始概念是很相近的。这些特征中，有些已经在当前现有的 ERP 解决方案中得到了实现，另外一些也代表了今后 ERP 理论和技术的演进趋势。除了 Gartner 提出的 ERPII 之外，还有一些类似的研究也给出了各自对 ERP 未来发展的预期，并提出了诸如企业资源管理（ERM）、电子商务管理（ECM）以及全面企业集成（TEI）等新名称，但至今，ERP 并没有被这些新名称所代替。结合 ERP 发展的现状和这些研究成果，不难在以下几个方面对 ERP 的未来发展趋势作出合理的预计：

● *更加灵活的企业模型构建手段*

尽管现有的 ERP 主流软件产品基于商务工程为用户提供了灵活的模型配置手段，但毋庸置疑，这些 ERP 用户在企业模型方面的差异性在逐渐减弱，它们正在放弃个性化的模型（尽管原本的企业模型很可能不是基于一个集成化的 IT 解决方案），统一地采用了 ERP 商业软件所提供的“最佳实践”，它们甚至不得不放弃某些无法在 ERP 商业软件中直接实现的模型结构，转而通过这些商业软件产品能够提供的配置手段迂回地满足业务的需求，甚至另辟蹊径地通过另外的订制方案加以实现。

ERP 的未来发展将通过更加灵活的企业模型构建手段来应对这个挑战。它将越来越趋向于成为一个建立在可配置的企业模型构件基础上的企业模型构建、管理和维护的基础平台。在这个基础平台上，ERP 的标准参考模型将仍然存在以方便用户通过配置来实现各自的需求，但只要用户愿意，它们可以在这个平台上从“零”开始构筑某些体现和蕴含其个性竞争力的企业模型的局部细节，甚至是一个完整的个性化企业模型而不需要进行二次开发。

- 更注重对业务操作过程的支持

虽然目前的主流 ERP 系统涵盖了更全面的内部职能，但它们对这些职能的支持大多还停留在 MRPII 时代的基本事务处理阶段，即通过事务处理将业务操作的结果记入系统，而对业务操作过程的支持则极为有限。在库存管理领域，ERP 运用 ABC 分类法辅助仓库管理人员建立循环盘点的策略和具体行动方案就是对业务操作过程的支持，而将盘点结果录入 ERP 系统并产生相应的会计分录则是事务处理（关于业务操作和事务处理的概念，请参阅本书 2.1.1 小节）。ERP 对业务操作过程和自动数据采集的支持是相当有限的。例如，对大多数 ERP 系统而言，将经过确认的客户采购需求以销售订单的形式录入系统是销售订单处理流程的第一步，但这只是一项简单的事务处理功能，在形成这个销售订单之前存在一个与客户交互作用的复杂过程，在这个过程中，有关职能部门需要应对客户在价格、交货期和产品功能方面的各种提问，他们在完成这项业务操作的过程中需要非常多的信息支持才能帮助客户选择正确的品种、型号、规格和配置，解答客户关于价格方面的问题并保证报价合乎企业的价格政策，解答客户关于交货期方面的问题并保证能够兑现交货期的承诺，根据产品交付地点的所在区域确定发货仓库、运输时间和运输费用等。ERP 需要在基本事务处理之上，通过吸收各个职能领域的先进技术和最佳实践，来丰富对业务操作过程和自动数据采集的支持。

传统的 ERP 功能包含：①分布式数据库；②企业模型维护；③战略层的经营和资源计划、运作层的物料和产能计划（包括主生产计划、粗能力计划、物料需求计划、能力需求计划、分销需求计划、工具需求计划等）以及连接和协调上述两个计划层次的销售和运作计划；④市场、质量、技术、采购、生产、销售、储运、服务、维护、人事和财务等职能领域的基本事务处理功能；⑤向各级管理者提供常规和触发式标准报告或订制报告的管理信息系统以及面向企业战略和经营层管理者的基于在线分析技术的商务智能（BI）；⑥包含项目管理在内的办公自动化平台。ERP 的进一步发展将会在上述这些计划和职能领域集成更多的功能来实现对业务操作过程的支持。这些发展包括但不限于：①运作层计划领域的高级计划和排程（APS）、有限产能排程（FCS）；②销售领域的客户关系管理（CRM）；③采购领域的供应商关系管理（SRM）；④技术领域的产品生命周期管理（PLM）、计算机辅助设计（CAD）和计算机辅助工艺设计（CAPP）；⑤人事领域的员工生命周期管理（ELM）；⑥生产领域的制造执行系统（MES）和计算机辅助制造（CAM）；⑦数据采集领域的统计过程控制（SPC）、分布控制系统（DCS）和射频识别技术（RFID）。

- *发展企业和外部环境的协同*

技术的进步使得各个行业内部的分工越来越细，同时，客户在品种、质量、价格、交货期、服务方面的要求也在不断提升，因此，竞争已经不再是对手企业之间的单独较量，更是企业及其上游各个环节的所有供应商所组成的供应链之间的角逐；另一方面，企业在和它们的客户的合作中，不应该只是被动地适应，企业应该更加主动地和其下游各个环节的所有客户所组成的需求链紧密联系在一起，了解它们的需求，掌握它们的动态，从而更好更快地对客户的需求做出正确的反应，也只有这样，下游所有环节上的客户才能够真正受益。无论供应链上各个环节独自的竞争力有多强，决定整个供应链强度的只能是其中最薄弱的一环，将企业所在的供应链和需求链（合称“供应链”，以下同）作为一个整体进行管理，以对整个供应链而言最小的成本为该供应链末端的客户创造最大的价值，这就是供应链的概念和供应链管理（SCM）的思想。在供应链管理思想形成前后，还出现了一些与之相近的理论，诸如敏捷制造（AM）、同期工程（CE）等，这些贡献使得供应链管理思想包含了更加丰富和具体的内容，但从ERP的应用角度，它们处于供应链管理影响力范围之内，在此不再赘述。

在ERP供应链管理解决方案中，上下游企业间的交易从订单确认到账单结算的全过程都是电子商务自动完成的。不仅如此，在供应链中，下游企业的需求预测、寄售库存等信息都将对相关的上游企业开放，而上游企业的交付计划、产能计划、质量数据也都可以和相关的下游企业共享。企业利用其上下游合作伙伴提供的信息能够准确地编制生产计划，对于新的产品品种，上下游企业可以在共享质量标准、设计要求等信息的条件下实现同步开发。所有这些都需要在 ERP 客户关系管理（CRM）、供应商关系管理（SRM）等系统功能的基础上，依靠企业对企业（B2B）、企业对消费者（B2C）等电子商务（e - Commerce 和 e - Business）门户、企业应用接口（EAI）和中间件（Middle - ware）技术，通过供应链管理（SCM）的解决方案，在互联网的环境中才能够实现。正如 Gartner 公司在其研究报告“ERP is Dead - Long Live ERP II”中所阐述的那样：“这种定位不仅仅需要 B2B 和 B2C 类型的电子商务，还需要协同商务（c - commerce）……协同商务将开启纵横整个商圈以电子方式发生在企业内部人员和企业合作伙伴以及客户之间的业务互动。”

3

ERP的概念模型

通过一段文字给出的关于 ERP 的精确定义固然十分重要，但这对于了解像 ERP 这样的复杂系统显然是不够的。本章将努力通过图形化的方式为读者绘制出 ERP 的概念“肖像”，并通过文字对 ERP 的“肖像”加以描述，这就是 ERP 的概念模型表述。由于 ERP 是一个十分复杂的系统，ERP 的“肖像”存在着不同的侧面，本章分别从 ERP 的职能结构、动力结构和信息结构为 ERP 绘制了三个概念模型。

3.1 ERP 的职能模型

3.1.1 企业的职能结构

用系统观点考察企业，首先需要考虑企业的内部结构。企业的内部结构反映了义务、权利、责任和绩效在企业内的分布。企业依赖于其内部结构使管理者在管理的广度和深度上实现有效的分工和合作，通过分工，企业中处于不同位置的管理者能够在各自领域内以应有的广度和深度更好地专注于各自的职责，不同岗位的管理者在分工的基础上通过有序的合作形成整体管理能力，保证企业的良好运行。管理者可以按照多种基本准则将企业划分成相互联系的不同部分和层次。

按地域划分

许多企业在国内乃至世界各地都有经营活动。在这样广阔的地域范围内，各地的文化、政治、经济、自然、技术环境存在着很大差异，各地的经营活动从资源的获取、产品的制作，到市场营销、产品储运都具有较大的独特性和独立性。在这样的情况下，企业往往会按地域来确立其内部结构。

按产品划分

当企业经营着多种具备极大差异的产品时，各类产品之间在经营手段、市场特点、管理模式、目标客户等诸多重要方面很难找到共同点，这时，企业往往会按照产品的类别形成不同的部分。

按应用划分

即便是相同的产品，企业的经营和运作模式也会由于其应用领域的不同而呈现出差异，而在同一个应用领域，不同产品却可能形成协同和互补，因此，按照产品的应用领域来建立企业的内部结构也是一种常见的选择。

按渠道划分

一般直销、经销商制、重点客户、代理销售等都是产品销售的常见渠道。当不同销售渠道的商业模式和运作机制的差异化成为独立经营和管理的主要因素时，企业便需要按照产品的销售渠道来建立其内部结构。

按职能划分

另外一种较为常见的做法是，按企业内各个部分人员所从事工作的职业特性建立企业的职能结构，企业职能结构中常见的领域包括市场、质量、技术、采购、生产、储运、服务、维护、人事、财务、法务及资讯等。

上述不同的划分准则是各有侧重的。地域是比较中性的划分准则，产品准则更适用于对技术、制造等职能的划分，应用和渠道准则多用于对市场和销售职能领域的划分。实际上，一个企业的内部结构往往是按照上述划分方式中的若干种综合应用而构建的，但是，无论其内部结构有多复杂，变化有多显著，按职能划分必定是最根本的方法，按工作本身的职业特性划分和建立的职能部门必定是支撑着企业运作的基本功能元素。每个职能区域一般代表着一个专业领域，对应着特定的知识技能和工作形式，整个企业是一个包含所有专业领域的复杂系统。一般情况下，按专业领域实施职能化管理，是应对专业性、复杂性的有效策略。

3.1.2 ERP的职能模型

ERP功能的设计和组织参照了企业的基本职能结构，为企业的每一个不同的职能领域分别提供支持，各个职能领域既相对独立又互相协同。如图3.1-1所示，ERP的职能模型存在着14个职能领域，它们分布在综合、支持和业务三个层次。战略管理是综合层的唯一职能领域；支持层包括人事、财务、法务和资讯四个职能领域；业务层包含九个职能领域，它们是市场、技术、采购、制造、销售、储运、服务、维护和质量。各个层次上的所有职能都指向同一个方向，这个方向就是为客户提供的价值，也体现了各个职能乃至整个企业的宗旨。

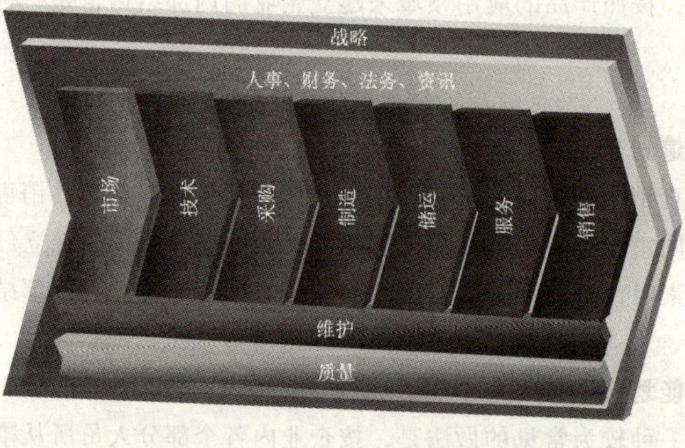

图3.1-1 ERP的职能模型

战略

战略管理职能需要对企业整体竞争力进行综合评价，并结合经营环境为企业确立长期战略目标，制订实现目标的策略途径，分析执行策略的资源需求，对企业进行全面的风险管理。在企业的日常运作中，战略管理需要定期了解各个职能领域的实际状况，通过销售和运作计划过程来协调各个职能领域的详细业务计划，使得他们保持整体上的可行性和协调性；同时，战略管理也需要在必要时对其战略目标、策略途径和资源规划做出调整。

人事

人力资源职能负责根据企业经营和资源计划理解和建议企业的人事组织结构及其发展计划，制订和实施招聘计划和操作方案，为各个岗位配备恰当的人选，为关键岗位制订继任计划，管理新员工的加入、老员工的离职和内部调动，制订和实施薪酬制度、福利政策和考核体系，进行员工的能力、绩效的考核和工资评定，负责员工出勤管理、工资计算和发放，根据企业经营需要制订和落实员工培训方案，评估和跟踪培训效果，为潜力员工制订个人职业生涯规划。

财务

财务管理包含财务预算、财务控制、财务分析、成本管理、资金管理、资产管理和财务会计等具体职能。财务预算以业务计划为背景对企业经营实行年度预算管理和滚动计划管理。财务控制将预先设计好的测算、跟踪和评估等财务控制手段安置在诸如对外报价、客户信用、固定资产投资等活动中，成为标准流程的一部分，为企业管理者在经营决策的财务后果、行动计划的跟踪落实、经营风险的评估控制等方面提供参考和监管。财务分析根据企业管理者的需要，编制以企业经营管理和业绩考核为目的的格式报告，对企业的经营成果和经营举措进行分析、建议和预计以及后续跟踪。成本管理负责根据经营和管理的需求选择和确定恰当的成本核算方式，根据重要性原则确定成本要素，根据产品设计和生产特点确定单个成本要素的计算和分摊方式，收集用于成本核算的原始数据并审核其合理性，计算各个产品的单位成本并验证其合理性，更新和维护各个产品的标准单位成本，分析成本差异并提出成本控制建议，跟踪措施落实效果。资金管理负责企业现金流的计划、控制和分析，根据企业的经营需求对企业的资金来源、运用和分配做出相应的安排，确保企业经营所需要的资金得到满足，同时不断提升资金获利能力并保持在较高的水平。资金管理还负责银行票据及现金的收、付、保管和盘点以及银行收付业务、账户监控和投资管理。资产管理负责登记需要跟踪监管的重要资产的购买、资产的处置、追加投资等交易事项，确定和执行资产折旧的方式和年限，计划和执行定期的资产盘点和差异调整，登记和跟踪资产转移以及资产保管和使用的责任人员。财务会计根据实际发生的经营业务事实和相关原始凭证，按照当地政府和企业集团的多重制度的要求和公认的会计实践原则制作会计凭证，登记会计分录，实施会计结算，编制会计报表，履行报告义务，保证恰当、充分、准确地记录、汇总和报告企业所有业务活动的经济结果。

法务

法务职能主要包括合规性控制、合同管理、公章管理、证照管理和其他法律文件管理。

资讯

资讯职能主要包括对企业的 IT 硬件（包括基础设施、主要设备、个人电脑以及电脑周边设备）和软件（包括系统软件、办公软件、专用软件、ERP 系统以及数据库系统）的投资和更新计划、开发和维护以及用户求援响应，从而提升企业 IT 系统的整体运行效率和可靠性。资讯职能还负责进行企业模型维护和数据备份，制订灾难恢复预案，采取技术措施保证企业数据安全，防止企业 IT 资源和数据资源的滥用。

市场

市场职能负责市场研究、需求分析、产品建议、营销策略，并根据客户购买意向、订单和市场情况对销售前景做出判断和预测。

技术

技术职能负责根据市场建议，计划和实施产品改造和开发，制作和更新产品技术数据和工艺文件。

采购

采购负责根据产品计划制订和执行供应商开发计划；根据物料需求、年度预算目标和市场趋势制订和执行采购成本计划，完成采购谈判和合同处理；在市场风险较大的情况下对采购计划进行策略性调整或通过技术操作锁定风险；跟踪供应商的产品和服务情况进行定期综合评估和筛选，保持和供应商的良好沟通以促进价格、提前期、质量的持续改善。

制造

制造职能负责根据产品需求信息、现有库存水平、生产和采购进程以及可用生产能力进行产能试算平衡，编制采购和生产计划，提供生产排程方案；按照采购计划进行物料采购订单的处理，跟踪供应商的产品和服务情况；按照生产计划安排和实施车间作业，并在生产过程中及时了解原材料、人工、设备、工艺、质量、损耗等各方因素的动态；根据产能计划、采购计划和生产计划的执行情况对计划和执行做出相应的调整。

销售

销售职能负责根据市场计划和销售目标制订销售计划，从事客户拜访、电话联络、促销宣传等销售活动，负责产品咨询和报价、订单和合同处理，跟踪客户的购买习惯和需求特点，分析客户的购买趋势和利润贡献并结合经营目标制订和调整销售策略，合理分配销售资源。

储运

储运职能负责制订配送需求计划，执行和控制物料的仓储、收发和运输，它覆盖了自货物的原产地到客户使用地的全部空间距离和时间过程的整体效率和总体成本。储运职能需要建立货物存储和运送的设施和运作体系，确立货物周转规则并在操作中遵循这一规则，需要根据技术要求针对不同货物采取相应措施避免运输和仓储环节的危险和破损，需要依赖有效的操作程序保证货物收发的数量、品种和时间的精度，需要通过库存盘点保证货物仓储环节的准确性。

服务

服务职能负责了解和收集客户对产品和服务的投诉和建议，计划、实施和控制客户培训、产品维修、例行保养、配件供应，进行定期的用户调查和走访。

维护

维护职能负责制订面向整个企业设施和设备的维护计划，负责设施和设备的检查、保养和修理，保持设备维护日记和有关技术档案，分析设备设施的运转状态并提出更新、升级和大修的建议。

质量

质量职能负责制定企业质量计划和标准，在原材料环节、生产环节、储运环节和服务环节实施质量监控措施，总结分析质量数据，向供应商、车间、储运、工程等各个环节提出质量改进建议。

3.2 ERP的动力模型

3.2.1 企业的动力机制

任何企业都是一个经营与运作的动态实体。ERP的职能模型所描绘的只是一个静态的结构，而这种静态的认识对于始终处在动态经营与运作之中的企业而言显然是不够的。更深入地讨论必须针对企业经营和运作的动力机制而展开。所谓经营和运作的动力机制，就是企业可持续地向前发展的内在原理。企业的动力机制包括预谋、计划和操作三个层次。

预谋

在充满机遇和风险的市场经济的“海洋”中，企业好比是一条独立航行的船。如果这条船没有航行的预谋，只是随波逐流，它将注定会沉没。因此，任何企业都必须远离经营和运作的盲目性，设计自己的将来，规划今后的道路和模式，面对可以利用的资源，在市场竞争中不断地进行自我调整，以生存为前提，力求盈利和成长，以盈利为手段，支撑生存和发展，以发展为台阶，推动更稳定的生存和更大的盈利，从而谋取公司价值或股东利益的最大化。

计划

企业的预谋仅是企业动力机制的开始，预谋一般不可能自动地成为现实。预谋和现实之间往往存在着极大的差异，预谋的实现往往需要长期不懈的努力并具备方法论的保证，计划就是将预谋的实现落实为每一天经营和运作活动的不二途径。

活动

活动就是为预谋的实现在计划指导下所进行的日常运作。企业存在着种类繁多的不同日常运作活动，它们由不同部门的基层员工来完成，是企业实现预谋的实际行为。企业必须对这些日常活动加以严格定义和规范。定义和规范一项活动需要对其意图、人员、方法、要求、信息来源和去向以及文档规范等方面的内容加以描述。

企业的动力机制是一个由预谋、计划和活动组成的循环往复的闭合过程。企业需要根据外部环境不断对预谋做出调整。计划一方面是在对预谋的实现做出安排，另一方面是对预谋更为详细的论证，如果在计划过程中确定某项预谋是不现实的，这一结论将会形成反馈从而引发对预谋的重新审核和修正。活动是对预谋和计划的具体实践，也是对它们的最终检验。

3.2.2　ERP 的动力模型

ERP 功能的设计参照了企业的动力机制，各个不同层次既相对独立而又互相协同。如图 3.2－1 所示，ERP 动力模型由包含企业使命、长期目标和实现策略的战略谋划开始，通过经营及资源计划、销售及运作计划、生产及能力计划、计划落实和执行等环节的层层推进，将企业的战略目标和策略途径分解为具体的行动指令后导入企业的日常业务活动之中。通过业务操作和事务处理，企业的战略目标和策略途径不仅通过计划的编制和落实得到了执行，而且还在执行的过程中形成了关于业务操作和事务处理的实时数据。信息反馈帮助管理者获得关于日常业务状况的关键和综合信息，从而对计划的落实和执行形成有效的控制，或者对各级计划进行必要的修正。

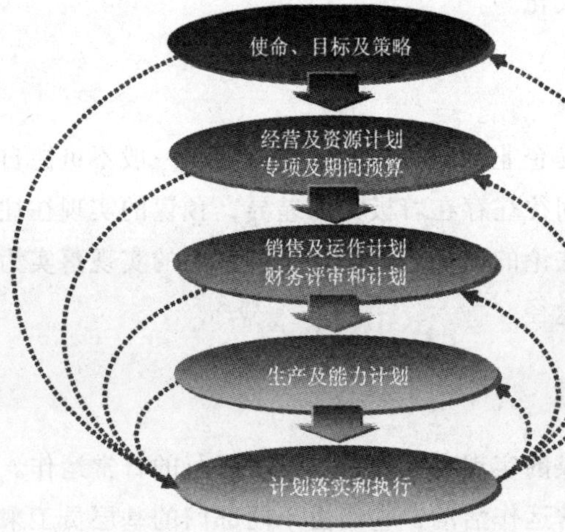

图 3.2－1　ERP 的动力模型

经营和资源计划

经营和资源计划是为战略目标和实现策略在下一年度的落实而编制的详细业务计划，并形成专项财务预算和年度财务预算的过程。

- 市场销售计划

市场销售计划需要确定产品线的宽度、深度和市场定位，进行目标市场需求分析，确定产品的技术发展方向、各类产品的市场需求数量和价格系数，并制定完整的经营模式、分销渠道、销售政策和组织体系，为销售目标的实现提供保证。

- *产品开发计划*

产品开发计划负责根据市场销售计划对产品改造和开发的要求确定产品改造和开发的技术路线和进度以及在人员、设施、工具方面的需求。

- 供应链计划

供应链计划负责根据市场销售计划和产品开发计划确定原材料采购计划，通过生产能力的供需平衡确定班次增减、生产外包、能力扩建计划，根据产品开发和改造对材料的新要求以及生产外包的需求变化制订供应商开发计划，根据市场销售计划确定包含仓储面积的需求和地域分布、产品在分销网络中移动的运输方式以及分销网络需求预测和库存水平等在内的分销资源计划。

- 信息资源计划

信息资源计划以企业战略目标及实现策略为导向，从场景需求、组织需求以及活动需求入手，由全局到细节分析确定企业经营运作管理和财务会计报告对数据处理和信息输出的长远需求，并以现有实践为起点，识别出当前系统在满足企业信息需求方面的差距，拟定出逐步缩小这些差距的可行方案及其优先级别，还要对落实这些方案在资金、人力、时间等方面的必要投入作出合理估计。

- 人力资源计划

人力资源计划负责识别企业发展对人力资源的需求以及这种需求和现有人力资源之间的差距，为关键岗位确定包括外部招聘、内部调整或职能外包等在内的人力资源配备计划，为劳动力需求寻求安全、可靠的渠道，根据员工技能的现实状况和岗位要求的差异制订员工培训方案，通过对人力资源和劳动力市场的薪酬调查确定企业工资计划，建立以关键人才的识别、培养、保留和激励为核心的人才保障机制。

专项及期间财务预算

财务预算就是将上述战略目标和实现策略统驭下的业务计划“翻译”成财务的表达方式。根据时间跨度和内容跨度的不同，财务计划可以分为专项财务预算和期间财务预算。

- 专项财务预算

专项财务预算是根据业务计划中诸如企业重组、设备的自然更新以及产品开发和供应能力扩充等金额庞大、耗时较长、实施独立的项目，单独编制的贯穿项目生命周期全过程的预期现金流状况和获利能力。这些项目可能是研发一个产品，或是新建一个工厂，或是处置一个业务部门，或是购并一家公司，在它们获得批准正式实施前，必须根据项目细节编制完整的项目计划，对项目的进程和结果在财务方面做出合理的预期和评估。项目计划需要考虑：①涉及范围、主要目标和时间要求；②起点、终点和主要里程碑；③所需资源的金额和投入时间；④预计收入的金额和时间等。专项财务预算关心的是整个项目生命周期内与项目有关的现金的边际流出和流入的时点和金额，或是项目不同方案之间的差异性现金流出和流入的时点和金额，由此计算出投资收益率及其对诸多因素的敏感性，为管理者提供定量化的决策支持。

- 期间财务预算

期间财务预算则是根据下一年度的经营和资源计划而编制的综合性损益表现、财务状态和现金流预期。期间财务预算一般以年度为计划期，所以也称作年度财务预算。它是对下一年度企业的财务业绩、财务状况和现金流状况的全面预计和评估。由于期间财务预算必须基于业务计划和外部环境等大量的假设，期间财务预算必须针对这些假设中的重要因素进行敏感性分析，从而明确哪些变量的异动会对预计财务表现产生重大的影响。由此，管理者可以在设定这些假设时更加谨慎，并在业务计划展开和实施的过程中对它们予以格外关注。与专项财务预算不同的是，由于期间财务预算在时间上的跨度只有一年，所以期间财务预算主要关注的是企业的财务损益、资产负债和现金盈缺，而不是现金的流入和流出的时点和金额，更不需要像专项财务预算那样基于资金的动态价值理论进行投资收益率计算。

- 预算的必要性

一个企业无论处于什么行业领域，也无论经营的是具体的产品还是无形的服务，其目的都是在生存、盈利和发展的循环中寻求其市场价值的最大化。社会对于企业的市场价值的衡量是以其财务表现为依据、按照财务期间（月度、季度和年度）来进行的，因此，在任何计划付诸实施前，需要知道这些计划在后续各个财务期间内将给企业带来什么样的财务表现，在资金流方面会出现怎样的状况。这就是为什么所有的计划最终都需要以货币进行计量并纳入到期间财务预算中来。除了帮助管理者了解业务计划的预期经营结果外，财务预算还可以成为管理者对实际经营绩效进行衡量和对相关工作人员加以考核的标杆，以便更好地总结过去经营运作中在决策和执行方面的得失，识别各个领域业务骨干的能力和才干，为下一个年度的业务计划和财务预算提供参考。

- 预算编制过程

财务预算，尤其是期间财务预算的编制需要企业各个职能部门的共同参与。预算数字的背后是业务计划的细节安排，因此，各个业务部门都应该是各自部门预算内容的责任人。但预算毕竟是一项十分复杂且财务专业性极强的综合工程，财务人员需要在整个预算过程中制定相应的规范，确立相关的假设，提供具体的指导，掌控进度和质量，协调各部门的一致性，检查和合并预算数据，编写预算总结和说明，财务在这方面的角色是无法由业务部门承担和替代的，因此，财务部门应该是企业预算过程的责任人。

如图 3.2－2 所示，期间财务预算的编制过程一般包含以下四个阶段，它们组成了从自上而下到自下而上的闭合回路。

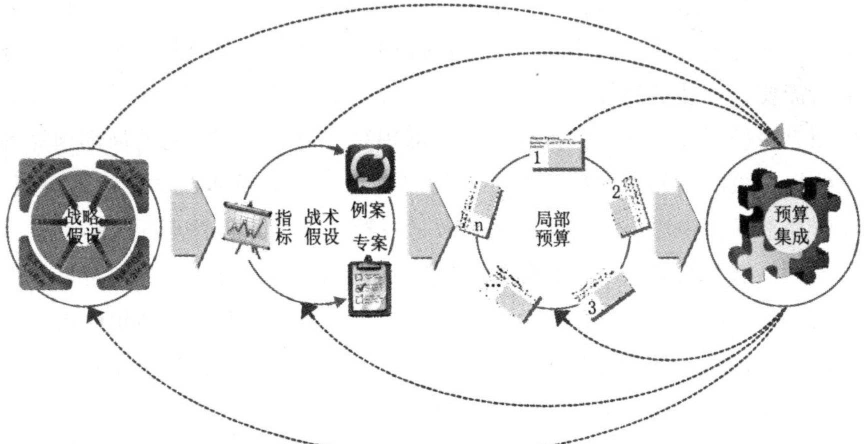

图 3.2－2　期间财务预算

（1）战略假设。战略假设阶段，管理者通过对企业外部环境分析、产业结构分析和对企业内部基本自然元素的分析在一个较长的时间框架内确定企业的使命定位和发展目标，并根据这种定位和目标对时间进程、实施策略、资源需求以及风险评估等问题做出回答。有关战略谋划的详细内容，读者可以参考本书1.3节中战略谋划段落。战略假设阶段，管理者在企业整体层面上为下一年度的财务预算设定经营运作的综合性目标以及实现这一目标的基本途径和模式。例如，很多企业会将下一年度的销售收入、息税前利润、存货周转率、应收账款天数、现金流状况等作为战略目标的首要组成部分。

（2）战术假设。一般地，由战略目标确定的总体目标具有高度的综合性，不可能通过对某一个方面的片面追求而侥幸达成。战术假设阶段，管理者需要把总体目标分解为一组相互限制和补充的指标，这体现了管理者在按照既定策略实现战略目标过程中的战术性权衡。管理者需要为每一个指标确定指标值、责任人以及达成时间或进度，在地区、行业、渠道交叉形成的每一个细分市场中，就品种、数量和价格等主要方面在企业现有状况、主要竞争对手和市场总体需求之间进行比对，从而将企业计划年度的销售目标分解为各个责任人的业绩指标，并由此确定实现这些指标的专案和例案，作为达成指标的路线图。

（3）局部预算。有了战术假设阶段确定的指标、专案和例案，接下来的工作就是以这些战术假设为依据由下至上地开展预算的具体编制工作。由于年度财务预算涉及企业所有职能部门，需要各个部门共同参与，财务部门需要将企业的整体预算按照预算责任人拆分成“预算零件”，由相应的预算责任人在各自的范围内完成局部预算。为了保证不同的局部预算的一致性、关联性和衔接性，财务人员需要为每一个局部预算设计出模板，并将局部预算中需要用到的战术假设通过模板提供给预算责任人。

（4）预算集成。当所有的局部预算都完成以后，财务人员便可以根据它们之间的逻辑关系加以汇总，从而获得有关整个企业在计划年度内的预算画面，并和战略假设和战术假设相比较。之后，财务人员还需要将预算结果、战略假设、战术假设的比较分析汇报给企业管理者，并在管理者审核和批准后，把各个局部预算的最后结果分别传达给相关的预算责任人。

销售和运作计划

一个计划年度内，企业的外部经营环境和内部运作情况会出现各种变化，这种变化可能会使得经营和资源计划编制时所基于的某些假设变得不再适用，企业必须根据新的外部经营环境和内部运作情况对经营和资源计划进行必要的调整，这便产生了销售和运作计划。销售和运作计划以经营和资源计划为框架，定期汇集各个职能领域的最新动态，制订和更新详细的和切合实际的总体计划，并以此协调和要求各个职能领域，确保总体目标的实现。事实上，销售和运作计划是以月或季度为周期对资源和需求计划中的市场销售计划、产品开发计划、供应链计划、信息资源计划、人力资源计划等业务计划进行定期的评审和协调。在每一次评审和协调过程中，管理者需要针对诸如市场需求和主要竞争对手的最新发展动态，从市场拓展和渗透等诸多方面对销售现状和增长做出的评估和预计，现有生产能力在短期内和市场需求之间的平衡和矛盾，生产设施、设备新建和改造投资的实际情况和预计进度，新产品研发和上市的实际情况和预计进度，原材料供应的价格变动趋势和“瓶颈”资源，以及产品生产、仓储和运输的主要问题和必要措施等各方面的计划和实际情况做出思考和判断，并且在对各业务领域详细业务计划的最新进展充分了解的基础上重新确立上述各个方面的可以接受并可能实现的目标和进度，制订、落实和跟踪“瓶颈”环节的应对方案。

财务评审和计划

正如年度经营与资源计划需要通过每月或每个季度的销售和运作计划不断加以调整和补充那样，相应的，年度财务预算也需要通过每月或每个季度的财务评审和计划得到更新和完善。年度财务预算根据经营与资源计划中的假设、指标、方案和任务对计划年度的损益表现、资产负债、现金盈缺做出了合理的估计。然而，一个计划年度对于日常的经营和运作活动而言仍然太长，期间可能发生的外部经营环境和内部运作情况的变化会干扰甚至破坏企业原先为自己设定的运行轨迹，使得企业最终无法呈现优异的财务表现或者无法摆脱财务困境。企业管理者必须尽早了解和掌握这些动向，以便在结果尚未形成之前，及时采取相应的措施。财务评审和计划就是在这样的动态变化中，对财务结果的合理预期不断做出评估，对资源投入的合理尺度不断进行调整的过程，以保证企业在外部环境、内部资源的约束中确立和采取更为合理的财务目标和实现手段。

财务评审和计划由财务评审和财务计划两个方面组成。财务评审是指通过财务分析，识别出企业实际财务表现和预期之间的差异，挖掘出这些差异的主要个体，归纳出重要的原因，制订出相应的行动方案，以便扩大和复制有利的差异、减小和弥补不利的差异。财务计划则是根据销售和运作计划的最新内容，对企业在计划年度内的损益表现、资产负债和现金盈缺做出最新预判，为企业管理者的销售和运作决策提供定量化的依据。

生产与能力计划

生产与能力计划以销售和运作计划为依据，在一个月的时间跨度内，以周、天甚至小时为时间区间，制订出落实到具体产品、物料和工作中心的投入和产出计划以及采购下单和物料送达的品种和数量计划，将以月度为滚动周期的销售和运作计划转换为生产和采购部门每天甚至每小时的可执行指令。生产与能力计划包含从主生产计划开始到派工单和采购单跨度内的所有物料和产能计划。这部分的内容在本书第二章已经做了详细的介绍，在此不再赘述。

计划落实和执行

从经营和资源计划到生产与能力计划，这一切还只是要求和打算，这些要求和打算即便在生产和能力计划层面已经细化到生产和采购部门每天甚至每小时的可执行指令，但这些指令仍然需要许多岗位员工经过各个步骤的协调操作才得以完成。在 ERP 解决方案中，计划落实和执行的方式存在着对业务操作的过程支持和对事务处理的“刚性”约束两个方面，业务操作和事务处理涉及除战略和计划之外所有职能领域，包括市场、技术、采购、制造、销售、储运、服务、维护和质量等九个业务层职能领域以及人事、财务、法务和资讯四个支持层职能领域。

业务操作的过程支持根据业务的具体类型和内容向操作人员提供相关的信息，帮助他们完成相应的工作。例如，在仓库理货人员执行物料出库时，ERP 系统输出含有货物存放位置信息的拣货单，帮助理货人员准确、快速地找到物料，这就是一种简单和典型的业务操作过程支持。事务处理的“刚性”约束强制性地规定了业务操作应该依据什么信息、业务操作的结果应该如何记入 ERP 系统、应该产生什么样的单证等。比如，有人要求理货人员进行物料的出库操作，仓库文员只有根据 ERP 系统中的有关出库请求单才能生成拣货单，当货物出库后，仓库文员必须按照实际出库物料的品种和数量生成出库单才能调减仓库台账，而且，该出库单只能在出库请求单上的品种和数量范围内生成。因此，如果实际出库的货物在数量和品种上超出了出库请求单的范围，就会造成实际库存和仓库台账的不符，这种差异将会通过由非仓库人员参加的库存盘点得到识别，从而进入管理者的视线。

信息反馈和调控

由经营与资源计划到生产与能力计划，ERP 将管理者的预谋通过计划逐渐细化成为可执行的日常运作指令，并依赖业务流程来保证作业指令的有效执行。然而，仅仅到此为止是远远不够的，ERP 解决方案还能够通过预先的设定推动和支持管理者了解和检验计划执行的进程，采取相应的措施并不断跟踪，从而控制日常业务，更新企业计划，修正战略目标和策略途径。

ERP 能够主动和被动地向有关人员发送固定格式的状态报告、差异报告、特别报告和综合报告，随时、定时或触发式地为管理者全面提供关于企业运作的状态信息、超限偏差、异常警报和综合信息，并提供深度的钻取支持，ERP 的商务智能还能够为管理者提供交互式的广泛分析。基于报告信息和数据分析，管理者需要做出相应的决策，拟定相应的措施，预计可能的后果和应对策略。每一项行动方案都可以和某一份报告相关联，以便在下一次收到同样的报告时进行对比，管理者可以通过 ERP 指派执行人员、规定完成的期限和下一次检查的时间，这样的信息会自动到达相关人员的邮箱，他们也可以通过 ERP 记录行动的具体情况和结果，系统会自动将执行情况返回管理者。

3.3 ERP 的信息模型

数据是通过文字、符号、声音、画面、图表等方式在任何一种媒体上对客观事实的一种记录；而信息则是通过对数据的处理、理解和解释获得的，对信息使用者具有价值的关于客观事实的认知。ERP 系统对于事实的记录和数据的运用存在着事务处理、格式报告、商务智能三个不同的层次。由于数据和信息存在着极为密切的联系，在没有特指的情况下，本书不对数据和信息进行概念上的区分。

人们在通过ERP完成事务处理的同时，也完成了新的事务数据的收集、校验、分类和存储，格式报告基于事务处理形成的大量数据向管理者提供固定结构的分析报告，而商务智能则整合企业内部各个独立系统的事务处理数据和企业外部其他电子数据，对企业经营的整体或任何局部进行全面的、深度的、动态的、灵活的分析和展示，并以实时方式对广泛分析请求予以响应。

3.3.1 ERP的事务处理模型

事务处理的概念

事务处理就是按预定的程序对数据进行收集、加工、存储、查询、发送、输出等处理。事务处理的特点如下：

(1) 事务处理是伴随着企业经营过程中的业务活动而产生、推进和完成的；

(2) 事务处理承担的是例行的和结构化的工作，其处理规则是预先定义好的，有确定的处理要求、作业程序和操作方法，其结果是可以根据一定的输入条件进行预计的；

(3) 事务处理的内容包括必要的文件制作、修改、传递、审核、归档以及数据的收集、记录、转移、存储、加工、查询、输出；

(4) 完成一项事务处理所需要的数据以及一项事物处理完成后形成的数据都是与某项具体事务有关的交易信息，因而适合于反映诸如某个款项是否已经支付、某次发运的货物明细等交易详情。

事务处理的实例在企业中比比皆是，处理采购订单、登记员工考勤、打印和寄送销售发票、编制工资清单、记录仓库盘点结果等都是事务处理。

图3.3-1描述了包括数据收集、编辑、操作、存储和输出等活动在内的典型事务处理系统逻辑原理。通过数据收集获得的源数据由系统编辑功能执行有效性检查，确保其合法性、完整性和逻辑性。对于无效数据，系统将给出提示信息和修改机会。通过有效性检查的数据将由系统执行各项操作，包括分类、排序、计算、转换、汇总等，最终存储到数据库中，

并在收到查询或报告请求时，按要求的内容和形式完成输出。根据事务处理的时效性差异，事务处理可分为批处理、联机处理和联机录入批处理三种方式。批处理是对在一段时间内累计起来的一批事务一次性加以处理；联机处理则是对每个事务进行即时处理；而联机录入批处理是前两种方式的结合，即以联机的方式进行数据录入，但进一步的处理则采用批处理的方式。

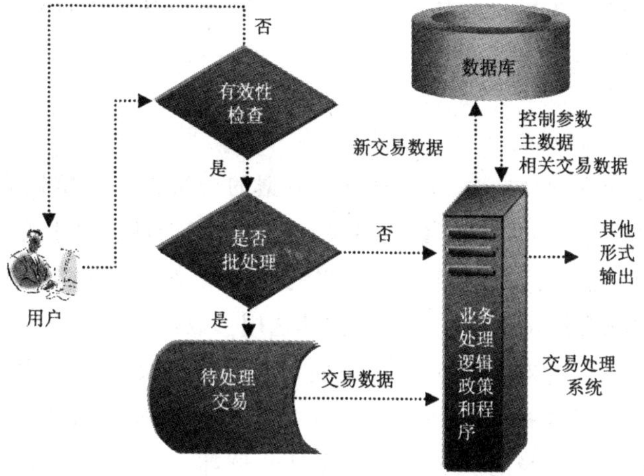

图 3.3－1　ERP 的事务处理逻辑

事务处理的优势

事务处理是 ERP 中发展最为成熟、应用最为成功的部分。和手工环境下的事务处理工作相比，ERP 事务处理最能体现电脑、信息、网络和通信技术的优势。

- 提高处理效率

ERP 系统能迅速、有效地完成大量事务数据的输入、存储、加工和输出，这是任何人工系统所无法比拟的。ERP 系统在事务处理的方式上采用先进技术手段，在许多环节彻底改变了传统的操作方式。在输入方面，ERP 系统可以利用各种数据采集终端设备，使得数据的采集过程变得快速而且准确。通过条形码终端设备，仓库可以在货物销售、存货盘点的同时自动地完成数据录入，并及时更新数据库，产生需要的文件和报告。质量部门可以在产品性能试验时从产品本身直接采集到有关温度、噪音等技术指标以供分析。在输出方面，ERP 系统除了利用自动打印、生成文档等常规技术下的输出形式来提高输出效率之外，还可以利用远程网络和无线通信技术实现输出文件的自动传递和对接，使输出结果直接进入接受人的数据系统或移动设备，实现一步到位。利用这一点，ERP 可以在触发条件满足时自动向有关人员发送手记短信，出纳可以将付款指令直接发往银行形成无现金支付，并在完成汇款后向收款人发出邮件，告知付款详情。

- 排除数据错误

ERP 系统在数据收集的过程中对数据的合法性、完整性和逻辑性进行自动检查，这大大降低了数据错误和遗漏的可能性。对于曾经输入过的内容，ERP 有能力通过各种方式将它们保留下来，并在需要重复使用或重复输入的场合提示给操作人员，供其选用。数据一旦录入，系统就会按照预定的程序自动对数据进行各种操作，基本不会出现技术错误。ERP 系统对错误数据的排除和纠正只是从技术角度去校验数据，一般而言，ERP 无法对数据本身的真实性作出保证。例如，在收到供应商送来的一批物料时，以人工方式键入并确认收到 50 个单位的 A 物料，ERP 对录入数据进行检查时，只确认 A 物料是否存在且有效，是否存在尚未完成的采购订单，该采购订单的未完成数量是否大于 50 个单位。一旦通过以上检查，ERP 将会接受 50 个单位的 A 物料的数据输入，从而形成 50 个单位的新增库存以及相应的应付款项。但这并不能保证仓库确实收到了 50 个单位的 A 物料。

- 突破时空限制

ERP 系统可以根据事务类型（实时或是批处理）合理安排系统资源完成数据处理的任务，对于实时请求予以联机响应，对于批处理请求则避开系统业务量高峰时段在后台自动处理。另外，手工方式下的事务处理，往往需要处理人亲临现场，而远程通信、身份验证、虚拟网络等技术，使得 ERP 事务处理的操作人员可以利用移动设备在网络服务可以覆盖的地点和场合进行联机操作。通过 ERP 系统，出差人员可以在外地、家中，在非办公时间完成费用的报销，经理人可以在旅行途中审批付款。

● 统一处理规则

ERP 的事务处理系统对日常操作性事务实现了自动化管理，对管理性事务建立了结构化方案，这使得大量的日常运作事务在处理的程序和方法上实现了标准化。这一变化消除了已往企业对数量众多的日常事务难以一一规范所造成的处理时间和处理方法上的不一致。使用 ERP 系统的企业，对同一事务的处理都按照统一的规则、在统一的时间内作出响应，大大强化了企业日常经营运作的规范性和有效性。

● 完善集控体系

ERP 系统在事务处理方面的标准化不仅大大减少了事务处理所需要的时间，保证了事务处理结果的准确性，更重要的是，这为企业在日常事务的管理方面建立了保障。例如，仓库人员向客户发货必须以有效的销售订单为依据，没有销售订单，ERP 将无法生成备货清单和出库单，有关人员就会阻止货物离开仓库。而收货也必须以有效的采购订单为依据，在没有采购订单的情况下，ERP 将无法执行收货操作，即使收下实物，也无法产生应付债务。总之，ERP 根据管理者的要求将事务处理过程中的关键控制节点安置到应用程序中并通过程序的运行强制执行；事务处理过程中的各个环节都有文档记录，按照文档之间的依赖关系而建立起来的关联为追踪业务过程提供了可靠的审计线索；ERP 系统的自动操作日志功能，为每一项操作提供包括人员、时间和内容在内的完备记载。

事务处理的意义

事务处理涉及经营活动的各个方面，实际上是一张全面覆盖企业日常经营活动的数据网，几乎所有的日常业务数据都在这张网中产生，并通过它收集。企业在进行每一项日常经营活动的同时，ERP 系统通过事务处理对这些活动加以控制和记录，事务处理的过程实际上就是将企业每时每刻所发生的主要经营活动加以数字化的过程。因此，科学地研究和建立事务处理系统，是企业信息化管理的重要基石和必由之路。

3.3.2 ERP 的格式报告模型

格式报告的概念和特点

格式报告是以事务处理所形成的大量而全面的事务数据为主要资料来源而形成的定型信息汇总，以帮助管理者了解企业局部或整体的日常业务动态或企业综合表现，履行管理职能。

正确理解格式报告应明确以下要点：

(1) 事务处理中的日常业务数据是格式报告的主要资料来源，在这些数据的基础上形成的各类汇总分析报告是格式报告的主要表现形式，其实质是向管理者提供日常业务动态和综合信息反馈。

(2) 格式报告是基于业务数据的结构化报告。也就是说，它们是系统按照明确的规则和方法在对事务数据进行处理后生成的具有固定内容和固定表现形式的报告，每一种报告的生成规则（包括数据来源、计算关系和结构格式）都是由用户或技术人员通过系统的报告生成工具进行定义的。

(3) 当管理者或分析人员需要具体的分析报告时，只需调用相应的报告生成规则，并填写其中某些参数，比如报告期间、统计范围等，系统就会按照报告生成规则和参数的要求，自动地生成报告。

(4) 格式报告并不是管理措施本身，这些报告只是有关业务状态的汇总信息，可以作为管理者形成决策、计划和控制方案时的必要参考，但决策、计划和控制方案的最终形成还有赖于管理者个人的能力或其他更为高级的支持系统。

图 3.3-2 描述了包括查询请求、生成规则和报告输出等活动在内的格式报告逻辑原理。

格式报告的应用和意义

和事务处理相比，ERP 环境下的格式报告功能还远远没有得到充分开发和应用。多数企业在 ERP 实施后的应用仅仅停留在事务处理水平。主要原因是：第一，和事务处理的流程相比，企业管理者对格式报告的要求更加个性化，因而难以形成被普遍认可的标准报告。大部分公司都采取相似的采购流程，但是，由于各个企业在行业、细分市场、产品、营销方式、组织结构、公司文化等方面存在太多的差异性，加上管理者本身的经验、个性差异，人们很少能在不同公司见到相近的格式报告。第二，每一个格式报告都需要结合管理者的意图和 IT 编程技术，它要求管理者和 IT 专业人员之间的相互理解和有效沟通，这给报告的开发和优化增添了难

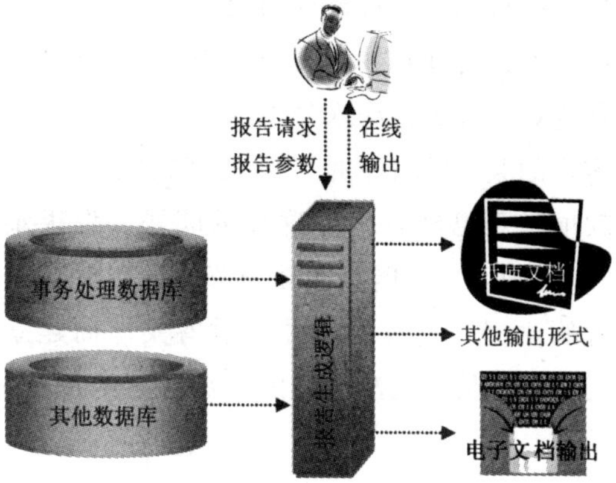

图 3.3－2 ERP 的格式报告逻辑

度。

尽管如此，格式报告揭示的往往是大量事务数据所表现的实事背后的规律、趋势和线索，它对全面提升企业经营管理水平具有不可估量的价值，是可供管理者参考的最可靠的和最主要的信息来源。格式报告在技术上不存在很大的实现难度，是企业少花钱多办事的极大机会。经过反复应用和实践形成的经典报告，十分适合企业的具体业务特点，而且能够被管理者理解和接受。格式报告的使用者不需要具备联机操作的技能，更不需要进行非结构化分析的尝试，因此，格式报告具有极强的实用性和可操作性。

3.3.3 ERP 的商务智能模型

商务智能的必要性

由 ERP 的事务处理和格式报告提供的功能面对复杂多变的商务环境以及丰富具体的管理实践显然还是不够的。管理者会遇到太多无法预计且难以结构化的问题，这些问题可以归纳为两个基本类别，而相关的信息支持是解决这些问题的必要前提。第一类任务是回答企业应该做什么，即找到存在的问题或确定潜在的机会，解决这类任务需要的信息支持是对企业运行和环境现状的适度评估；第二类任务是回答企业该如何做，即形成解决问题或实现机会的可行方案，解决这类任务需要的信息支持是问题原因和机会结构的细节分析。在这两个方面，程序化的事务处理和结构固定的格式报告则显得无能为力。

围绕企业的日常经营活动进行数据的处理，其目的是约束、支持和记录企业的日常运行。事务处理对数据的积累是按照交易的结构和进程来组织的，其本身不具备对事务数据深入分析的能力。事务处理可以轻易地回答类似于“某某客户的某一笔订单是否已经完成发运”、“该客户的某年某月某日的发票款项是否已经收到”这样的问题，但很难直接为类似于“年购买量排名前十位的客户的购买额按季节的分布形态”、“所有销售货款中各个币种所占的比例”这样的问题提供答案。而建立在事务数据基础上的格式报告也存在着某些无法回避的不足，具体表现在：

- *在数据来源方面*

格式报告只基于事务处理系统自身内部积累的数据，而不能和外部的其他相关数据结合形成更为完整的分析。由于技术和历史的原因，许多公司会同时使用多个系统作为不同领域的解决方案。如果一个企业的售后服务、供产销、财务会计、人力资源分别通过不同的系统来执行，那么，类似于“客户投诉和免费维修费用与产品种类和销售年份的关系”这样的跨系统的数据汇总分析需求就很难通过格式报告得到满足。

- *在响应时间方面*

管理者在面对上述两类基本管理问题时往往因问题的结构化特征不明确而需要进行各种试算，在众多思考意向和试算结果的反复交互中得到满意的答案，因此，系统每一次试算所需要的响应时间对分析的顺利完成具有重要影响。针对管理者和分析人员的动态分析请求实时、快速地予以响应能使管理者和分析人员进行连贯性的思考，这样，他们可以在一段时间内专注地对某个问题进行集中分析，任何一个疑问和线索都可以实时地获得试算结果，通过反复的提问并及时获得试算结果来充分地发掘蕴含在数据中的线索，逐渐地使问题的答案明朗化。然而，事务处理所形成的数据是按照交易的结构和进程来积累和组织的，这些数据的内容旨在反映交易的细节，其线性堆砌式的存储和交易顺序自然呼应。直接使用事务型数据生成的格式报告在处理复杂的分析结构时，需要对海量的事务型数据按分析的意图进行重新整理、分类、汇总、计算、合并等操作，数据处理耗时长，报表生成相当缓慢，分析过程断断续续，管理者和分析人员无法专注、连贯地思考，这些困难都严重地阻碍了有效结果的产生。

- *在信息产出方面*

格式报告只具备固定不变的内容结构，这些报告只是针对管理者经常关注的问题，但无法支持许多非常规性的关注焦点；格式报告只具备固定不变的形式结构，难以根据不同管理者在不同场景下不同的分析意图采用适合各自特点的个性化形式结构使信息的表达更加直观易懂；格式报告只具备固定不变的分析结构，难以对数据进行各种不同的组合和交互式的动态试算，也难以对数据中蕴含的信息进行充分和深入的挖掘。

商务智能的概念

商务智能是一项很新的商务应用软件技术，并且仍然在不断发展。许多商务智能软件产品的开发商使用这个名词来称呼他们的产品，并且对“商务智能”进行着各自的诠释。这些产品不仅在功能特性上存在着许多差异，而且它们代表着一个极为宽泛的实现技术、软件平台、应用程序和方法过程的范畴。什么是商务智能？很难给出一个确切、完整的定义，但从它所提供的核心功能来看，可以这样对商务智能作出描述：商务智能是整合、预测和重组企业内部各个独立系统的事务处理数据和企业外部的其他电子数据，对企业经营的整体或任何局部进行全面的、深度的动态分析和灵活展示，并能以实时的方式对广泛分析请求作出响应的应用软件技术和商务解决方案。

图 3.3－3 所描述的商务智能原理很好地展示了商务智能的系统结构和技术方法。由于商务智能的数据结构和软件技术都较为独特，所以商务智能一般被认为是一个与 ERP 相互独立的应用软件系统。但是，商务智能所依赖的数据主要来源于 ERP 的事务型数据库，而且商务智能所体现的功能和目的完全可以认为是 ERP 企业管理功能的合理延伸。由于事务处理和格式报告功能的局限性，ERP 用户必然在事务处理和格式报告之后，寻求基于海量事务数据的全面、深度、动态和实时的分析技术，为管理者完成非结构化管理任务提供更为直接的和有价值的信息支持。

商务智能的意义

商务智能在管理实践中的应用就体现了从分析、决策到实施、衡

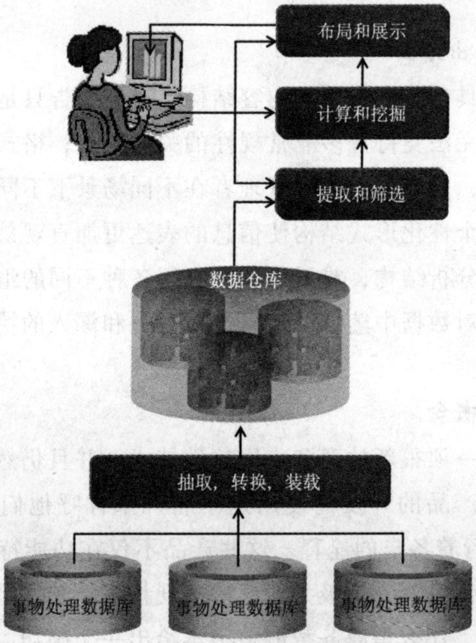

图3.3－3 ERP的商务智能逻辑

量，再回到分析的循环。管理者从了解企业外部环境、内部状态和经营成果入手，通过商务智能的支持进行专题的和广泛的分析处理，发现和理解存在的问题或潜在的机会，并凭借进一步调查研究弄清导致问题的原因和构成机会的条件，从而在此基础上产生解决问题和实现机会的行动方案或计划，当这个方案或计划在有关部门得到执行后，衡量该方案或计划实际执行状态和结果的数据会源源不断地得到收集，并再次回到分析环节进入下一个循环。如此周而复始，推动企业的经营和成长。

在这样的管理循环中，商务智能到底起到了什么样的作用？管理者的角色是否有了变化呢？事实上，新技术手段的采用，都是人类大脑和设备的一次重新分工合作，并以此来加强和扩展人类的能力。商务智能要求管理者对企业分析评价体系进行前所未有的系统思考和持续改进，建立和维护包括指标、维度和层次在内的分析导向数据结构框架。在借助商务智能工具进行动态分析时，管理者的分析请求实质上是管理者分析智慧和逻辑结构的体现。在商务智能应用中，管理者交给商务智能系统的任务仅仅是按照管理者预先设定的分析结构，例行地完成由事务型数据到分析型数据的导向过渡和不同事务系统数据的异源整合，而后根据管理者的分析请求中定义的逻辑结构生成分析处理的结果。在这之后，仍然是管理者凭借着自身的经验和智慧去解读隐藏在分析结果中的线索和深意，甚至经过必要的实地调查，才能最终破译导致问题的原因和构成机会的条件，并进一步形成行动方案和计划。

以上论述表明，商务智能之“智能”，其实质是管理者分析、洞察、思考和决策的人类智慧。但是，从另一方面，商务智能系统是管理者充分发挥其智慧的至关重要的工具和条件。首先，管理者有能力通过周密的思考制定和建立分析型数据结构，并以此为基础创建广泛分析的逻辑结构，但对海量数据的分析处理意味着巨大的数据运算量，这超出人类的正常承受范围。没有商务智能，广泛分析的逻辑结构仍然可以创建，但却不可能实时地得到相应的分析结果。其次，商务智能系统可以帮助管理者打破个人思维模式的限制。管理者在创建分析的逻辑结构时需要决定哪些数据是和分析主题相关的，各项数据应该执行什么运算，应该如何确定不同数据之间的关系等，对于这些问题的判断依赖于管理者对企业运行的基本理解和假设，这些理解和假设就是管理者关于企业运行的思维模式。思维模式是管理者分析问题和形成决策的基础智慧和导向，但有时可能也是限制管理者进行开放式思考、接受不同意见的障碍。商务智能对广泛分析请求的实时响应能力几乎可以让管理者在创建一个分析逻辑的同时看到它的结果，因此，管理者可以提出各种各样的分析逻辑，不费吹灰之力地进行试算，即使是看似违背常理或缺乏意义的分析逻辑也不妨一试，直到获得有价值的线索。最后，商务智能系统可以帮助管理者发现超越逻辑分析的统计规律，统计规律只能从大量的样本数据中取得，人类的逻辑分析智慧一般无法直接发现统计规律。

商务智能的应用是在倡导一种管理的风格和文化，而应用的成功与否也有赖于这样的风格和文化。商务智能倡导和依赖的是基于事实数据支持、基于分析产生决策的管理风格，经验、直觉和本能仍然会作为决策的重要动力而继续存在，但它们将越来越多地可以获得商务智能所具备的分析处理能力和产生的分析结果的验证，强大的处理能力形成的大量结果，可能是引发更多灵感的“星光”。这样一个管理环境更需要民主、开放的文化氛围，以事实和数据表达自己的观点并说服别人。他人经合理分析而获得的结论即使有悖于自己，也应予以尊重和承认。企业应当提倡信息共享，鼓励基于事实和分析的理性决策，强调计划方案的数据支持。管理者不能盲目地给部下确定目标，而是要在制订目标的同时，研究达到目标的有效途径和手段以及目标达成的可能性。对于超越目标和未达成目标的工作表现，不能只是简单地予以奖励和惩罚，而是应该分析未达成目标的原因和超越目标的经验，用以改善今后的工作。

4

ERP 的工作逻辑

本章以 ERP 的概念模型中的信息模型为线索，引领读者深入 ERP 内部，探寻其主要构件的逻辑原理。首先介绍的是数据库的基本概念和一般原理，接着，本章按照事务处理、格式报告和商务智能三个层次，对 ERP 的工作逻辑进行深入的介绍。

4.1 ERP 的数据库系统

4.1.1 数据库系统的概念

数据库系统是在计算机环境下以集中方式存贮并供用户使用的公共数据资源，以及对该公共数据资源实施统一管理的人员、规则、手段和工具的集合。数据库系统是数据共享的技术支撑和解决方案，是 ERP 实现内部集成的关键因素和集中体现。

管理呼唤数据共享

从计划编制到事务处理再到报告生成，企业日常运作离不开数据和数据处理。如果没有数据及数据处理的能力，企业将无法完成诸如向员工支付薪资，向供应商付款，对外报价和确认订单，编制生产计划等大量的日常工作。企业在各类数据处理过程中对数据的要求不是孤立的，而是互为联系的。具体表现在：

（1）企业各个部门在行使各自职能时对其他部门的信息存在着依赖性。例如，销售部门在制订价格政策时，需要引用或参考由财务部门加工形成的成本数据，财务部门在确认对供应商债务时必须依赖于仓库的收货记录，生产部门在安排生产时必须遵循工程部门设计的产品物料清单。

（2）多个部门或岗位按照某个业务流程处理事务的过程，实际上就是数据由前续岗位不断向后续岗位传递，以便得到进一步处理的过程。例如，经销售助理创建的销售订单需要销售经理进行价格审批，经销售经理审批的销售订单需要信用经理完成信用审核，经过信用经理处理后放行的销售订单需要由仓库文员组织备货，备货完毕后的有关订单信息需要通知运输部门执行发运。

（3）管理职能中计划和分析报告更是需要大量跨部门数据的支持。

数据库系统的特点

以不同用户为中心的数据世界中必然出现一座座数据的“孤岛”，而企业数据处理过程中对数据的上述整体性要求只有通过数据共享才能得到满足。数据共享就是不存在冗余，同一个数据在同一个地方存放，且只存放在该处。通过数据共享，企业才能进一步做到来源的唯一性和内容的一致性，从而提高数据处理的准确性，减少数据的查询核对工作，消除传递等待时间，节约存储空间。基于数据共享技术的数据库系统的主要特点有：

- 数据的集中存储和统一管理

数据库系统中的数据资源是按一定的意图集中存放于一台或多台数据库服务器内，而不是随意地存储在各个数据用户的工作电脑中。数据库管理员以数据库管理系统为主要平台和手段对数据库系统内的所有数据资源实施统一的集权式管理。

- 数据完全独立于应用程序

在数据库系统中，数据完全独立于应用程序，数据和应用程序的独立性使得数据可以在不同用户和应用程序之间实现共享。

- 数据库消除了数据的冗余

一个实体在数据库中只有一条记录，一条记录中的某个数据项在该数据库中只有一项数据，这种数据的唯一性避免了数据重复带来的额外的空间成本，数据的更新也因此变得简单而有针对性，还消除了由于数据重复可能造成的不一致性。

数据库系统的组成

数据库系统由数据库、数据库管理系统（及其开发工具）、数据库管理员组成。图 4.1－1 展示了数据库系统的各个组成部分以及它们之间的相互关系。

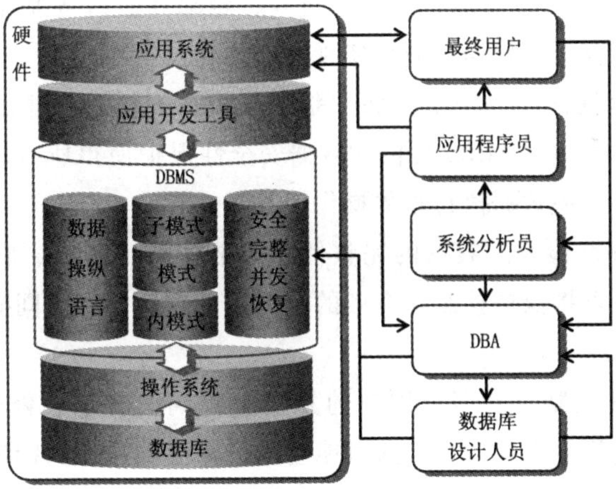

图 4.1－1　数据库系统

- 数据库

数据库是长期存储于计算机内，有组织，可共享，有较少冗余、较高独立性的公共数据资源的集合。

● 数据库管理系统（DBMS）

数据库管理系统是位于用户与操作系统之间对数据库资源实施统一管理的基础性系统软件，它在数据库建立、运用和维护时对数据库进行集中控制，主要包括以下功能：

（1）数据定义。DBMS 提供数据定义语言（DDL），通过 DDL 可以对数据库中数据对象的静态结构进行定义。DDL 在模式、子模式和内模式三个层次上对数据进行定义。模式是对数据库中所有数据的逻辑结构和特征的完整描述。一个数据库只有一个模式。模式须基于数据模型中的某一种逻辑模型，统一综合考虑所有用户的需求，并将这些需求有机地结合成一个逻辑整体。子模式是模式的一个子集。一个数据库可以有多个子模式。每一个具体的数据库用户对应于一个子模式。子模式描述的是用户能够看见和使用的局部数据的逻辑结构和特征。内模式是对数据库所有数据的物理结构和存储方式的描述，并在存储级上获得较高的存储空间的利用率。一个数据库只有一个内模式。

（2）数据操纵。DBMS 提供数据操纵语言（DML），通过 DML 提出对数据库数据资源的查询、添加、插入、删除和修改等基本动态操作请求，并在存储级上以较高的效率实现这些操作。

（3）安全性保护。安全性保护是指保护数据，以防非法的使用造成的数据泄密和破坏。DMBS 提供的数据安全性保护使得所有的用户只能按照权限规定对相关数据执行相关操作。

（4）完整性检查。数据的完整性是指数据的正确性、有效性和相容性。完整性检查将数据控制在有效的范围内并保证数据之间满足应有的逻辑关系。

（5）并发控制。当多个用户的并发进程同时存取、修改数据库时，可能会发生相互干扰和冲突，这可能会造成数据操作得到错误的结果或者是数据的完整性遭到破坏。并发控制的作用就在于对多用户的并发操作加以控制和协调。

（6）数据恢复。计算机系统的硬件故障、软件故障、人员的操作失误、灾难和灾害以及恶意破坏都可能会影响数据资源的完整性，因此，DBMS 必须具有将数据库从错误状态恢复到某一已知的完整状态的功能。

• 数据库管理员（DBA）

数据库的建立、使用和维护等工作只靠 DBMS 是远远不够的，还要有专门的人员来完成，这些人就是 BDA。数据库管理员运用数据库管理系统以及其他必要的工具和手段对数据库进行全面管理，其具体职责包括：

（1）决定数据库的数据内容及逻辑结构。DBA 必须参加数据库设计的全过程，和用户、应用程序员、系统分析员、数据库设计人员密切合作，共同协商，决定数据库中需要存放哪些数据以及这些数据间的逻辑结构。

（2）决定数据库的存储结构和存取策略。BDA 要综合各用户的应用要求，和数据库设计人员共同决定数据库的存储结构和存取策略，以求获得较高的存取效率和存储空间的利用率。

（3）定义安全性要求和完整性约束条件。保证数据库的安全性和完整性是 BDA 的重要职责之一，因此，BDA 需要根据授权确定和维护各个用户对数据库的存取权限以及整个数据库的完整性约束条件。

（4）监控数据库系统的使用和运行状况。BDA 的另外一项重要职责就是监视数据库系统的运行情况，及时处理数据库系统在运行过程中遇到的问题。比如，在系统发生各种故障时，数据库会遭到不同程度的破坏，BDA 必须在最短的时间内将系统恢复到正确状态，并尽可能不影响或少影响计算机系统其他部分的正常运行。

（5）数据库系统主要性能指标的改进。存储空间利用率、数据处理效率等数据库系统的重要性能指标会因为各种因素的影响而出现变化，BDA 需要对数据库系统的运行情况进行记录、统计和分析，并在这个基础上根据用户需求、使用方式和应用环境对数据库系统的设计不断做出改进。不少数据库产品都提供了对数据库运行状况进行监视和分析的工具，BDA 可以使用这些软件来完成这项工作。

数据库系统是建立在一定的硬件和软件条件上，面向通过应用程序访问数据的用户需求的，因此，数据库系统并不是孤立存在的，它和其存在环境中的其他要素之间存在着联系。用户的需求通过系统分析员成为规范化的需求说明，再由应用程序员负责设计和编写出具体的应用程序。用户首先需要调用应用程序，进而由应用程序通过 DBMS 才能实现对数据库的访问和对数据的操作。而 DBA 根据用户、系统分析员、应用程序员的意见，和数据库设计人员共同完成数据库模式、子模式、内模式、数据操纵语言以及完全性、完整性、并发控制和数据恢复等方面的设计。同时，DBA 还需要监控数据库系统的运行状态，进行安全性、完整性的日常维护，不断改进数据库系统的性能指标。

4.1.2 数据和数据模型

数据是记录客观事实的符号，这种符号可以是数字，也可以是文字、图形、图像、声音。计算机是不能直接识别和处理客体的。希望计算机能够代替或协助人类识别和处理客体，必须将有关该客体的重要特征和处理要求转换为数据，这是信息化必不可少的第一步。比如，计算机很难根据人的外表对其身份进行精确的识别，为此，需要将指纹等差异化特征转换为数据存入计算机，通过受检客体的实际指纹数据和存入计算机的备案数据进行比对来完成身份的识别；计算机系统也不可能在没有任何数据准备的情况下承担库存台账的记录工作，为此，必须给每一种物料、仓库和出库入库事由指定具有唯一性的代码，并为每一种物料建立计量单位等必要的特征数据，这样，在发生物料的出入库时，计算机系统才会根据由输入设备获得的实际数据正确地完成记账的任务。将现实世界中的人、物、活动、概念等客体的个体特征和处理要求转换成数据，其实质就是用数据对现实世界进行抽象和模拟，即建立现实世界的数据模型。

数据模型的概念

数据模型必须能够完整和准确地反映现实世界的本质面目，这一方面依赖于人们对现实世界的正确理解和初步表述，另一方面又是在计算机系统中完成物理实现的逻辑依据。相应的，数据模型存在着概念模型、逻辑模型和物理模型三个级别。概念级的数据模型反映用户对现实世界特征和联系的直观理解，逻辑级的数据模型是按计算机系统的方式对概念级数据模型进行综合和提升后获得的逻辑结构，物理级的数据模型按照逻辑级数据模型的结构要求描述数据在计算机系统内部存储、获取和更新的实现方式。数据模型是数据库系统的核心和基础，各种计算机系统上的各类 DBMS 软件都是基于某种数据模型而开发的，它们并不支持其他类型的数据模型。

数据模型从概念级上升到逻辑级之后，对现实世界形成了数据静态结构、数据的动态操作和数据的完整性约束三个方面的系统和精确的抽象。DBMS 中的模式和子模式都属于逻辑级的数据模型。

- 静态结构

数据的静态结构（简作“数据结构”）定义的是实体的数据特征以及实体间的相互联系，它是对数据模型的静态描述。数据结构是刻画一个数据模型性质的最重要的内容，因此，在数据库技术中，人们通常按照数据结构来对数据模型进行分类。

（1）实体和数据属性。“实体”是数据结构中定义的数据对象，它是数据库所关心的客观存在的且能够相互区别的事物，一颗物料、一张发票、一个客户、一次报价等都是实体。“属性”是用以描述实体特征的数据项，描述一张发票一般需要明确发票号码、日期、购买单位、标的物名称、型号、数量、单价等数据项。在众多属性中，能够唯一标识实体的属性或属性组叫“识别码”，比如，发票号码就是发票的识别码。多数情况下，数据模型还须对每一个“属性”的取值范围作出必要的规定，比如在发票实体中，属性“购买单位”的取值最多不能超过 20 个汉字的长度。数据模型必须抽象出能够反映实体静态特征的一般基本元素并设计出有效的方式将这些元素有序地组织起来。

（2）实体间的相互联系。现实世界中，实体并不是单独存在的，不同实体之间存在着各种各样的联系。为了在数据世界中也能体现这种客观联系，数据模型必须通过数据结构抽象出不同的联系类型，并且设计出有效的方式对这些联系类型准确地加以描述。实体和实体间的联系可以归纳为一对一（1∶1）、一对多（1∶N）和多对多（M∶N）三种基本类型。比如，客户和发票之间存在着 1∶N 的关系，一个客户可以有多张发票，而一张发票只能对应唯一的客户。客户和发票之间的这种关系使得人们从任何一张发票都能立即确定相应的客户是哪一家，而在客户已知的前提下想要查询某一张发票，就需要增加更多的限制条件。

- 动态操作

动态操作就是对数据库中的数据所进行的查询、添加、插入、删除和修改。数据模型必须定义这些操作的确切含义、规则、符号和实现这些操作的语言。

● 完整性约束

完整性约束是保证数据库中的所有数据在逻辑上的正确性、有效性和相互一致性的规则体系。数据模型必须建立一整套基本的和通用的完整性约束条件。比如，数据库必须能够自动禁止缺少“识别码”的实体数据存在，没有发票号码的发票数据是不允许出现在数据库中的。

关系型数据模型

根据逻辑级数据模型的数据结构，数据模型可以分为不同的类型，因而以各类数据模型为核心开发的数据库系统也就有了相应的分类。在数据库领域，常见的数据模型有层次模型、网状模型、关系模型、面向对象模型以及关系对象模型等。目前，关系模型以及基于关系模型的数据库系统是应用最为广泛，也是最为重要的类型。关系模型是建立在严格的数学概念基础上的，有着一套特有的术语。为了方便非数据库技术专业的读者理解，本书在介绍关系数据库的基本概念时，将采用更为通俗的名词来代替关系模型中的那些专有名词。

● 静态结构

关系模型将实体的数据组成一张二维表的结构，表的每一行代表一个实体，叫做“记录”；表的每一列代表实体的一个属性，叫做“字段”；一个字段的取值范围叫做该字段的“域”；每一条记录的识别码叫做该条记录的“关键字”。关系模型把能够通过同一组属性来描述的同类实体存放在同一张表中，不同类型的实体存放在不同的表中。因此，每一张表代表一种记录型，表的名称就是该记录型的名称，表中的每一行是一条具体的记录，称作记录值。相应的，表中的每一个字段也有字段名和字段值两个方面。

在关系模型中，实体间的所有联系也是通过二维表来表示的。比如，供应商表和原材料表分别包含了所有供应商和原材料的特征数据。但是除此之外，还必须在原材料和供应商之间建立起对应联系。因为只有了解了这种联系，才能够确定采购某种原材料时需要向哪个（些）供应商下达采购订单，双方协定的价格是多少。很显然，原材料和供应商之间存在着多对多的联系，关系模型通过表4.1－1中的三张表单建立了供应商、原材料的基本资料以及双方之间的联系。其中，供应商编码和物料编码分别是记录型“供应商”和“物料”的关键字。

表 4.1－1　　实体间的联系

记录型：供应商

供应商编码	供应商名称	开户银行	结算币种
S00001	ABC	A 银行	RMB
S00002	DEF	B 银行	RMB
S00003	GHI	A 银行	RMB
S00004	JKL	C 银行	RMB

记录型：物料

物料编码	名物料称	计量单位	计划批量
R00001	OPQ	吨	50
R00002	RST	托盘	25
R00003	VUW	箱	50
R00004	XYZ	个	12

记录型：物料—供应商

物料编码	供应商编码	价格	采购批量
R00001	S00001	53	100
R00001	S00002	52	120
R00001	S00003	45	120
R00002	S00001	11	50
R00002	S00002	14	50
R00002	S00003	9	45
R00002	S00004	10	50
R00003	S00002	12	50
R00003	S00003	23	75
R00004	S00003	44	12
R00004	S00004	46	12

一般地，当两个记录型 T1 和 T2 中的实体之间存在着 1∶1 的关系时，关系数据库通过将一种记录型的关键字加入到另一种记录型中，作为该另一种记录型的非关键字字段来表现这种关系；当两个记录型 T1 和 T2 中的实体之间存在着 1∶N 的关系时，表现这种关系的方式是将 T1 的关键字加入到 T2 之中，作为 T2 的一个非关键字字段；当两个记录型 T1 和 T2 中的实体之间存在着 M∶N 的关系时（比如上述举例中的物料和供应商的关系），关系数据库需要建立一张独立的二维表 T，将 T1 和 T2 的关键字同时引入到表 T 中来描述 T1 和 T2 间的 M∶N 的关系。

关系数据库通过将一方的关键字嵌入另一方，或者将双方的关键字嵌入到一张表现双方联系的新的二维表中，建立起了两张（多张）二维表中的不同记录个体之间的关联，这种关联，使得对原本分散在两张（多张）表中的数据的应用变得像在对同一张表中的数据进行操作一样容易。只要这种关联存在，就可以实现对不同“主题”的数据的联合应用。

- 动态操作

关系模型的数据操作手段极为丰富，其操作对象和结果都是表。除了常规的插入、删除、修改操作之外，关系模型的查询能力非常强大，可以分为选择（Select）、投影（Project）、连接（Join）、除（Divide）、并（Union）、差（Except）、交（Intersection）和笛卡尔积，其中，选择、投影、并、差和笛卡尔积是基本查询操作，其他查询操作都可以由基本查询操作来定义和导出。由于在企业实践中，数据往往存放在不同的表中，因而理解这些查询操作的逻辑可以很好地帮助管理人员思考和判断哪些信息需求是可能得到满足的。下面对上述五种基本查询操作做简要的解释。

（1）选择：从已知的表中选取合乎特定条件的记录形成新的表。

（2）投影：从已知的表中选取合乎特定条件的字段形成新的表。

（3）并：根据记录型相同的两张表 T1 和 T2 生成一张新表，使得新表包含所有属于 T1 或 T2 的记录。

（4）差：根据记录型相同的两张表 T1 和 T2 生成一张新表，使得新表包含所有属于 T1 且不属于 T2 的记录。

（5）笛卡尔积：根据一张具有 n 个字段、j 条记录的表 T1 和另一张具有 m 个字段、k 条记录的表 T2 生成一张新的表，使得该新表含有 $n+m$ 个字段和 $j \times k$ 条记录，其前 n 个字段的数据是来自表 T1 的记录，后 m 个字段的数据是来自表 T2 的记录。

- 完整性约束

关系模型中有三种完整性约束：

（1）实体完整性。实体完整型约束要求记录的关键字不能为空。记录应和现实世界的一个实体对应，由于实体是可以区分的客观事物，它所对应的数据就应该具有唯一性标识。如果记录的关键字为空，就说明这个记录对应的实体不存在。

（2）参照完整性。如果在表 T1 中存在一个或一组字段 F，F 不是 T1 的关键字，但 F 是另一张表 T2 的关键字，则称 F 为 T1 的外码。参照性约束要求表 T1 中的每一条记录的字段（组）F 只能等于表 T2 中的某一条记录的关键字值，或者为空。在表 4.1－1 所对应的例子中，表“物料－供应商”中的物料编码和供应商编码不是该表的关键字（该表的关键字是“物料代码 + 供应商编码”），但它们分别是表“供应商”和表“物料”的关键字，因此，物料编码和供应商编码都是表“物料 - 供应商”的外码，这两个字段在表“物料 - 供应商”中的任何值必须是表“供应商”和表“物料”中已经存在的，如果某物料或某供应商连基本档案都不存在却具有相关的“价格”和“采购批量”信息，这无疑是数据在逻辑上的正确性、有效性和相互一致性方面出现了问题。

参照约束性有时可能会在同一张表中起作用，也就是说，TI 和 T2 为同一张表 T。这时，表 T 的一个非关键字的取值，参照的是表 T 本身的关键字。例如，在表“员工”中存在着员工编码、姓名、加入日期、出生年月、直接主管等几个主要的字段，其中，字段“直接主管”的取值应该来自于字段“员工编码”中已经存在的值，因为一个员工的直接主管一定也是员工，因此一定也在这张表中。

（3）用户定义完整性。不同的关系模型往往还为具体应用定义特定约束提供了不同的实现手段。比如，某个企业规定尚未通过风险评审的供应商只能划归为临时供应商，临时状态持续三个月以上的供应商将自动划归为禁用供应商。对此，数据库必须为用户提供建立这种特定约束机制的途径，当属性“风险评审”取值为“否”时，属性“供应商状态”只能取值为“临时”；当进入“临时”状态的日期和当前日期相差 90 天以上时，属性“供应商状态”只能取值为“禁用”。

关系数据库的 DBMS 必须具有根据上述完整性约束条件适时地对数据进行检查的机制，一般会在插入、修改和删除操作前执行这些完整性检查，如果发现用户的操作将导致对数据完整性的破坏，就会拒绝执行该用户的操作指令。

4.1.3　关系模式的设计

在考虑数据结构时，需要对“型”和“值”加以区别，关系模式就是关系模型中对数据结构的“型”的完整的描述和定义。本章前一小节关于关系模型的讨论只是一些基本的概念，并没有解决如何针对一个具体的应用完成关系模式的设计的问题。显然，在构造一个具体的关系模型时，必须明确需要建立哪些表，每个表应该包含哪些字段，各个字段的取值应该在什么域的范围之内，字段之间存在着怎样的函数依赖关系。了解这些基本的设计原理，对管理者掌握数据分布和数据间联系的基本规律、懂得哪些报告是可能获得的以及获取它们所需的数据来源和编制逻辑等有着极大的帮助。

规范化理论

关系模式的逻辑设计基于的是关系数据库的规范化理论。在关系数据库系统中，数据存在于一张张不同的二维表之中。关系数据库的规范化理论对于每一张二维表的最低要求就是表中的每一个字段是不可再分割的基本数据项，表中含表的情况是不允许出现的。满足了这个条件的二维表就属于第一范式。然而，第一范式的关系模式存在着数据冗余、更新异常、插入异常和删除异常等问题。下面以表 4.1－2 为例，说明属于第一范式的二维表存在的主要技术问题。

表 4.1－2　　第一范式二维表的主要技术问题

物料编码	名物料称	计量单位	计划批量	供应商编码	供应商名称	开户银行	结算币种	价格	采购批量
R00001	OPQ	吨	50	S00001	ABC	A 银行	RMB	53	100
R00001	OPQ	吨	50	S00002	DEF	B 银行	RMB	52	120
R00001	OPQ	吨	50	S00003	GHI	A 银行	RMB	45	120
R00002	RST	托盘	25	S00001	ABC	A 银行	RMB	11	50
R00002	RST	托盘	25	S00002	DEF	B 银行	RMB	14	50
R00002	RST	托盘	25	S00003	GHI	A 银行	RMB	9	45
R00002	RST	托盘	25	S00004	JKL	C 银行	RMB	10	50
R00003	VUW	箱	50	S00002	DEF	B 银行	RMB	12	50
R00003	VUW	箱	50	S00003	GHI	A 银行	RMB	23	75
R00004	XYZ	个	12	S00003	GHI	A 银行	RMB	44	12
R00004	XYZ	个	12	S00004	JKL	C 银行	RMB	46	12

• 数据冗余

表 4.1－2 中存在许多重复出现的数据，比如，每一种物料的名称、计量单位、计划批量以及每一个供应商的名称、开户银行和结算币种。物

料数据重复的次数和该物料能从多少个供应商处采购有关，供应商数据的重复次数和该供应商能提供多少种物料有关。大量重复的数据不仅浪费了存储空间，还降低了数据查询和处理的效率。

- 更新异常

由于数据的冗余，当更新数据时，系统的效率将会因为数据完整性的要求而大大降低，同时也增加了数据不一致的风险。比如，当某个供应商的开户银行和账户信息发生改变时，系统需要对表中所有包含该供应商开户银行和账户的记录进行更新，不但效率低下，而且一旦出现遗漏，数据的一致性就不复存在了。

- 插入异常

如果需要将一家新的供应商的资料加入到数据库中去，但是允许从该供应商处采购的物料清单还没有最终确定，在这种情况下，该供应商的资料将无法录入到数据库中。

- 删除异常

如果某个供应商所提供的物料已经不再为企业所使用，需要从物料清单中删除，那么，只能同时删除该供应商的资料。

出现上述问题的根本原因是该二维表中含有多个实体或实体间的联系，这使得表内的各个字段之间的依赖关系过于复杂。规范化理论的基本思想就是逐步消除这些数据依赖中的有害成分，实现一事一表，让每一张表只描述一个实体或者实体间的一种联系，因此，规范化的实质就是概念的单一化。人们对二维表规范化的认识经历了一个过程，从最基本的第一范式开始，随着对规范化认识的深入，逐步提出了第二范式（2NF）、第三范式（3NF）、BCNF、第四范式（4NF）等更高级别的规范化要求。关系模式的规范化过程是通过对二维表的分解来实现的，规范化理论包含了把低级范式的二维表分解成若干个高一级的二维表的算法。随着对二维表的不断分解，低范式下的同一个表中的多个实体和实体间的联系被分离了出去，通过另外一张或若干张表加以描述，关系模式中实现了更大程度的单一化，满足了更高级别的范式要求。如果根据规范化的原则将上述例子中的表 4.1 - 2 进行分解，可以得到如表 4.1 - 1 所示的三张单一化二维表，在这些分解后得到的二维表中，数据冗余、更新异常、插入异常和删除异常等问题就不复存在了。

数据的分类

在企业应用环境中，一个数据库到底含有哪些数据将取决于企业的具体业务特点和企业对需求的定义，但这些数据的基本类型却是确定的。

- 主数据

主数据是关于企业静态构造中的所有实体的基本资料。客户、供应商、物料、价格表、BOM、生产单元、仓库、员工等都是企业静态构造中的实体，主数据就是关于这类实体的基本资料。可以设想，这些基本资料无论是添加、删除还是更新，其变化的频率都不会像交易数据那么频繁，因此，主数据的稳定性应该仅次于配置性参数。

由于对主数据本身的建立和更新一般不产生任何财务影响，因此主数据维护的历史和证据往往被ERP系统所忽略。事实上，主数据维护本身可能没有直接的财务影响，但管理者应该对主数据改变后可能产生的间接影响予以高度重视。比如，对于销售价格表的维护将会对产品的价格体系和后期销售收入产生巨大的影响，不当的价格调整可能会引起更为意想不到的法律风险；未经授权人批准的供应商如果被非法地录入了系统，将会对产品的质量以及公司的资产安全造成隐患；产品的物料清单、采购批量主数据未经授权的非法改动，将会对公司的物料需求计划产生致命的伤害。鉴于此，健康的ERP系统应该像对待发票确认、付款操作、订单处理等交易流程一样对待主数据的维护。

主数据的另外一个特点就是它需要按照不同的级别和片段加以管理。正如本书在2.2.2小节的ERP功能实现段落所提到的那样，功能实现阶段需要决定企业模型中哪些构件和属性在企业级定义，哪些在运作单元级定义。这主要涉及主数据的管理级别。另一方面，即便在同一个运作单元，同一个实体的主数据可能还需要按照片段由多个职能部门分别来维护。以物料主数据为例，物料的名称以及主要的设计特点诸如重量、材质、图号等字段的数据一般是由技术部门负责维护的，物料供应商关系中的物料价格、采购批量、采购提前期等字段的数据一般是由采购部门负责维护的，物料的投入批量、工艺路径、定额工时等字段的数据可能是由计划部门负责维护的，物料的成本、会计科目等字段的数据一般是由财务部门负责维护的。

- 交易数据

交易数据是 ERP 系统通过事务处理功能对企业经营活动内容、过程和成果的记录，因此交易数据是 ERP 数据中最为活跃的数据类型。交易数据随着企业的经营活动而产生，之后便永久地保存在数据库中，无法删除。

交易数据以交易凭证为最小逻辑单位，按照一定的方式分布在一张或多张二维表中。在现实世界里，不同交易的凭证往往是一张张大大小小的纸质单证，上面载有交易的具体数据，往往还会有交易经手人的名字和签章。在 ERP 的数据世界中，交易凭证是按照一定的结构有序存放且相互联系的一组交易数据。交易数据一般分为表头数据和明细数据两个基本层次，分别存放在数据库的两个不同的二维表中。表头数据包含凭证号码、日期、总金额、交易的另一方等凭证的基本综合信息，明细数据包含凭证号码以及标的物品种、数量、单价、交付日期和交付地点等交易的具体约定，并通过凭证号码与表头数据保持了清晰的对应关系。

图 4.1－2 直观地表达了采购订单主要数据项的逻辑结构以及表头数据和明细数据之间的联系。

表头文件

采购单号码	框架合同号	创建日期	交易方	交易总金额
PO1001107	PC30011	××年07月16日	A2763908	1 020 000.00
PO1001108		××年08月04日	A8742065	132 950.00
PO1001109	PC71226	××年08月11日	D7823501	208 100.00
PO1001110	PC30011	××年08月29日	A2763908	40 000.00

明细文件

采购单号码	采购单行号	物料代码	单位	数量	单价	交付日期	交付地点
PO1001110	001	P2934329850	箱	500	80.00	××年09月09日	S001
PO1001109	001	R3298570020	个	370	190.00	××年08月21日	S001
PO1001109	002	R8934534100	个	260	530.00	××年08月21日	S001
PO1001108	001	C4564902300	托盘	450	157.00	××年08月14日	S004
PO1001108	002	C7978324200	托盘	350	178.00	××年08月14日	S002
PO1001107	001	R2876398100	公斤	1500	120.00	××年07月26日	S001
PO1001107	002	R2879243700	个	3000	200.00	××年07月26日	S001
PO1001107	003	R2876398100	公斤	2000	120.00	××年07月31日	S001

图 4.1－2 采购订单主要数据项的逻辑结构

- 临时数据

临时数据是ERP系统在执行用户请求时根据主数据和交易数据进行相应的计算而得到的、向用户输出的结果。临时数据在物理上并不存在于ERP的数据库中。通过屏幕查询得到的截止到某一时刻的科目余额以及以电子表格或纸质打印形式输出的各种格式报告等都是较为典型的临时数据。

4.2 ERP的事务处理逻辑

4.2.1 ERP系统的用户界面

图形用户界面的一般共性

用户界面是ERP系统的最外围部分，也是ERP用户直接接触和感知到的ERP系统的外壳，它向用户提供了调用ERP信息处理功能，进行信息输入、输出的友好环境。ERP系统的用户界面既向一般用户提供了调用ERP应用功能的窗口，也是系统管理员监控、维护和管理系统的途径，还是ERP实施人员进行系统安装和配置的重要场所。无论是什么类型的用户，也无论该用户要执行什么样的操作，运用系统现有功能进行工作时，都需要通过用户界面来完成。

用户界面采用图形用户界面（GUI）的设计，即将所有功能用易于理解和操作的图形、菜单形式展现出来，用户可以根据直观的屏幕内容，通过鼠标的点击动作实现命令和完成操作。在大部分情况下，键盘只用于字符的输入和某些快捷操作。GUI将用户所执行的每一项独立任务分别显示在不同的窗口，用户可以通过不同窗口的切换访问不同的操作任务。

窗口是一个针对某项具体任务进行人机交互的直角四边形的屏幕区域，该屏幕区域有着明确的边界并且可以在屏幕范围内任意调整其二维尺寸和位置。一般地，可以将每一个窗口等同于一个独立任务，每一个窗口可能包含若干不同的画面，它们分别代表不同的逻辑工作单元（LUW）。LUW 是系统通过人机交互完成工作任务的基本单位和实施数据库操作的唯一方式，一项工作任务包含若干个具有一定顺序关系的 LUW，每一个 LUW 通过对话方式对数据库实施一次集中操作。

除了进行正常的功能调用，图形用户界面还有许多人机友好的措施，比如自动记忆用户输入过的内容，以备下一次类似输入时直接引用；对用户的错误输入和非法操作作出警告性提示；对具有重大后果的操作进行反复确认并提供恢复的机会；支持个性化的界面设置等。用户界面的另一个重要特点就是通过调用强大的在线帮助随时向用户提供具有针对性的内容解释和操作说明。

图 4.2－1 给出了一个包含窗口大部分基本特征和主要构件的模拟画面，用以说明窗口的基本操作。

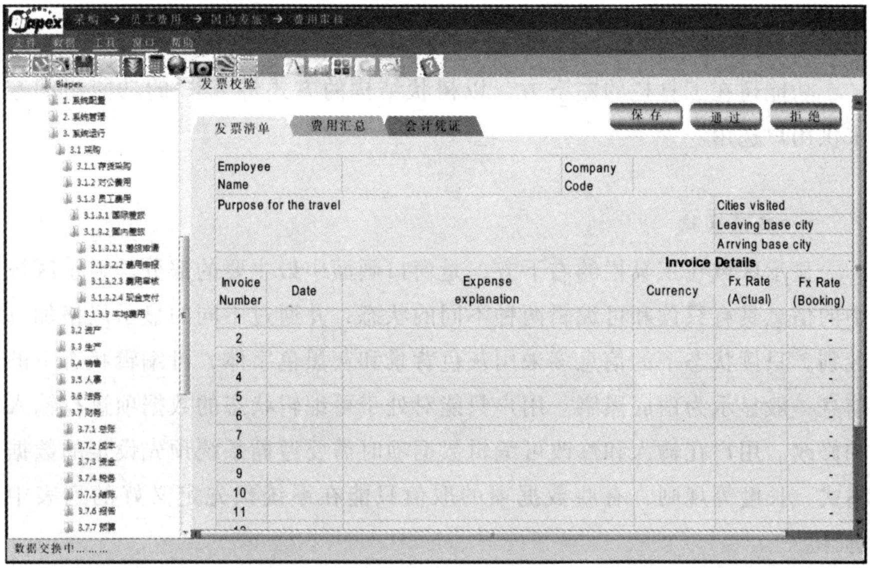

图 4.2－1　窗口的基本特征和主要构件

构成窗口画面的主要部件

不同的任务类型对应着不同的窗口画面，同一类型的任务的窗口画面也会随着任务进程发生改变，但各个画面的基本风格是统一的，而且，构成窗口画面的主要部件也存在着一致的规律。

● 窗口标题

窗口标题位于窗口的最顶端，用于标注正在执行的是什么任务。

● 菜单栏

菜单栏位于窗口标题下方。该栏目以下拉式菜单的方式提供了支持所在画面的所有操作。菜单栏会随着画面的不同而有所不同。

● 工具栏

菜单栏下方是工具栏。该栏目提供了支持所在画面常用操作的快捷按钮，用户只要通过鼠标点击这些按钮就可以实现相应的操作。工具栏会随着画面的不同而有所不同。

● 功能树

功能树在工具栏的左下方，以树状结构的方式将ERP的功能组织起来供用户选用。

● 显示区域

显示区域在工具栏的右下方，是窗口画面中最主要的部分。显示区域中的信息具有只读和可编辑两种不同的状态，并通过不同的显示风格加以区别。只读状态下的信息多采用灰色背景和灰黑色字体，可编辑状态下的信息一般显示为白底黑字。用户只能对处于可编辑状态的数据项进行输入和修改。用户在输入和修改可编辑数据项时需要遵循系统预先设定的数据格式、长度等规则，有些数据项的取值只能在系统预先定义好的列表中选择。

● 画面标题

画面标题在显示区域的上部，用于标注正在执行的操作的LUW画面。

● 页面标签

有时，由于需要显示的信息的多样性，显示区域往往会采用标签方式将所显示的信息安排在同一个显示区域的不同页面上，用户通过鼠标点击页面标签可在不同页面之间进行切换。图 4.2－1 含有发票清单、费用汇总和会计凭证三个页面标签。

- 执行按钮

在用户完成了某一个 LUW 画面的所有输入和编辑工作以后，数据只是得到了暂时的保存，它们还没有在 ERP 系统对任何数据产生影响。因此在每一个 LUW 画面的输入和编辑工作结束以后，需要通过点击执行按钮或通过菜单中的相应选项完成一次执行操作，其实质是完成一次数据库的操作。图 4.2－1 含有保存、通过和拒绝三个执行按钮。

- 滚动条块

即使在同一个页面上，当需要显示的信息的数量较大时，这些信息可能无法在一个窗口画面的范围内得到完全的显示，这时就需要通过显示区域下方和右侧的滚动条块来实现显示区域的上下和左右滚动。

- 状态栏

状态栏在窗口的底部，用于向用户反馈 ERP 系统的数据处理进展。

- 控制部件

控制部件是系统提供给用户的一种特殊的信息输入方式，常见的控制部件有单选项和复选项两种不同的形式。只能从多个备选项中选择其一的部件，称作单选项；能够从多个备选项中选择任意一个或多个选项的部件，称作多选项。除此之外，列表选项也是一种常见的控制部件，它允许用户在一个预先定义好的列表中为某个数据项选择唯一的值。列表选项也是输入区域中可编辑数据项输入的重要手段之一。作为控制部件，列表选项和单选项在实质上是等同的，只是它们之间的表现方式不同。图4.2－1 没有包含这些控制部件的示例。

ERP 的用户主界面功能树

用户登录 ERP 系统需要提供的基本信息包含用户名和密码，这样做的意义在于操作权限的控制和个性化主窗口的启用。当某个用户在组织中担当多个职位时，该用户在登录时还需要向系统提供职位代码，以便由系统将该用户引导到正确的操作环境。

成功登录后，ERP系统展现给用户的是功能树主窗口。在该窗口的上方是各类菜单和常用工具，在这些菜单和工具栏的下方是该窗口的主体部分，而其中最需要说明的是该窗口主体部分左侧的功能树。功能树的一级分枝一般是ERP中的模块。模块就是专门服务于企业中某一特定职能领域的功能的集合，这样组织的应用程序便于ERP用户的理解和操作。模块的数量和模块中包含的具体功能取决于企业的业务需求和开发商对企业需求的理解，模块的表现结构和现实世界中的某个企业的组织结构并不完全一致。ERP的模块结构是在对现实世界企业职能结构进行广泛研究之后的理性归纳，它抽取了各行各业许许多多优秀企业的共性，因而不见得和任何一家企业的职能结构在所有细节上都完全吻合。

根据本书中有关ERP的职能模型的内容，ERP的模块主要有战略、市场、质量、技术、采购、制造、销售、储运、服务、维护、人事、财务、法务和资讯。除此而外，ERP系统还会提供一些工具性的通用功能。

4.2.2 用户任务的操作进程

用户操作任务的概念和分类

用户在ERP系统中执行任何操作都是以完成某项特定的任务为目的的。从系统角度看，用户的操作任务可以分为前台任务和后台任务。前台任务主要有：

(1) 业务操作和事务处理。通过ERP的在线支持完成业务操作并通过事务处理将业务操作的内容和结果记入系统，形成相应的数据记录。

(2) 联机查询和格式报告。联机查询和格式报告根据用户需求读取数据，并按约定结构、方式（表格、图形）和载体（屏幕、打印、文件）提供给用户，但不形成新的数据记录。

(3) BI的联机分析处理。联机分析处理就是分析人员在商务智能的环境中通过人机交互，以灵活的结构和格式实时获得分析结果。联机分析处理不形成新的数据记录。

后台任务主要有：

(1) 系统实施和维护。系统实施和维护是根据企业的需求对ERP系统的应用功能所进行的创建、修正、改善和禁用操作。

（2）系统监控和管理。系统监控和管理主要是对 ERP 系统的工作状态进行监控，从而保证其运行良好。这类操作还包括系统排错、补丁、升级和数据备份等任务。

（3）系统开发和整合。系统开发和整合主要是在 ERP 系统所提供的标准功能之外根据企业的特殊需求进行二次开发，从而使 ERP 系统的应用得到扩展和延伸。系统开发和整合还包括完成 ERP 系统和别的应用系统间的整合。这类任务无法在 ERP 系统环境内完成。

ERP 处理任务的逻辑过程

ERP 在执行任何任务时，首先是通过用户界面对任务类别作出选择。ERP 的各个应用程序是按照它们所服务的职能领域来组织的。在用户界面中，调用应用程序的入口一般采用层层展开的树状结构，其一级分枝一般是 ERP 中的模块。模块就是专门服务于企业中某一特定职能领域的功能的集合。由相关性较强的应用程序形成的任务组会出现在模块之下，用户在进入某个任务组之后才能找到调用某个应用程序的入口。这种层层展开的树状结构覆盖了企业职能的所有领域、岗位和活动。

在任务选定之后，用户界面会根据任务类别启动相应的输入屏幕序列，通过一连串的 LUW 实现相应的操作任务。绝大多数应用程序的运行需要接受来自用户的控制参数和事务数据。控制参数决定了应用程序的处理方式和范围，例如，用户要求系统输出费用分析报告时，报告期间和部门就是报告生成的控制参数；事务数据是对事务本身的描述，是应用程序需要处理的内容，例如，将供应商送达的合格原材料验收入库时，材料编号和数量就是最基本的事务数据。用户界面通过其输入设备接受来自用户的控制参数和事务数据，并在完成了合法性、完整性和逻辑性检查之后将它们交给应用程序。所有可以由 ERP 系统自动生成或已经存在于数据库中的数据都不需要再次录入，这些由系统自动“填写”的数据项，有些可以由用户临时改动，有些则不允许改动。大多数情况下，系统允许或要求用户在输入数据时从系统预定义的值集中选择。这些措施的目的都是保证数据的一致性、合法性，同时，减少用户的工作量。

在任何时候，用户都可以通过屏幕上的图标将屏幕数据临时存盘。当数据准备完成之后，用户可以通过屏幕上的图标发送处理请求。该处理请求会触发相应的处理程序并将屏幕数据交给它们。应用程序在任务处理时需要进行判断、计算等作业，更重要的是，应用程序需要和数据库管理系统建立通信，从数据库中获得与用户请求有关的必要数据，或是根据用户请求对数据库数据实施更新。

最后，应用程序会通过输出设备把对用户请求的响应结果发送给用户界面，结果可能是用户需要的报告，也可能仅仅是有关某项操作任务已经生效的确认信息。如果处理结果的产生需要较长时间的等待，用户界面会显示有关的进展信息，用户可以据此明白此项任务的进程和所需时间，并在该项任务执行处理的同时，进行其他事务的处理。

ERP 系统功能的集成表现

如果将 ERP 的各个职能领域看做是 ERP 的横向结构，那么 ERP 对于众多事务的处理流程就是 ERP 的纵向结构。在横向结构方面，ERP 的功能是通过模块化的方式来提供的，模块对应企业的职能领域，模块内的每一个角色需要在其职责范围内完成许许多多基本作业，这些基本作业为各类事务处理提供支持；在纵向结构方面，ERP 的功能是通过对各类事务的处理来实现的，每一类事务对应一个完整的处理流程，它们都是由各个职能模块中的基本作业按照一定的顺序和规则组成的作业链。就这样，ERP 的模块横向结构按照职能集成了所有事务处理需要的基本作业，而 ERP 的流程纵向结构则以事务为对象集成了完成事务处理的所有基本作业。这种纵横交错的结构形成了一张坚固的网，把企业的运作体系牢牢地集成为一个整体。

在这样一张巨大而且详尽的运作体系网中，每一项事务的处理在其流程的引导下依次通过不同的职能部门或岗位，使得这些部门或岗位能够相互配合和监督，最终完成事务处理。在这个作业链上，每一个前序作业都是后续作业的前提，为后续作业提供了必要的事务数据；每一个后续作业都是前序作业的必然结果，是对前序作业事务数据的进一步利用和加工。在这个作业链上，任何基于交易事实的事务数据只需要且只允许输入一次，事务数据一旦输入便可以在必要时为后续作业所引用，因此，事务的大量原始数据往往是由交易申请人自己录入的。这不仅节省了大量的重复输入，还大大提高了数据的一致性，更是严密的内控体系的有效保障。用户可以在后续作业中对来自前序作业的数据加以校验和修改，但是，后续作业对前序作业中所创建的原始数据本身是无法改动的，同时，在后续作业基于前序作业的原始数据创建了作业凭证以后，前序作业的用户对其创建的原始数据的修改也将受到一定的限制。

ERP的各个模块既能协同工作，又能独立运行。ERP模块之间存在的仅仅是数据上的依赖和继承关系，而这种数据上的依赖和继承关系都通过对同一个数据库的操作来实现，这使得模块之间很少存在数据处理和过程要求方面的耦合，充分体现了ERP的模块化设计思想。当ERP的模块协同工作时，一个模块运行所需要的数据可能已经通过另一个模块的运行得到了建立，这大大缩短了前者数据采集的时间，也保证了数据的一致性。而独立运行的模块在工作原理和技术细节方面和协同工作状态其实大都相同，唯一的差异就是在独立运行时，该模块所需要的全部数据只能在本环节通过外界输入获得。

ERP的集成表现可以概括为以下三个方面：

（1）所有工作通过同一个门户来完成。ERP实现了整个企业或企业集团范围内的所有主要运作活动的集成，无论身处何处，属于企业的哪部分，需要操作什么业务，处理什么事务，都是通过同一个门户来完成。

（2）同一类工作遵从唯一的业务流程。ERP系统针对每一种不同的业务操作和事务处理分别制定业务流程，哪怕是非常细小的业务差异，也会导致流程上的不同。每一个具体的工作类型对应于一种业务流程，强制工作人员严格执行，别无选择。同一类工作，无论是谁来执行，都须遵循同样的规则。业务流程实际上是管理者针对日常运作制定的程式化管理规范，具有“刚性”约束力，因此，它是企业在日常运作中体现和落实管理者预谋和计划的基层保障。

（3）同一对象只存在唯一版本的数据。ERP系统通过数据库技术真正实现了数据的集成，同一个数据在同一个地方存放，且只存放在该处，消除了数据的冗余，并且使得数据完全独立于应用程序。在ERP系统中，数据库是一个为所有模块和处理流程所共享的内核。数据不再是凌乱地、分散地由各个部门按照各自的规则来掌管的孤立资源。ERP系统的数据输出具有事务处理、格式报告和商务智能三个层次，但它们都是基于ERP系统的同样一套事务数据，因此，从根本上保证了所有输出的数据的一致性。

4.2.3 事件驱动的作业链

作业和事件

每一个业务流程包括若干个作业。作业是不可分割的，它是具有独立业务意义的最小单位。在ERP系统中，作业是通过应用程序来执行的，但这些程序只有在相应的条件成立的前提下才会工作。也就是说，只有当出现了某些情况，并且这些情况与程序中设定的条件完全吻合时，该应用程序才被激活去处理某项作业。这样的情况或条件就是事件。事件是一种特定的事实状态，是由数据库中的状态参数来表示的。状态参数是ERP系统专门用来判断事实状态的特定标记。比如，企业通过网上银行进行电汇支付，执行这个任务的前提是需要来自财务和非财务职能的两位具有审批权限的签字人的批准，而且两者缺一不可，“来自财务职能的授权签字人批准了该笔（批）付款请求”和“来自非财务职能的授权签字人批准了该笔（批）付款请求”就是两个独立的事件，只有当这两个事件同时成立的条件下，作业“通过网上银行进行电汇支付”才允许执行。

在ERP中，业务流程是由一系列作业环环相扣组成的锁链，每项作业的执行都是以一个或多个的事件的出现为前提，在作业被执行之后，该作业所对应的应用程序会在数据库中更新相关事件的状态参数。这样，依赖于这些事件的后续作业便可能继续得到执行。因此，ERP的业务流程是由事件驱动的作业链，称为EPC。当某项作业的执行由多个事件共同决定时，这些事件之间存在着“与”、“或”和“非或”三种基本关系。“与”表示只有当这些事件全部为真时，作业才能得到执行；“或”表示当这些事件中至少有一个为真时，作业就能得到执行；“非或”表示当且仅当这些事件中有一个为真，作业才能得到执行。类似地，如果一项作业执行完毕后会对多个事件产生影响，这些事件之间也存在着以上三种基本关系。

由于业务流程的复杂性，人们使用流程图来描述由事件驱动的作业链。流程图是一种图形化的符号模型，它能够有效、直观地展示和说明事件的不同状态以及在事件推动下的作业执行的逻辑。图4.2－2列举了EPC流程图中经常使用的图形化符号并给出了相应的释义。

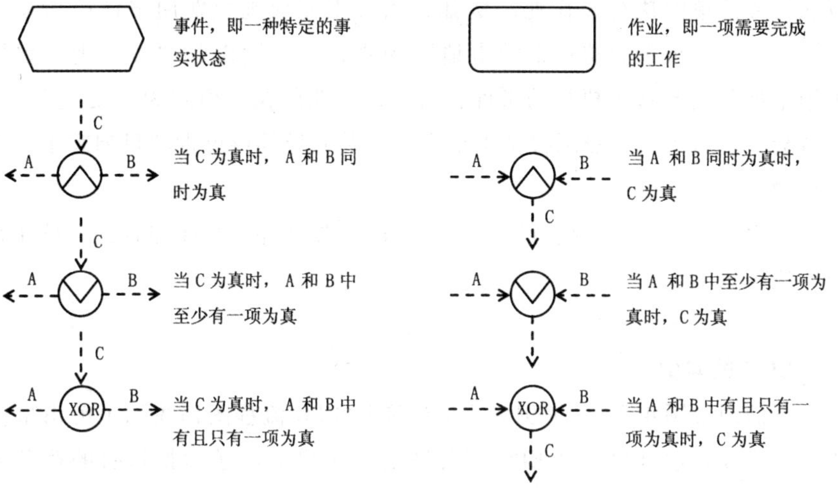

图 4.2－2　EPC 的常用图例

EPC 的推进

明确了 EPC 的逻辑原理之后，接下来需要解决的是在软件技术上如何实现 EPC 的推进。

不同作业的执行条件各不相同，而且往往存在多个事件通过“与”、“或”、“非或”逻辑运算形成的复合条件，情况十分复杂，条件完全满足的时机无法预料，为此，系统在后台设置了事件监控程序。该监控程序以一定的时间间隔对每项作业的执行条件中涉及的事件进行扫描和计算，一旦某项作业的执行条件成立，该作业的应用程序便会按既定的执行模式得到运行。

作业有自动、交互和手工三种基本的执行模式。在自动模式下，流程监控程序一旦得知某项作业的执行条件成立便立即启动对应的应用程序自动运行。例如，当储运人员在系统中完成发货确认后，事件“货物发出”为真，其后续作业“创建销售发票”就具备了执行的条件，由于“创建销售发票”的执行模式为“自动”，因此在事件“货物发出”为真后，系统就能够自动地执行销售发票的创建。更进一步，在事件“已完成销售发票创建”为真后，系统就能够自动地完成会计分录的创建。

在交互模式下，流程监控程序在得知某项作业的执行条件成立后，需将该作业列入用户的任务清单，以便在用户登录后进入相关操作屏幕时可以从任务清单中执行该作业。例如，当员工完成现金费用报销申请操作后，事件“完成现金费用报销申请”为真，其后续作业“员工现金费用报销审批”就具备了执行的条件，由于该作业的执行模式为“交互”，系统就会将该员工现金费用报销申请列入有关领导的待审批项目列表中，等待该领导的审批操作。

在手工模式下，系统可以用短信、电子邮件等方式通知有关人员在系统外执行该事项。

EPC 的实例

下面通过图 4.2－3 举例说明如何通过 EPC 流程图描述和了解由事件驱动的作业处理过程。该 EPC 流程图是有关供应商送达物料时的业务流程的一个片段。

在图 4.2－3 所描述的流程中，首先需要确定的是物料和随行单据已经到达，以及与之相关的采购订单存在并且有效这两个独立事件的真伪，只有当两者均为真时，随行单据和采购单的对比才可能被执行。由于供应商的随行单据上注明了与之相关的采购单号码，工作人员可以根据这个号码在 ERP 系统中查找这份采购单，并将供应商随行单据上的有关信息输入系统，和采购单进行比较。如果根据供应商随行单据无法查找到相关采购单，或是供应商随行单据上的信息和相关采购单上的信息不符，物料就不能进入待检区，业务流程就到此终止。在随行单据上的信息和相关采购单上的信息不相冲突的前提下，系统置事件“物料进入待检区”为真，进入待检区的物料将同时接受有关人员在品种、数量和质量方面的检查。根据检查人员输入系统的检查结果，会出现有关品种、数量以及质量的两组共四个事件。第一组含有品种、数量与采购单相符以及品种、数量与采购单不符两个事件，它们之间存在“非或”的关系；第二组含有质量合格以及质量不合格两个事件，它们之间也存在“非或”的关系。也就是说，每一组事件中，有且只有一个事件为真。之后，当品种、数量和采购单相符以及质量合格两个事件均为真时，系统将进入物料入库及后续作业处理流程。当品种、数量和采购单不符以及质量不合格两个事件中至少有一个为真时，系统将进入差异处理及后续作业处理流程。

凭证锁链

作业具有独立的业务意义，因此作业的执行需要有依据，执行的结果需要有记录。记录作业处理结果和内容的载体叫凭证。执行人员以前序作业的凭证为依据执行后续作业，在作业执行完毕后生成该作业的凭证，该凭证可能进一步成为其后续作业的依据。完整的作业处理资料应包括前序凭证、作业凭证和执行人员身份。系统会依据前序凭证的内容检查操作人员输入的实际作业数据的合法性、完整性和逻辑性，确认无误之后，系统会生成作业凭证将该作业记录在案。凭证一旦生成，便无法修改和删除。在系统中不存在前序凭证的情况下，作业处理应以纸质的前序凭证为依据，企业应该建立制度，永久地保留纸质凭证。

在供应商送达物料时的业务流程片段中，当品种、数量与采购单相符以及质量合格两个事件同时为真时，系统进入物料入库及后续作业处理流程。在物料完成物理入库后，仓库文员需要根据入库物料的实际品种和数量创建入库单。在成功创建入库单之后，系统便会根据入库单的数据自动对库存数据作出更新。在这里，入库单就是物料入库作业的凭证，入库单所承载的关于入库物料的品种和数量等信息受制于相关的采购单上尚未完成采购的物料的品种和数量信息。如果创建入库单时键入的数据和采购单上的相关数据存在冲突，操作人员将无法完成该入库单的创建。

在业务流程中，前序作业的业务信息已经存在于相应的凭证中，它是后续作业处理的前提条件，也有待于后续作业的进一步处理，因此，前序凭证不仅是后续作业的依据，而且前序凭证的信息会自动地复制到后续作业中，后续作业在此基础上经过必要的修改，生成后续凭证。由于系统凭证强制实行自动编号，各事项处理形成的凭证通过凭证编号建立了关联并由此形成了环环相扣的凭证锁链，可以在前、后凭证之间实现双向查询。凭证锁链是对业务流程中的交易进行追踪的审计线索。

例如，在向供应商采购库存物料的业务流程中，根据供需双方的谈判结果，采购方和供应商之间可能首先会形成一个框架性合同，该合同作为采购业务的第一项凭证对采购价格、结算方式、付款期限、订货提前期、最小订购批量、送货地点等采购过程中的所有细节做了一般性的约定，但它并不形成实质性的采购交易。当企业需要向该供应商进行实际采购时，采购订单将依据该框架性合同而创建，除了对所采购物料的品种、数量、

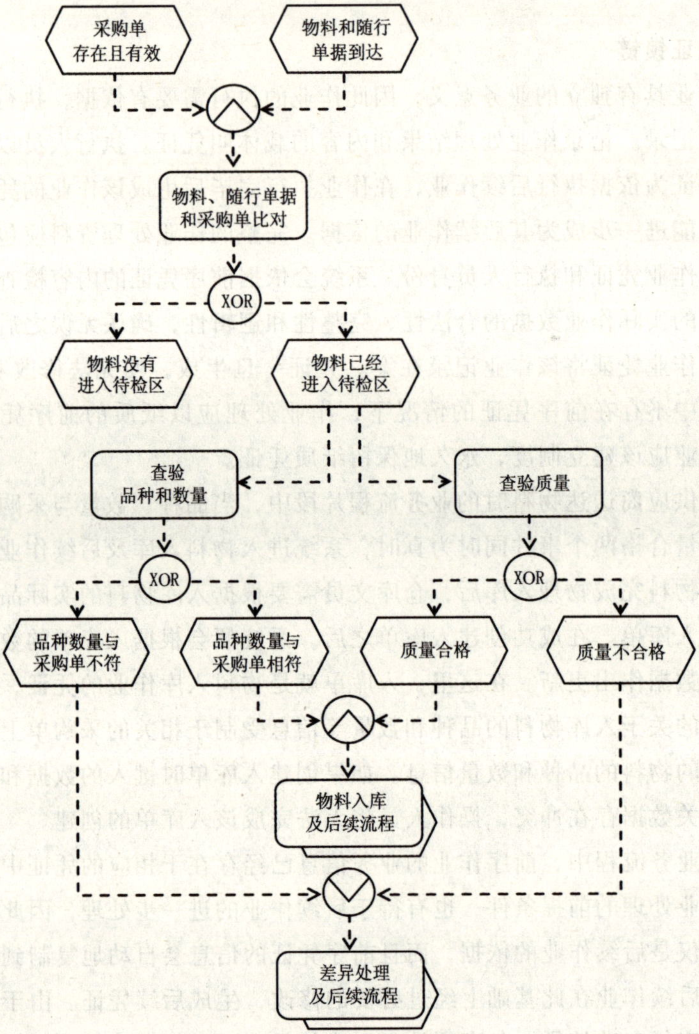

图 4.2-3 EPC 业务流程实例

送货地点和送达时间等要求作出具体约定之外，该笔具体采购交易在其他各个环节的安排上将遵从框架性协议的约定。当供应商将采购物料送达指定的交付地点并经品种、数量和质量检验合格后，有关检验人员将依据检验结果建立和该采购单相关联的物料送达清单和质量检验报告。之后，有关人员还将依据物料送达清单和质量检验报告创建入库单。接着，系统将根据入库单以及其他相关信息创建增加库存和预计负债的会计分录。在收到供应商的正式发票并校验无误后，会计人员会在该入库单的基础上创建应付发票。随后，系统将自动产生减少预计负债增加应付账款的会计分录。当该发票到期后，会计人员便会根据该发票创建付款凭证，并在得到相关人员批准之后完成付款。这样，整个采购业务就形成了从框架性合同开始，到付款凭证结束的完整的凭证锁链。

4.3 ERP的格式报告逻辑

4.3.1 ERP格式报告的概念

格式报告的类型

- 按加工深度划分

格式报告是系统根据用户的需求所产生的数据输出。从输出是否需要加工以及加工的深度，可以将格式报告分为联机查询、线性输出和加工输出三个级别。

（1）联机查询。在联机操作状态下，用户往往需要了解某一笔业务的具体情况，为此ERP系统在必要的操作环节提供了联机查询任意一笔业务的详细数据的功能。

（2）线性输出。如果需要了解某一个时间段内所有符合要求的交易清单，则需要通过交易数据线性输出的方式来实现。这种报告往往是通过交易数据下载方式来完成，它输出的数据虽然包含了符合用户需要的所有交易，但输出的形式只是交易数据的简单堆砌，一般需要用户在个人环境下做进一步加工。

（3）加工输出。加工输出是事务数据经过ERP系统加工处理后按照确定格式所产生的报告。

- 按适用场景划分

按照适用场景，格式报告可以分为状态报告、差异报告、例外报告和综合报告。

（1）状态报告。状态报告向管理者提供即时的指标信息，常见的状态报告有销售日报、客户回款周报等。

（2）差异报告。差异报告在实际指标和计划、目标之间的偏差超出一定限额时向管理者发送提示。例如，当有原材料的实际采购价格和计划价格的差异超过5%的时候，或是当实际销售低于计划15%的时候，ERP系统能够自动触发超限偏差报告。

（3）例外报告。例外报告在出现异常情况时由系统向管理者发送警示。例如，当单项事件的风险评估超过50万元时，ERP系统能够自动触发异常警报。

（4）综合报告。综合报告为管理者全面提供关于企业经营绩效和状态的汇总信息。

- 按报告意图划分

根据报告的意图，格式报告可以分为解释型、运作性和考核型三类。

（1）解释型。解释型报告的意图主要是向企业外部的利害关系各方以及企业集团内部的上级管理层说明企业运作的实际状况，并对未来的运作状况做出合理的预计。解释型报告还需要对实际状况的变动以及相对于目标和预测的偏差做出有效的解释。事实上，所有格式报告的根本意义都在于支持决策。解释型报告的内容多为综合性的整体指标和财务表现，这些对于企业内部的管理者来说，只是一种解释义务，但对于企业外部的利害关系各方以及企业集团内部的上级管理层而言，解释型报告能帮助他们从整体上综合地评估和把握企业经营运作的财务结果，为他们在宏观上完成结构性和策略性的决策提供支持。

（2）运作型。和解释型报告的结构性和策略性决策支持有所不同，运作型报告的主要意图在于为企业经营及运作的改善在微观上提供信息支持。因此，运作型报告主要服务于企业内部的经营运作管理团队，支持管理团队设定合理的经营目标，了解各个部分的运作表现，在各个职能领域确定为数不多但对经营结果具有影响力的首要事项，帮助管理者找到这些首要事项的根本原因和解决方案，减少甚至消灭不利的事项，扩大和复制有利的事项，并对方案实施以后的经营运作表现进行持续的跟踪。

（3）考核型。考核型报告的主要意图是为员工工作绩效的评估提供客观依据。企业出于经营和运作管理的需要，往往会为员工个人或团队设立绩效考评的指标和指标的目标值，并将这种评估考核和员工的职业发展和个人收入相关联。如果指标组合设计得当，目标值设立合理，这样的评估考核就能引导员工日常工作表现指向公司的总体目标。因此，考核型报告实质上是被考核员工对自己的日常工作安排做出调整和优化决策的参考依据。

格式报告的要素

生成规则、报告参数和输出要求是定义格式报告的三个基本要素。

- 生成规则

生成规则是格式报告最核心的要素。生成规则决定一个格式报告需要获取哪些交易数据、通过怎样的运算逻辑、按照什么样的表现形式输出给用户。格式报告的生成规则是由编制人员根据用户的具体需求通过编写程序来实现的。编写程序的难易程度和需要的时间是由格式报告本身在逻辑和格式方面的复杂性、编程工具的有效性以及程序员的专业水平等因素决定的。一般而言，从用户需求的定义，到程序的编写，再到运行结果的调试需要一个较长的周期，而且一个生成规则只能生成一种报告。

- 报告参数

为了使得一个报告生成规则能够尽可能多地得到重复使用，IT 人员在根据用户需求编制生成规则时引入了报告参数。报告参数实质上就是用户在向 ERP 系统已有的报告生成规则提出报告输出请求时，需要提供给报告生成规则的一些暂时性变量，这些变量在一定程度上决定了报告的取数范围、运算逻辑和输出格式。用户在调用了某一个报告生成规则之后，首先需要输入明确的报告参数值。报告参数的某一组具体取值，规定了报告获取的数据在组织单元和时间跨度等方面的范围。以销售收入报告为例，用户需要得到有关企业集团整体的销售收入信息，还是该集团中某一个区域的销售收入情况，或者是该区域中某个销售小组的销售业绩，以及用户需要了解今年还是过去三年的销售数据，这些组织和时间范围都必须通过报告参数值加以明确。报告参数值还可以让用户在可供选择的不同计算逻辑中确定使用哪一种，甚至可以决定输出报告的格式选择，比如按怎样的规则排序，是否需要合计栏目等。

● 输出要求

另外，一个格式报告可以以邮件、传真、打印、文件甚至手机短信等不同的方式输出，也可以按特定日期或周期定时触发输出，或是以某种情形的出现为前提的条件触发输出，或是应用户请求的被动触发输出。广义地说，格式报告的输出要求也是报告参数，它和报告参数的区别在于，输出要求对数据范围、运算逻辑和输出格式不会产生任何影响。

格式报告的工具

● 编制工具

每一个格式报告都需要结合管理者的意图和 IT 编程技术，它要求管理者和 IT 专业人员之间的相互理解并有效沟通，这给格式报告的广泛应用和持续优化增加了难度。因此，格式报告的功能是否强大很大程度上将取决于报告生成工具。报告生成工具应该能够实现复杂的运算逻辑和灵活的格式要求，并且还能步步深入地提供组成报告中每一项数据的明细，最终到达单笔交易的层面。优秀的报告生成工具不仅能够实现上述要求，而且能够使得生成规则的程序编写过程变得更加简单，显著地缩短报告的开发周期，从而增加管理者和报告编制人员间沟通的持续性和稳定性以及尝试性报告的探索可能，这非常有助于格式报告的推广和优化。

● 跟踪工具

基于报告信息和数据分析，管理者需要做出相应的决策，拟定相应的措施，预计可能的后果和应对策略。每一项行动方案都可以和某一份报告相关联，以便在下一次收到同样的报告时进行对比，管理者可以通过 ERP 指派执行人员、规定完成的期限和下一次检查的时间。这样的信息会自动到达相关人员的邮箱，也可以通过 ERP 记录行动的具体情况和结果，由系统自动地将执行情况返回管理者。

4.3.2 什么是好的格式报告

那么，什么样的格式报告才是好的格式报告呢？这是一个更值得报告设计人员考虑和回答的问题。检验报告好坏的唯一标准就是报告的实用性。一个好的报告一定具有很强的实用性，具体表现在主题明确、直观易懂、决策导向、方式恰当。

主题明确

每个报告都有各自的主题。一个报告如果含有多个主题，或主次不明，一定会减少报告的实用性。检验报告主题的最好办法就是看是否能给这个报告找到一个用词简洁、语义明确、含义贴切的名称。一个意图不明确、主题散乱的报告是很难找到这样的中心短语加以概括的。

直观易懂

结构化的数表、直观化的图表以及文字化的注释相结合，使得报告成为易于理解的沟通工具，使用户能从中找到需要解决的问题以及解决问题的方案，或是看到存在的机会以及利用机会的途径。但直观易懂不等同于简单，直观易懂需要报告设计人员运用专业的知识和技能向报告的用户揭示问题的本质联系和内在逻辑。为此，对用户进行必要的解释和培训有时是必要的。

决策导向

决策导向是体现格式报告实用性的最为重要和直接的指标，报告的实用价值在于它能够帮助管理者形成决策和行动。由于格式报告的意图是帮助用户从中找到需要解决的问题以及解决问题的方案，或是看到存在的机会以及利用机会的途径，有实用价值的格式报告一定能够在关键的时候帮助管理者采取必要的行动，它必须是决策和行动导向的。

有时候，管理者通过格式报告的分析后可能会决定不采取任何行动或是认为无法采取任何行动。不作为或是无法作为和不知道该有何作为是完全不同的。有效的格式报告会帮助管理者在需要的时候采取行动，在不需要的时候按兵不动，在无能为力的时候不轻举妄动。而无效的格式报告在任何时候都无法向管理者提供决策的线索和参考的依据。

方式恰当

设计和开发格式报告需要考虑的最后一个方面是为格式报告选择适当的报告方式。报告方式就是报告的触发条件和发送渠道方面的安排。

4.3.3 编制有效的格式报告

正如本书3.3.2小节所阐述的那样，由于各个企业在行业、细分市场、产品、营销方式、组织结构、公司文化等诸多方面存在太多的差异性，加上管理者本身的经验、背景不同，用户对格式报告的要求是非常个性化的，难以形成被普遍认可的报告标准。尽管如此，格式报告作为管理信息的主要表现形式，在内容和形式上仍然存在着某些共性。创建有效的格式报告应该从报告主题、报告结构、报告指标、报告格式以及报告时机五个方面来考虑和把握。

选定相关指标

在明确了报告的主题以后，报告设计人员应该从报告所涉及的功能领域选择相关的绩效指标并确定恰当的表现形式，这些指标将是构成报告的主干内容。报告所涉及的领域，可以是制造、采购、销售、人事或是财务等领域之中的任何部分。在每一个领域，都存在着很多重要的指标，同一个领域的众多指标按其所表现的不同侧面形成指标组。报表设计人员必须在了解了报告主题以后确定相关的领域，在该领域内确定相关的指标组，在这些指标组内选定最能反映主题的指标来构成报告所需要的指标集。

正确地选择指标的表现形式对报告的质量也存在着重要的影响。规模指标、相对指标和变化指标是指标的三种基本表现形式。规模指标以绝对数值表现事物的大小。相对指标和变化指标则以百分比表现同一时期的两个不同规模指标以及两个不同时期的同一指标之间的相对关系。

为了增强报告生成工具的效率，一个有效的策略就是针对常用的、重要的和公认的指标建立指标函数，并将有关中间结果存放在报告生成工具的数据库中。

建立关联结构

报告中的数字不应该是各自独立存在的，它们之间应该具有内在的联系。建立关联结构就是对报告中数字之间的这种内在联系进行设计和安排。合理的关联结构能使得报告更加具有实用性，更能够使报告的使用者找到相关领域经营运作的改善途径和危机出路。

● 实际与计划、历史的比较

没有参照物的指标数据是毫无意义的。因此任何报告必须提供实际状况和不同参照物的比较。最常见的参照物有预算或预计，去年同期或上期，行业或集团内部水平等。

● 显示变化趋势的时间序列

时间序列是将同一指标在一定的时间区间内各期间的值连续地进行比较。因此，可以将时间序列原则看做是比较原则的一个特例。但和比较原则相比，时间序列更能揭示事物发展的趋势，便于对方案实施以后的经营运作表现进行持续跟踪，以便更好地理解过去，更好地把握未来。

● 按特性值和影响因素拆分

比较分析和趋势分析往往只能帮助管理者从总量水平上获得对某个领域的经营运作状况的认识，这离找到根本的原因、明确需要采取的措施还差得很远。缩小这种差距的一种有效的方法就是将总量指标按照其特性值或影响因素进行拆分。例如，有关存货周转天数的总量分析提供了企业在总体上的存货周转管理水平，为了进一步了解哪些存货的周转影响了企业存货周转的总体水平，可以对存货周转天数按照存货管理小组和存货种类这两项特性值进行拆分；有关销售收入的总量分析提供了企业在总体上的销售状况，为了进一步了解影响销售收入的各项主要因素分别起到了多大的作用，可以对销售收入的变化按照销售数量、产品组合、销售价格、新产品、新客户等影响因素进行拆分。

● 锁定最具有影响力的个体

具备数据钻取功能的综合报告在帮助管理者评估企业的总体表现的基础上，又增添了洞察和锁定深层次变异个体的手段。锁定个体是对拆分分析的进一步延伸，其必要性源自任何行动方案必须而且只能针对具体的对象入手这一事实。如果没有确定从哪个（或哪些）物料着手改变其采购和计划的模式，从而使得该（这些）物料的周转天数得到改善，那么改善企业整体的存货周转水平就是一句空话。因此，当拆分分析帮助管理者缩小了关注的范围以后，进一步将着力点放到个体就成为解决问题的必要途径。然而，企业的资源和管理者的精力都是有限的，因此在实践中将关注点和着力点放到最具影响力的个体上才是明智的和可行的。事实上，一次解决所有“有问题的”个体在操作上的可行性很差。集中力量优先关注和解决那些导致主要问题的少数个体将使企业得到循序渐进式的可持续改善。

- *归纳—演绎—归纳的逻辑方式*

归纳—演绎—归纳是关联结构中需要考虑的最后一项分析技术。从比较分析到锁定个体完成了从归纳（总量的比较分析和趋势分析）到演绎（拆分分析和锁定个体）的逻辑过程。当个体被锁定之后，管理者需要深入了解这些个体的细节，找到问题的根源，从而制订解决问题的具体方案并加以落实。在“问题个体”的纷繁细节中，分析人员需要再一次使用归纳分析技术从中整理出具有一般实用性的原因和措施，这样便有可能事半功倍，使得企业经营运作的管理体系得到不断的优化。

选用恰当格式

为主题明确、内容贴切、关联结构合理的报告设计恰当的格式无异于让一位满腹经纶的饱学之士同时拥有雄辩家的口才。报告格式的恰当与否很大程度上决定了报告的内容是否能够很好地传达给报告的使用者。报告可以用数表、图表和文字三种基本形式中的任何一种或几种的组合，而这三种形式各有所长，各有所短，设计者需要恰当地选用。

- *数表*

数表是报告最为常见的表现形式，它适合于综合性强、数据结构复杂的报告内容。设计数表需要注意的是：

（1）行、列及页面的命名一定要合乎其内容的实质，每个页面只应有一个意图，每一行（列）中的所有数据应具有一致性，不同行（列）之间应具有可比性。

（2）无论是行、列还是页面的顺序应该遵循便于报告使用者理解的逻辑，一般应采取先汇总后明细、先一般后具体、先结论后支持和先当前后历史的顺序。

（3）在风格方面应该保持字体、字号的一致性以及数字和百分数格式的准确性，注意合理使用单元格边框和颜色突显，在必要的位置增加分类合计和总计并考虑使用较大号的加粗字体。

（4）尽可能在一屏的范围内显示完整的内容，同一页面中不同的内容段落之间最好有较为显眼的界限。如果无法在一屏的范围内显示所有内容，一定要冻结表头的行列。

（5）完成打印参数的设置，包括纸张、边界、页码、版本、打印时间、文件名称等。

- 图表

图表是报告的另一类常见的表现形式，它运用柱状图、线状图、饼状图等基本图表类型以及它们的组合来表现报告中有关项目的数量关系。和数表相比，图表的应用在表现较为复杂的关联结构时具有明显的局限性，因此，图表适合展现简单的关联结构。然而，图表在直观性上和数表相比却存在着明显的优势，它能使报告使用者更容易而且准确地洞悉包含在数字之中的趋势、规律和关联性。

设计图表需要注意的是：

（1）选择最为恰当的基本图表类型或是它们的组合，但需避免将图表制作得过于复杂。不恰当的图表类型和过于复杂的组合，不但会使得制作过程更加困难，更会损害图表本身在表现能力方面的优势。

（2）为图表的纵轴和横轴分别确定合理的标尺，因为它们会在很大程度上决定图形的视觉效果。合理的标尺会使得包含在数字之中的趋势、规律和关联性得到更直观和逼真的表现。

- 文字

尽管格式报告的内容多为数字，但是文字仍然有其不可取代的独特之处。显然，文字性的描述更加灵活和生动，是对付非结构化的问题和非定量化信息的有效方式。更重要的是，一份仅仅是数字的格式报告，无法完全保证报告的使用者能够顺利地看到数字背后所表达的经营运作的情况，文字叙述往往能够更为有效地引导报告使用者正确地解读报告的数据。下面列举几项文字叙述在格式报告中的具体应用。

（1）管理摘要。管理摘要是多数高水准的专业人员在制作格式报告时会准备的内容。管理摘要是报告分析和制作人员在报告数据覆盖范围内对报告主题的概括性描述，这种概括包含了报告分析和制作人员对报告对象的总体情况和态势的总结，也提供了在这种总体情况之下需要特别关注的特征或趋势，还会对报告数据覆盖范围内的主要个体进行挖掘和披露。和紧随其后的相关数表、图表相比，管理摘要的内容可谓精要简短，但管理摘要提供了报告分析和制作人员对报告对象具有专业眼光的认识，为使用报告的管理人员有效地解读报告中的数表和图表提供了必要的引导。

（2）定性信息。有些信息非常重要却难以量化，这时文字是唯一的选择。例如，在应收账款风险报告中，应收账款余额、账龄、付款天数等都可以用数字形式表达，而客户股东股权的变化、主要董事和管理人员的变更、组织机构的重组、生产经营状况是否正常、是否有拖欠其他供应商货款和员工工资等情况对于企业管理人员对客户的信用风险做出正确、及时的判断有着决定性的影响，却难以量化。采用文字形式将这些重要信息从销售人员的客户访问记录中抽取出来整合到应收账款风险报告之中，就可以让管理者及时掌握这些影响应收账款风险的重要信息，以便采取必要的措施。

（3）行动方案。管理者在审阅了经营运作报告以后，可能需要制订行动措施，定义这些行动措施需要明确由谁来负责、在何时完成、怎样操作等。这些信息应该以较为系统化的方式记录下来，并且得到有效的跟进，才能做到言必行。有时，由于条件的限制和事态的变化，可能需要对原先制订的行动措施做出调整，才能做到行必果。在管理者审阅报告时，将这些行动方案决策记录在同一个报告之中，在审阅下一期报告时，就可以看到当初的行动措施决策，询问和记录行动措施的实施情况，并记录进一步的行动措施决策。

在格式方面，格式报告除了需要恰当运用上述三种基本形式之外，还应该具备完整的标题信息，包括报告名称及版本、报告主体（往往是企业或部门的名称）、报告期、计量单位、报告编制和审核人员姓名以及报告发表时间和日期。标题信息是任何一个报告所不可缺少的。此外，报告还可以通过附注向使用者说明有关报告本身的背景信息或数据来源等。

4.4 ERP 的商务智能逻辑

前面有关商务智能概念和商务智能必要性的讨论揭示了商务智能所应具备的核心功能和基本要求。商务智能的实质就是整合企业内部不同系统以及企业外部各个来源的海量电子数据，通过动态的分析结构和灵活的展现方式，对管理者在一定范围内的广泛分析请求实时地生成分析结果，从而支持管理者针对两类基本管理任务做出效果好、效率高的决策。

商务智能依靠一定的系统结构和必要的技术方法实现了上述功能要求，对用户的在线分析请求产生实时响应的技术叫做在线分析处理（OLAP）。OLAP 这一名称源自和在线事务处理（OLTP）的对比思考。OLTP 作为一个被广为使用的术语，是指在事务发生或数据输入的同时完成事务处理的应用技术和解决方案。在 OLAP 出现以前，对 OLTP 处理后形成的事务数据的进一步广泛分析只能在系统外通过手工方式进行，原因是广泛分析的要求、意图、范围、算法可能千差万别，事先无法对各种可能的分析结构作出明确的定义从而交给系统自动完成。相对于 OLTP，OLAP 是指对用户的在线分析请求产生实时响应的应用技术和解决方案，实现在线分析处理的关键技术包括多维层次结构、实时响应能力和自动计算引擎。下面的内容主要是通过对这些技术的简要介绍来说明商务智能的实现原理。

4.4.1 分析导向的数据结构

分析导向和事务导向数据的结构性差异

前面曾经讨论到事务处理所形成的数据是按照交易的结构和进程来积累的，其组织形态是以支持日常事务为目的的，即便这些数据在事务处理后已经存储在数据库中，由于它们的结构不是分析导向的，它们仍然不适宜被直接应用于商务分析，而需要按分析的意图对它们进行重新整理、分类、汇总、计算、合并等预处理。那么，什么是分析导向的数据结构？它和事务导向的数据结构有何差异呢？

事务型数据是将各个数据元素按实体为中心组织在一起并以单件事务为线索把各个相关实体在同一个层次联系起来，不同事务的数据以线性方式分类堆砌。简单来说，事务型数据把关于某项事务的所有细节扁平地联系在一起，同类事务中不同的个体事务数据仅以某种简单的规则作机械的堆积，因此，事务型数据结构在回答个体事务细节的查询时十分有效。然而，大部分管理分析会着眼于某一类或某几类事务的总体态势、分组规律和相互关系，事务型数据结构中各个单项事务的数据之间并不存在逻辑联系，因而对此类分析往往无能为力。为此必须研究分析导向的数据结构。

事实上，分析导向的数据结构必须体现人类的思考模式。人类的分析活动一般都是以了解企业内部和外部的状态和结果为开端，因此首先必须确定可以适当描述这种状态和结果的指标。为了确定存在的问题和潜在的机会，以某一类指标为标杆进行指标间的差异比较是必要的，通过比较来完成对状况和结果的评估，才能确定这种差异是否已构成了问题或预示着机会。在这一过程中，分析者往往需要将指标进行多重细分，因为包含在各组里的差异可能会在总体上相互抵消而隐身，在较大范围内存在的差异需要明确到更具体的小组才便于采取措施，对指标数据实施多重细分的规则就是维度。在同一维度上对指标数据进行细分时，仍然需要进一步明确划分的深度，例如，在按行政区（维度）来划分销售额（指标）时，可以按省份，也可以按地级市或按更小的县级市进行细分，不同深度的划分决定了不同的综合程度和不同的数据运算量。事实上，就管理者而言，各种深度上的综合分析都可能是需要的，对综合分析深度实施控制的规则就是层次。通过维度和层次对指标数据的双重控制，管理者不仅能通过差异发现存在的问题或潜在的机会，而且可以对问题和机会所在的区域进行追踪和锁定，最终，管理者凭借其管理实践的经验和必要的实地调查，可以找到问题的原因和机会的结构，并形成解决问题或实现机会的可行方案。

分析导向的数据结构是多指标、多维度和多层次的。

首先，管理领域的广泛分析需要哪些相关数据是必须明确的最基本问题。在管理实践中，管理者最应关心的是企业的运行状态和结果，运行状态和结果通常是以指标值来描述和衡量的，管理的决策也都是以这些指标为导向的。在管理上，用以表示企业运行状态和结果的重要指标被称为关键绩效指标（KPI）。

为了完整、全面地描述和评价企业运行状态和结果，需要确立众多指标并形成体系。指标体系中的 KPI 涉及企业的所有方面，而不仅仅是财务指标，也不仅仅是以金额为单位。例如，在生产方面的 KPI 有生产能力、产能利用率、产量、等待时间、存货水平、存货周转、计划达成率、不合格率等，在市场及销售方面的 KPI 有销售数量、人均销售额、市场占有率、平均单价等，在财务方面的 KPI 有利润率、速冻比率、负债比率等。指标体系中应包含哪些 KPI 是由管理者基于各自掌握的管理理论和实践经验，结合企业的具体情况以及管理的意图和方式来确定的。

KPI 可以按多种规则分类。例如，按其衡量的领域可以将 KPI 分成生产指标、采购指标、销售指标、质量指标、人事指标、财务指标和综合指标等，按其管理的角色可以将 KPI 分成实际指标、计划指标、预算指标、基准指标等，按其计算的方式可以将 KPI 分成总量指标、平均指标和相对指标等，按其时间的跨度可以将 KPI 分成时点指标、区间指标和变化指标等。了解 KPI 分类可以帮助管理者更好地确立作用完整、内容全面、形式恰当的指标体系。

其次，分析导向的数据结构在各个维度上按最大深度对每个指标实行多重细分，某一个指标的所有维度在最大深度的共同交差点上的指标细分值被称为该指标在分析导向数据结构中的最小数据单元。每一个指标都是由它们的最小数据单元构成的数据立方体，整个分析导向的数据库就是和指标体系中的各项指标一一对应的众多数据立方体的集合。在实际的商务智能案例中，可能存在十几乃至几十个维度，常见的维度包括时间、地区、产品、客户、项目等。例如，一个由时间（12 个月份）、区域（30 个省份）和产品（50 个品种）三个维度构成的当年销售额指标立方体，会存在 $12 \times 30 \times 50 = 18\ 000$ 个维度交叉点，这些交差点上的销售额数据代表某个月份在某个省份某个品种的销售收入金额，这 18 000 个销售额数据就是构成销售额指标立方体的最小数据单元，它们的总和就是该企业在当年的销售总额。

最后，由于多层次结构的存在，每一个数据立方体在各个层次上存在着不同程度的综合立方体，这些综合立方体中的基本数据单元是由若干个相关的最小数据单元组成的。在以上的举例中，假如时间维度存在月份和季度两个层次，12 个月形成 4 个季度；区域维度存在省份和地区两个层次，30 个省份形成 6 个地区；产品维度存在品种和系列两个层次，50 个品种形成 3 个系列，那么，在任何一个或多个维度的较高层次上就可以形成一个综合立方体。例如按季度、地区和品种（而不一定要是系列）就形成了一个由 4×6×50=1 200 个综合立方体，而其中每一个综合立方体都包含 3×5×1=15 个最小数据单元（假设每个地区都含有 5 个省份）。所以，综合层次越高，综合立方体的数量就越少。层次结构可以在管理者或分析人员进行较为复杂的分析时帮助他们由浅入深、由大及小地进行自上而下的钻取分析。

“数据立方体”只是用来对分析导向的数据结构作比喻性描述的名词。事实上，分析型数据的维度远在三个以上，确切地说，分析导向的数据结构应该是多维空间体。

4.4.2 数据准备和数据仓库

抽取、转换和装载

指标是通过对事务数据的汇总而获得的，但是，直接以事务数据的汇总为起点开展分析会遇到异源数据和导向差异两个重大的困难。所谓异源数据就是分析需要的数据可能存在于多个不同的事务处理系统之中，它们的结构、格式甚至定义都会有差异；而导向差异是指事务型数据结构和分析型数据结构之间存在的重大差异。消除这两个困难需要消耗大量时间，这使得广泛分析和实时响应难以实现。商务智能解决这两个问题的策略和技术就是，按照一定的时间间隔重复地执行 ETL 过程，对多个事务系统中的数据实施抽取、转换和装载操作，完成事务数据以分析为目的异源整合和导向过渡，并将预处理后获得的数据立方体存放到数据仓库中为在线分析处理做好准备。

数据仓库和数据集市

在数据仓库内部，数据立方体按照不同的领域或主体集合成数据集市，如财务数据集市、人事数据集市、营销数据集市等。各个数据集市中的数据在数据仓库范围内是共享的，而且来自不同事务处理系统的数据应遵循统一的指标定义、维度定义和层次定义。

4.4.3 在线分析和前端工具

前端工具是存在于管理者和数据仓库之间的人机界面，它负责接受和理解分析人员的在线分析请求，从数据仓库中提取数据，以分析请求中规定的结构和形式实时地展示给管理者。利用前端工具提供的功能组合，用户可以通过菜单选择和鼠标点击便捷地获得对广泛分析请求的普遍支持和实时响应。

排列布局

提取需要的数据并使它们形成需要的排列布局是进行分析的第一步。前端工具能帮助管理者灵活地指定和变换数据布局的行和列，安排不同数据的各种排列顺序，建立数据筛选和分类，产生自动分类合计和总计。

计算引擎

计算在分析中是必不可少的。在一个含有大量数据立方体的数据仓库中，面对数十个维度和若干个层次数以百计的指标所形成的数据空间，定义各种必要的统计学、代数学计算关系是一项十分复杂的任务，计算引擎使得管理者能够通过简单、直接的函数和公式实现数据空间内的各种计算。

钻取分析

有了数据仓库的分析型数据，管理者可以根据分析导向的数据结构所提供的维度和层次自然而然地进行自上而下的渐近分析，从较为宽泛的领域出发，根据分析的结果逐渐缩小范围，最终获得有价值的结论。

数据挖掘

数据挖掘帮助管理者进行自下而上的归纳分析，从大量的底层数据样本中归纳出数据形态，挖掘出肉眼不易观察出来的趋势和规律。例如，通过分析消费者在一次采购中经常会形成哪些商品组合，零售商可以改善商品在货架上的布局和摆放。

结果展示

分析结果的展示形式是否恰当对于管理者能否正确、直观地理解分析结果并从中获得有价值的信息极为重要，前端工具可以根据管理者的需要以表格，图形或图表等多种形式来展现分析结果中的数据，这使得管理者更容易找到分析结果中隐藏的玄机。

5

ERP和企业模型

无论是从概念上考察和描述ERP系统的职能结构、动力结构和信息结构，还是通过工作逻辑去理解ERP的事务处理、格式报告和商务智能等主要信息处理过程的基本原理，都只是对ERP已有的功能的一种认识，但它们都无法解释一些更加深入而根本的问题，比如，企业怎样才能清楚而且完整地定义和描述自己的商务运作管理需求？企业怎样才能知道ERP系统所提供的功能是否可以满足企业的商务运作管理需求？企业的具体商务运作管理需求是如何在通用性的ERP系统中得以实现的？这些问题的答案和企业模型理论和建模手段有关。因此，和ERP的概念模型和工作逻辑相比，企业模型的一般原理和ERP的建模手段将更加深入而且根本地帮助管理者建立适合企业需求的模型并在ERP环境中加以实现。本章由三节内容组成，第一节介绍了企业模型的主要构件，第二节解析了企业模型的构建和配置过程，第三节在ERP系统原理和企业建模理论基础上对综合性财务解决方案做出了总体规划。

5.1 企业模型的构件

企业模型是对企业所有的业务操作和事务处理需求的系统化定义和表述以及建立在这种定义和表述基础上的综合解决方案，它是对企业日常运作机制的理性抽象和系统再现。企业模型不仅包含企业日常运作所应遵循的政策、程序和方法，而且能在实践中对这些政策的落实、程序的执行和方法的应用形成有力的保证和必要的促发机制。完成这种理性抽象和系统再现不是一项简单的任务，在情况各异的不同企业中，管理者面对纷繁复杂的运作管理需求，整理出完整而准确的企业模型，这需要一般企业模型架构理论的指导。针对一个具体的企业进行建模，必须完成场景、活动、组织和数据四个基本方面的定义。本节先对企业模型的前三个方面进行详尽的介绍，有关数据方面的论述将在下一节展开。

5.1.1　场景

基本概念

场景是现实世界中企业的外部和内部信息需求框架在数据世界中的模拟和再现，其实质是企业的外部利害关系各方、内部的各级和各职能管理者在财务意义上对企业的关注范围。在数字世界中，和现实世界中的关注范围所对应的是场景单元。场景单元依照关注范围之间的相互关系来构建场景结构，从而模拟企业各个局部之间的财务关系，再现企业外部和内部信息需求的框架。场景从概念上虽然有些抽象，但在企业实践中，场景单元对于大多数企业管理者而言却一点也不陌生，法人公司、产品线、亚太区等都是常见的场景实例。

企业的外部利害关系各方、内部的各级和各职能管理者会从不同的维度和层次将企业整体划分成许许多多相互关联的关注范围，企业模型要通过由场景单元形成的结构从这些维度和层次对上述关注范围作出正确的描述，就必须搞清企业模型需要哪些不同的场景单元类型，各个场景单元之间存在着哪些不同类型的关系。一般地，关注范围不外乎满足管理和法律两个基本需要，管理性关注范围帮助管理者考察和分析企业的经营和运作，找到资本回报效率高的区域和经验加以放大或复制，发现资本回报效率低的区域和原因予以纠正或剥离，从而使得企业整体的资本回报效率得到不断提升；法律性关注范围则帮助企业外部的利害关系各方获得相关的信息，以便他们更好地作出有关资金和资本的决策。场景结构中的所有单元正是按照这些现实的关注范围而设立的，其目的就是帮助实现对企业整体和各个不同部分经营和运作的业绩衡量和状态报告，从而为管理者和利害关系各方提供可靠的信息作为其决策的参考依据。

对企业财务后果和财务关系具有直接或间接影响的经营和运作活动被称作“交易”。交易使得企业的业绩和状态发生变化，因此，交易必须在某个（些）关注范围中发生。场景结构必须实现对交易的全覆盖，任何有关交易活动和交易结果的信息都必须具备场景单元的标记。场景单元着眼于实现对企业整体和各个不同部分经营和运作的业绩衡量和状态报告，其实质是将企业的交易活动和交易结果划分到绩效考核的基本单元，那么，交易的粒度就不能大于场景单元的粒度。只有这样，才能保证每一笔交易能够且只能获得一个场景单元的标记。如果一笔交易跨越多个并列的场景单元，那么，该笔交易必须经拆分后划归到不同场景单元中去。总之，场景结构是为企业的经营和运作搭建的具有一定结构的舞台，有了它，交易才能被有序地安排到许多大大小小、错落有致、相互关联的场景空间，才使得企业的经营运作的业绩和状态变得可以测量。

并不是所有的企业经营和运作活动都构成交易。比如，生产计划本身不会对企业的财务后果和财务关系产生影响，但按照计划创建的生产工单就会使企业的财务状态发生变化，有关人员会按照生产工单领用原材料，配备操作工人，并在完成工单任务后将产成品报验入库。同样，获得供应商的报价并不构成交易，但选择接受某一个供应商的报价并向该供应商下达采购订单时，交易就产生了。那些非交易性活动可以并且也往往有较大的粒度。例如，在全球或区域性采购中，可以因合并多个场景单元的需求后得到的巨大的需求数量而获得更加优惠的价格。企业模型在这方面的特点将会在5.1.3小节中加以讨论。

法定场景

法定场景是响应法律的要求而存在的一类单元所构成的场景结构，法定场景在法律框架下通过将企业交易记录和财务数据划分到各个场景单元对企业经营和运作的绩效进行衡量和报告。由于法律实体是体现一个经济单元独立经营行为能力的组织，是国家政府部门和社会利害关系各方的基本关注范围，因此，它成为法定场景结构中的基本单元。一个企业集团可能拥有多个这样的法律实体，它们中有的可能是投资公司、控股公司，有的可能是子公司、运作公司。在法定场景中，不同法律实体之间通过投资关系相互连接，对外投资的法律实体称为“父节点”，接受投资的法律实体称为“子节点”，节点用实线矩形框表示，节点间的联系通过由父节点指向子节点的有向线段表示。有对外投资的法律实体除了需要具备独立的财务报表之外，按照报告制度还可能需要提供合并财务报表，这样的法律实体用带有重叠虚线矩形框的实线矩形框表示，父节点和需要合并的子节点之间的箭杆为实线，父节点和不需要合并的子节点之间的箭杆为虚线，父节点的投资在子节点总投资的份额可以标注在箭杆上。所有的法律实体的投资关系和合并报表最终将汇合到“企业集团”。

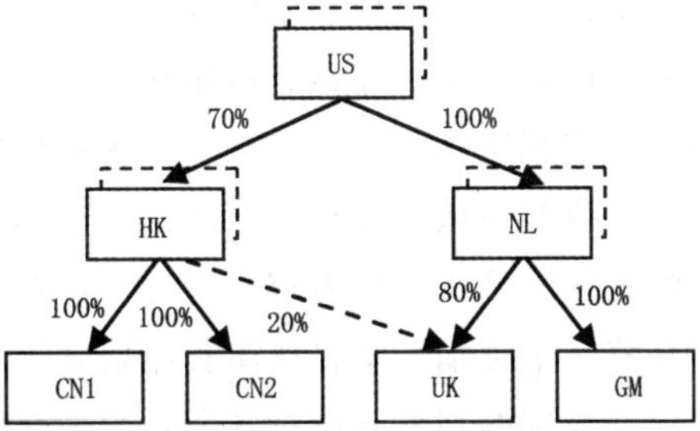

图 5.1-1 法定场景结构

假设有一家集团公司 US，通过投资活动形成拥有 70% 股权的 HK 和 100% 股权的 NL 两家子公司，HK 的另外 30% 的股份来自集团外的独立投资人。HK 通过进一步的投资行为，形成 CN1 和 CN2 两家全资子公司，NL 也通过投资形成了全资子公司 GM。另外，公司 UK 是通过 HK（20% 的股份）和 NL（80% 的股份）共同投资成立的。图 5.1-1 对这个集团公司的法定场景给出了清晰的描述。法定场景内部的场景单元呈现出网状结构。在由整个企业构成的法定场景结构中，没有进一步投资行为的法律实体为“叶节点”，而企业集团是唯一的“根节点”。叶节点没有子节点，除了叶节点之外，其他所有的节点上的单元都至少含有一个子节点；根节点没有父节点，除了根节点之外，其他所有节点上的单元都至少含有一个父节点。

管理场景

管理场景是响应管理的要求而存在的单元类别。在管理框架下，企业往往需要按照产品、应用、渠道或地域来考核投资、经营、运作和支持领域的绩效（请参阅本书3.1.1小节了解更多按产品、应用、渠道和地域等不同的准则将企业划分成相互联系的不同部分和层次的有关内容），这需要通过单个维度或多个维度的交叉将企业划分成不同的单元。每个维度还存在若干个层次。“地域”维度可以最终被划分到省（或州），而若干个省（或州）可以组成地区，继而形成国家、跨国区域直至整个企业；“产品”维度可以由最底层的产品型号组成产品组，由产品组形成产品线，继而形成产品部并最终汇集成企业集团；“应用”维度可以由相似的行业形成细分市场，由相近的细分市场形成行业领域，继而汇合成企业集团；“渠道”维度通常只在单一层次上将管理场景划分为一般直销、经销商制、重点客户、代理销售等，不出现多个层次。

由于现实中企业的所有投资、经营、运作和支持活动首先都必须建立在法律框架中，因此，法律实体也成为建立管理场景结构的依托。但法律实体在产品、应用、渠道和地域以及投资、经营、运作和支持领域等维度上的粒度不一定能够完全满足管理的需求，这就需要在其内部做进一步的划分。这种划分存在着三个级别：①将法律实体划分成若干个具有独立资产负债表的单元，这一级别的划分支持对各个单元进行损益类指标、资产负债类指标以及现金流指标等方面的全面绩效考核。那些不需要在管理场景中做进一步分解的法律实体可以被当做是单一的资产负债表单元。资产负债表单元是管理场景的完整型基本单元。②将资产负债表单元划分成若干个投资单元、经营单元、运作单元和支持单元，这种方式只支持对各个单元进行损益类指标的绩效考核。那些不需要做进一步分解的资产负债表单元也可以被当做是单一的投资单元、经营单元、运作单元或支持单元中的一个。投资单元、经营单元、运作单元和支持单元是管理场景的损益型基本单元。投资单元的主要业务是进行投资项目的研究、识别、评估、实施和管理，其业绩主要通过投资净收益率、营运成本等指标来体现；经营单元的主要业务是进行产品的研发和营销，业绩考核的主要指标有销售收入、销售增长率、净利润率等；运作单元的主要任务是适时提供合格的产品，通常以产品单位成本、成本降低率等指标进行业绩考核；支持单元主要包括人事、行政、财务、IT 等企业后台的管理和服务部门，其考核指标以费用支出为主。③将损益型基本单元划分成为若干个成本中心。那些不需要做进一步分解的损益型基本单元可以被当做是单一的成本中心。

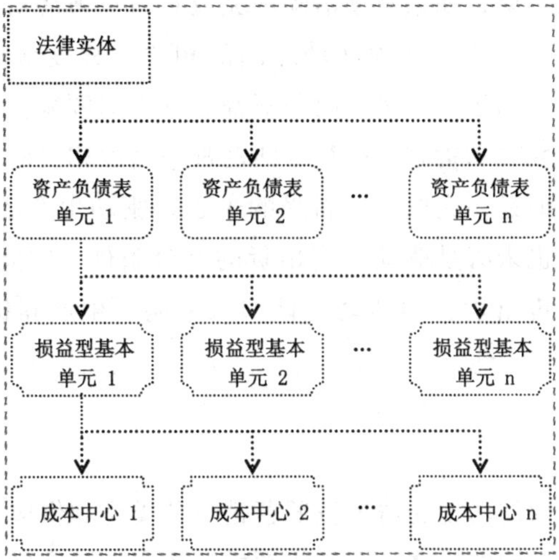

图 5.1－2　管理场景结构

如图 5.1－2 所示，在完成了对企业集团内各个法律实体的上述划分之后，每个法律实体内部形成了由资产负债表单元、损益型基本单元和成本中心等基层单元构成的树状结构。以这些管理类场景的基层单元为元素，可以沿着产品、应用、渠道或地域中的一个或多个维度，在不同的层次上进行灵活多样的汇总，形成不同的管理视野。

5.1.2　活动

活动的层次结构

场景只是企业的静态结构，完整的企业模型还必须考虑企业的动态过程，企业动态过程的实质是企业的经营运作活动。企业的使命定位和长期目标以及根据这种定位和目标进一步制订的基本实施策略和时间进程决定了这个企业所需要的经营运作活动在结构、内容和方式等方面呈现出的特点和要求。企业模型在进行动态过程建模时的主要策略和手段就是将经营运作活动逐级划分成领域、模式、任务和作业。

● 领域

在企业层面，将经营运作活动按相关性分组，相关性程度高的经营运作活动归入同一个组，形成领域。相关性程度的高低取决于不同活动之间是否存在完整性约束，如果某项活动的完成对另一项活动的实施和完成提出了确定的要求，那么这两项活动之间的相关性程度就高。在企业实践中，采购、生产、销售、人事、财务等都是常见的领域。显然，采购订单的下达、货物的验收和货款的结算等活动都是高度相关的，因此，它们都属于采购领域。但是，完成原材料采购未必是驱动生产活动的充分条件，完成产成品入库也未必是驱动销售出货的充分条件，因此，原材料采购、产成品入库和销售出货三项活动应该归入采购、生产和销售三个不同的领域。

● 模式

同一个领域内的活动还需要按照营销业务类型和供应链运作方式等准则进一步划分为不同的模式。在销售领域，按完工进度确定销售收入的大型项目业务、以寄售代销方式开展的销售业务以及按产品实物交付为节点确定权益和风险转移的普通销售业务，其经营运作活动就截然不同；在生产领域，备货生产、订货组装、订货生产和订货设计代表着各不相同的需求响应策略，也对应着各自特有的经营运作活动；在采购领域，普通的原材料交付采购业务、自有原材料的委外加工业务以及由供应商管理的库存物料采购也需要得到不同的经营运作活动的支持。在同一个领域内区分不同的模式，便于有针对性地完成动态过程的建模。

● 任务

任务是在某一个模式内可以独立识别的最基本经营运作需求，任务必须和场景建立确定的关联。建立和修改供应商主数据、向客户提供正式报价、与业务伙伴签订供销协议、供应商送达货物的验收入库、根据销售订单发货、向供应商支付预付款等都是在一定模式下可以独立识别的最基本经营运作需求。完成一项任务需要企业内部各个岗位的相关人员的一系列的活动。以“供应商准入”和“采购协议签署”两项任务为例，有关人员大致需要通过询盘、送样、考察、比较、选择、批准等活动方能完成

“供应商准入”，通过起草、谈判、批准、签章、邮寄、收回和存档等一系列的活动方可完成“采购协议签署”。

- 作业

作业是为完成某一项任务所进行的一系列环环相扣的、具有经营和运作意义的最小工作单元。完成一项作业往往需要经历一系列更加具体的步骤，但一项作业只存在“完成”和“未完成”两个不同的状态。从企业经营和运作角度而言，作业完成前的任何中间状态都是和“未完成”状态等价的，没有必要对之进行一一识别。例如，创建采购订单在经营和运作方面的意义在于形成包含供应商、标的物、数量、价格、交付时间和地点等相关条款在内的完整文件，完成这项工作需要进行一系列的数据项输入，但其中任何一个数据项的录入都无法单独存在并具有经营和运作方面的完整意义，它们只是“创建采购订单”这个工作单元的一部分，创建采购订单是一个不可进一步分割的工作单元，即“作业”。

从以上对经营和运作活动的逐级划分来看，作业是企业动态过程中的最小元素，作业构成了任务，进而构成模式乃至领域，以及整个企业经营运作的完整动态过程。更重要的是，同一项作业可能出现在不同的任务中，服务于不同的任务。如果不同的任务中含有两项相同的或类似的作业，那么这些任务就应该尽可能共享（调用）同一项作业。这不仅有益于减少和消灭整个企业模型的冗余，使之变得更为简洁和有效率，而且也有利于更好地改善作业的一致性，实现作业的标准化。提高作业在不同任务中的重复使用率的必经之路是对作业按照相似性进行分类，为此，需要明确每一项作业的关键属性。一般而言，动宾词组是对作业进行简洁语义描述的最为恰当的方式，以“创建采购订单”为例，该项作业的动词为“创建”、宾语为“采购订单”。因此，作业的最为重要的两个属性是执行什么“动作”以及作用在什么“对象”上。按动作和对象对作业进行分类，辅之以必要的作业参数，是提高作业在不同任务中的重复使用率的基本策略，更为详细的作业属性相似性判断需要基于对作业基本构成的进一步分析。

作业的基本构成

如图 5. 1 - 3 所示，在技术层面对作业作出完整的定义，需要明确以下几个方面的内容：

- 事件

本书的4.2.3小节对由事件驱动的作业链（EPC）中的作业和事件做过详细的介绍。作业和事件是密不可分的，与作业相关的事件包括前提事件和结果事件。前提事件是某一个（或以逻辑运算相互连接的一组）能够促发作业执行的状态参数，结果事件是某一个（或以逻辑运算相互连接的一组）代表作业执行结果的状态参数。完整定义一项作业必须对其所有相关事件作出定义。

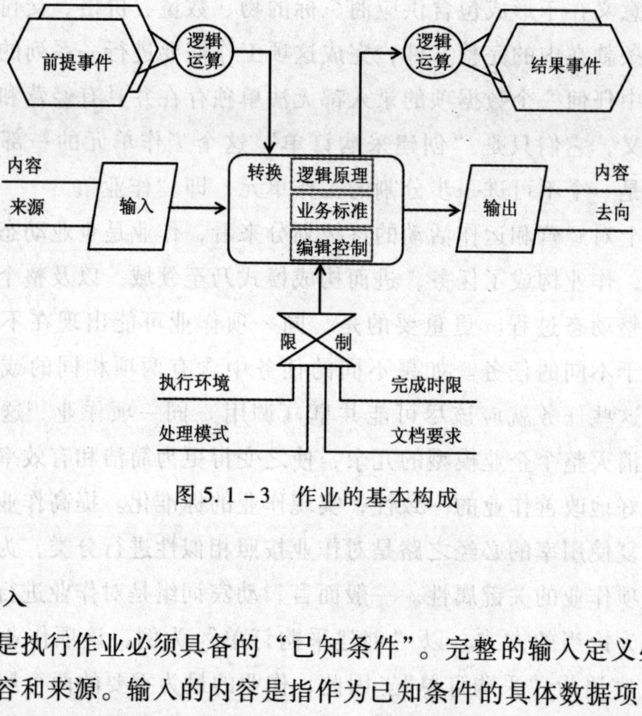

图5.1－3 作业的基本构成

- 输入

输入是执行作业必须具备的"已知条件"。完整的输入定义必须明确输入的内容和来源。输入的内容是指作为已知条件的具体数据项，输入的来源就是获得这些数据项的方式，一般包括纸质文档或其他事实、待上传的电子表格、待扫描的条形码以及集成在数据库中的数据项等。

- 输出

输出是作业执行后形成的"产出物"，包含内容、去向两个方面。输出的内容是指作为产出物的数据项。实际业务中发生的每一次事务处理都对应于一个具体的凭证，凭证是对一项独立事务的处理记录，不同种类的事务处理作业对应不同种类的凭证。输出的去向是指实现输出的具体方式或载体，一般包括纸质文档输出、向数据库输出、电子邮件输出等。

- 转换

转换是根据输入形成输出的过程，即作业主体（包括应用程序和作业人员）以“输入”为已知条件而进行的计算、判断、填写等步骤，从而形成“产出物”的过程，包括逻辑原理、业务标准和编辑控制三个方面。逻辑原理对每一个输出数据项的生成规则给出明确的定义，而无论这个规则是简单的还是复杂的。例如，作业“编制工资单”就必须生成员工的基本工资、个人所得税应纳税额和税后净现金收入等项目的金额，其中基本工资的金额是直接根据员工主数据中的基本工资数据项获得，而个人所得税应纳税额和税后净现金收入的确定就需要相对复杂的处理逻辑。业务标准为作业主体设定了执行作业时所需遵循的标准。例如，供应商交付的货物在品种、数量、合格率等方面必须符合相关标准，有关人员方能执行验收入库。在计算机应用程序环境中，编辑控制也是“转换”机制的重要环节。编辑控制决定在执行作业的过程中，哪些数据项是只读的，哪些是有限制的输入（例如在预先定义的列表中选取），哪些可以由作业执行人员自由输入。

- 限制

除了上述四个方面，执行环境、处理模式、完成时限和文档要求也是在定义一项作业时必须加以明确的。一个企业可能会拥有多个计算机集成应用系统和管理平台，在这样的企业中，不同的作业可能会在不同的应用系统和管理平台，甚至纯手工环境下执行，因此，必须明确每一项作业的执行环境以及某一项任务在不同环境之间的切换。在计算机集成系统环境中，对于作业的处理还存在着实时、批量、联机输入批量处理等不同的系统处理模式，为每一项作业选择恰当的系统处理模式对整个企业模型的运转效率至关重要。完成时限也是对作业十分关键的一项限制，通过设置完成时限，能够在可能的情况下为执行人员给出提示，甚至按照缺省值由系统强制执行，或者至少对有关执行人员的按时服务率做出客观的衡量。文档要求则是根据内部控制的要求对作业应该保留的纸质文档原件的规定。

5.1.3 组织

无论是法定场景还是管理场景，更多的是着眼于信息和概念范畴，其主要目的是衡量和报告公司的经营和运作业绩，它们都不直接承担日常经营和运作的具体任务。而组织则着眼于企业的活动，企业中的所有经营和运作活动都是由组织来承担的，它在企业的日常经营和运作中提供了跨越法定单元和管理单元的执行力和掌控力。设想这样一个企业，它在全球拥有很多家独立法人身份的制造公司并经营着多个不同的产品线。在某一个产能较为密集的地区，该企业决定实现统一的物料需求计划以获得更好的产能平衡；在该区域内，储运人员也需要能够具有跨法人和产品线的视野，统一进行日常的仓储和运送的操作；同时，该区域内的产品制造所需要的物料中，有几种战略性物料的采购需要归属到全球性采购的管理体系中去。另外，该企业需要按照经济发展水平和劳动力成本将其全球所有的机构划分成若干人力资源区域，并在这些区域内制定统一的工资政策。这类运作性安排都需要依赖于组织体系的设置方能实现。

组织的基本概念

组织是由肩负明确的共同使命的人员按照角色相关性所形成的，以职位为基本节点，具有特定职能、责任和权限结构的群体。

- 组织成员的共同使命

组织中所有的个人肩负明确的和共同的使命，否则，这样的群体就不是组织。共同的使命是个体成员形成组织的根本意图，在企业环境中，这个共同的使命就是企业的使命。组织中的所有个体成员必须认同这个共同使命并将这种认同体现在齐心协力的具体行动中，方能形成有效的合力实践企业的使命诺言。企业的使命是企业战略谋划需要解决的最为基本的问题，它决定了企业在社会经济环境中充当的角色和承担的责任。

- 组织内部的分工协作

组织成员具有共同的使命并不意味着他们承担相同的工作内容。相反，由于企业使命的复杂性和组织的庞大性，使命的达成需要组织成员的分工协作。因此，职能分工和不同职能之间的协作规则是组织的一个基本特征。通过分工，企业宏伟的使命被分解到了每一个员工每天的具体活动中，但随之而来的另一个问题就是责任。当一项任务需要由处于不同职位的个体共同完成时，这些个体之间在职能上出现缝隙，产生冲突就在所难免。换言之，即便每个个体都忠实地履行了各自的职能，任务仍可能无法达成，或者一方对其职能的认真履行反而成为另一方顺利行使其职能的障碍。为了避免因不同个体之间的相互等待、推诿和抵触造成的任务的流产，确保任务得以完成的责任以及任务流产所带来的后果必须落实到某一个具体的职位，而不能像职能一样分散在多个职位。唯有如此，职位之间的双边甚至多边界面才能得以协调，从而保证任务的完成。与责任相生相伴的应该是权限。权限是对责任的必要保障，是对事态发展的裁决权和对所需资源的调用权。

- 组织结构的最小单元

组织中的职位是承担上述职能、责任和权限的最小单元，是一项作业或一组作业的集合。同时，职位必须有一位或多位组织中的个体来承担，组织中的任何个体也都必须担任一个或多个职位。

图5.1-4是一个示意性的组织结构，该组织结构示意图以职位为基本节点（在图5.1-4中用带有帽子标记的矩形框表示）形成的具有层次特征的网状结构示意性地说明了企业模型对组织结构的展现方式和模拟手段。整个组织结构中，存在管辖性关系的职位之间通过由上级职位指向下级职位的有向实线相互连接，存在指导性关系的职位之间通过由指导职位指向被指导职位的有向虚线相互连接。除了管辖性和指导性关系，组织结构中职位间的连接可能还有其他的类型，在此不再做深入探讨。不同类型的连接关系在业务流程尤其是审批流程中会具有不同的作用和表现。

- 大型组织的层次结构

对于大型的企业来说，包含所有职位及其相互关系的组织结构不但因其过于庞大而不便得到完整的展示，而且在同一个画面中确定整个企业组织的所有细节在实践中也没有现实意义。通常的做法是，在构筑较高层次的组织结构时，首先将该组织划分成若干个组织单元并建立这些组织单元之间的从属关系，而后针对这些组织单元分别实施进一步的划分，如此层层细化，直至不可继续分解的职位。因此，组织单元是由相关职位所构成

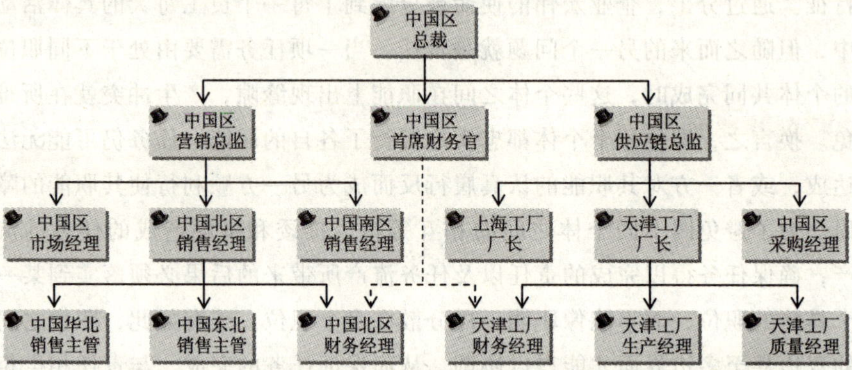

图 5.1－4　组织结构

的企业完整组织结构中的某个相对独立的局部。图 5.1－4 所展示的组织结构本身就可以被看做是一个组织单元。该组织单元还可以进一步划分成中国区总部、北方销售区、南方销售区、上海工厂和天津工厂五个组织单元，如此层层细化，直至组织的基本节点。

为什么需要组织

在企业模型中，组织的必要性主要体现在以下三个方面。

- 对作业机制的管辖和控制

组织对作业机制的管辖和控制作用可以直观地从三个方面加以理解：

(1) 企业的任何活动都必须通过组织来执行，任何一项作业必须由某个职位来承担。以产品发货确认为例，该项作业只能由处于储运类职位的特定人员才有权限执行。

(2) 即便业务的性质和类型相同，其作业机制在不同的组织单元也可能不完全一致。例如，计划类职位在进行采购订单的创建时，有的可能是基于 MRP 原理，而有的则可能是基于 JIT 逻辑。再比如，销售类职位在进行销售订单创建时，有的调用预先定义好的价格表中的价格，而且处理人员无法对价格做出改动；有的则允许执行人员对成交价格做出建议，并在通过相关级别的企业管理者审批后生效。

(3) 在一个复杂组织中，任何作业都必须明确其作用的范围，只有这样才能使组织单元间保持正常的分工关系、运作秩序和控制范围。例如，MRP 在哪个范围内运算，发货从哪个仓库出货、在哪个码头装载，收货后发到哪个仓库等。组织中的职位在作用范围的维度上为作业的执行设定了权限。

- 对实体型的管辖和控制

实体型需要依附于组织单元而建立，数据实体的型一般取决于具体的组织单元的业务需求，因此必须在相关的组织单元中进行定义。同一类实体型所包含的属性项在不同的组织单元可能有所不同，例如，在一个企业内部，不同的组织单元可能会因为法律制度、行业特点方面的差异而采用具有不同数据结构的实体型“销售订单”和“客户”。

- 对主数据的管辖和控制

组织对主数据的管辖和控制具体表现在：

（1）同类主数据在不同组织单元甚至不同职位之间往往是不能共享的。例如，不同组织单元的客户资料一般是无法共享的。

（2）一个主数据实体的属性项所涉及的范围和包含的内容很可能非常广泛而且深入，对这些属性项的创建和管理往往不可能（也不适宜）由个别职能独立完成。组织中的不同职位可以将这些属性项分割成不同的片段，不同片段的属性项由不同的单元来管辖和掌控。例如，企业会通过某个财务类职位来维护物料的标准成本等财务片段属性，而由某个计划类职位来维护其采购批量、提前期等计划片段属性。

（3）组织中的不同职位还可以将这些主数据实体的属性项分割成不同的级别。某些属性项在企业级进行定义，而对另一些属性项的定义则可以在运作单元级完成。例如，客户和物料都是企业模型中的对象，它们的编码和其他一些基本属性可以由这个企业来统一设置和分配，以便对同一客户的购买、信用等信息实行企业全局范围内的汇总，对同一物料的查询、比价和设计在企业全局范围内实现共享。

职位的基本原理

既然职位是组织的砌块，那么建立一个组织模型的基本任务就是创建该组织中包含的所有职位，即对组织中的每一个不同的职位一一进行定义。

● 定义职位实体集

职位实体集是和职位所承担的作业相关的数据实体在该职位职责范围内的子集。

从作业的基本构成可以了解到，作业决定了有关输出和输入的数据项控制以及有关数据项的编辑控制（只读、有限输入和自由输入）。然而，仅仅数据项控制和编辑控制两个维度尚不构成逻辑的完整性，这会导致企业运作需求解决方案上的盲区。例如，企业决定设立两个“创建订单”的职位，职位A负责北区的客户，职位B则负责南区的客户。这个简单的需求仅凭数据项控制和编辑控制两个维度的限制是无法获得满足的。因为作业“创建订单”提供的两个维度只能使这两个职位有别于其他非订单处理职位，而要进一步对这两个职位加以区分，必须对作业“创建订单”的实体对象“客户”实施分组，并将所有带有“北区”标签的客户构成的子集“北区客户”和职位A对应，子集“南区客户”则对应职位B。因此，职位实体集实质上是对职位作业权限控制的第三维度。

职位承担的每一种类的作业都可能对应一个或多个实体型，根据该职位的具体职责分工，可能需要对部分或所有实体型定义职位实体集。也就是说，在一个职位中的每个作业种类，可能存在一个或多个实体集。例如，为了减轻职位A的工作量，可以按照产品线将职位A进一步分为职位A1和A2，职位A1负责北区客户对产品线L11、L12、L13的需求，职位A2负责北区客户对产品线L21、L22的需求。在这样的情况下，职位A1所承担的作业“创建订单”需要对应客户子集{地区=“北区”}和产品子集{产品线=“L11”或“L12”或“L13”}；职位A2所承担的作业“创建订单”需要对应客户子集{地区=“南区”}和产品子集{产品线=“L21”或“L223”}。

● 定义和分配职位

在组织中，员工的作业和数据权限是通过职位在两个方面的关联来获得的。如图5.1-5所示，一方面，一个职位可能需要在若干个实体集中负责若干项不同的作业，这是通过建立该职位和若干作业、职位实体集组的关联来实现的。通过和作业的关联，职位履行其职能时所需要的作业操作权限（包括数据项控制和编辑控制）便得到了定义；通过与职位实体集的关联，职位在该作业操作中所负责的实体便得到了限定。另一方面，每一个职位可能会由若干人员来承担，因此，每个职位还必须和承担该职位的员工个体建立关联，通过关联，职位被分配给了员工个体，该员工个体便自然地承袭了该职位所应有的职能、责任和权限。

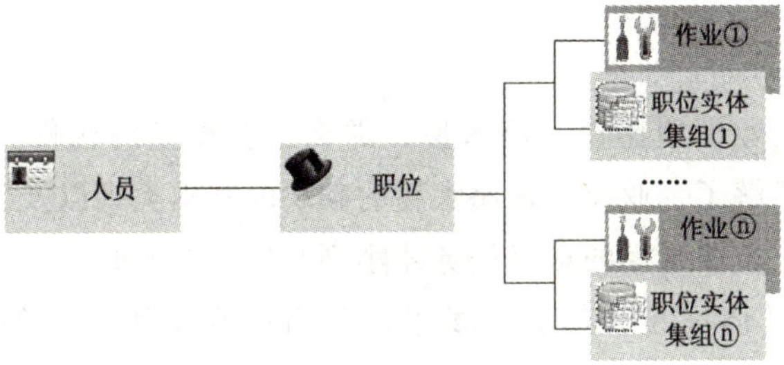

图 5.1－5　定义和分配职位

从以上描述可以看出，企业模型不是将职能、责任和权限直接分配给员工个体，而是在两者之间引入了“职位”作为连接和过渡。组织中的职位通过与作业和数据的关联来体现其职能、责任和权限方面的外延和内涵，又通过与人员的关联使得这些职能、责任和权限在实际中得到落实和遵循。这样，既能在对人员、职位、作业和数据进行定义时保持各自最大的独立性，又能通过它们的关联获得最大限度的灵活性，减少个体和职位之间的耦合。这也使得组织的内部分工不受具体人员流动的影响，保证了组织结构的稳定性。

企业的员工既是组织中担当着某个（些）职位的个体，又会是经营运作中诸如薪金发放、费用报销等交易的主体。作为组织中职位的担当者，在组织模型中需要获得和建立用于身份识别的信息，包括系统登录代码和密码、个人身份证件号码和身份证件影像扫描、家庭住址和户口所在地等，一般以登录代码为人员身份识别的关键字；作为交易的主体，也需要建立员工编号、姓名等身份识别信息，一般以员工编号作为交易主体的关键字。除此之外，员工作为交易主体时，还需要建立和维护交易处理所需要的其他主数据项，包括个人银行账号、工作年限、基本工资等。员工的这种身份的双重性是企业模型的所有实体中特有的。

5.2 模型构建和配置

如果将企业模型比作一座大厦，那么企业模型的构件就是大厦的砌块。在深入了解了企业模型这座大厦的砌块的基本类别以及各个类别的基本特性之后，企业建模的艰巨任务才刚刚开始。企业管理者需要确立企业需要的所有具体岗位、作业、场景，并用这些砌块来构筑企业模型的大厦。

5.2.1 企业模型的构建策略

ERP系统能够为各行各业、千变万化的企业所采用，其强大的功能应变能力源自ERP系统所采用的企业建模策略、方法和工具。

基本策略

任何一个企业模型都不是在旦夕中凭空创建的，它们都来自企业实践，具有继承性。企业建模应以现有实践需求为基础，才具备现实可操作性。企业又是一个在变化的环境之中不断自我演进的机构，企业建模应以企业长期战略为方向，才能在较长的时间范围内适应和支持战略目标的实现，避免频繁地调整和改动。在商务环境中，管理者的首要任务是为企业进行战略谋划。战略谋划就是确定企业的使命定位、长期目标以及实现这一定位和目标的基本策略和时间进程。当企业根据自身的资源优势和劣势以及在外部环境和产业结构中的机会和威胁确立了差异化的生存方式，锁定了市场份额、销售收入、经营利润、社会责任等长期目标，并根据这种定位和目标进一步制定了基本的实施策略和时间进程之后，落实和实现既定战略的经营运作体系的设计才成为有的之矢。

企业模型的分析、设计和构建必须以终为始，紧紧以企业战略的实现为目标，以现有实践为起点，从场景需求、组织需求以及活动需求入手，由全局到细节分析企业需求，再由细节到全局地构建企业模型。

零基建模

零基建模基于 ERP 企业模型管理平台的建模环境和建模工具对企业的需求模型进行具体分析、自主设计和零基构建。零基建模完全不同于企业商务应用系统的传统型定制开发，零基建模无需电脑程序的编写、数据库的创建等手段，"零基"的含义绝不是用纸笔从头开始对企业模型进行原理、结构方面的构想以及实现策略、软件开发方面的尝试，而是在企业建模理论的框架下，运用 ERP 企业建模工具，完全通过对企业模型的标准构件的预制、关联和拼装来实现企业建模。如图 5.2－1 所示，零基建模包含需求分析、要素整理和模型构建三个阶段。

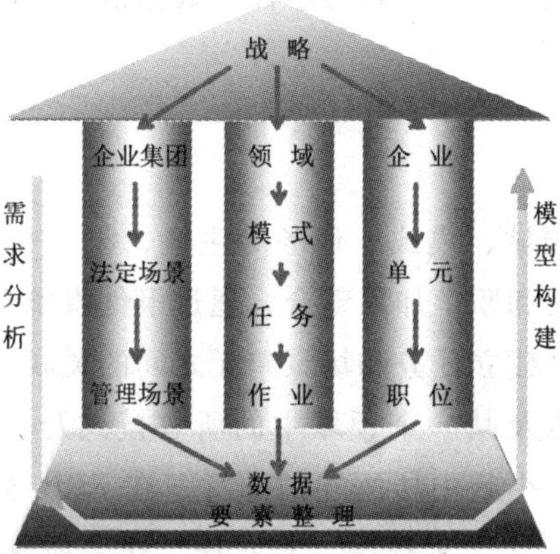

图 5.2－1　零基建模

- 需求分析

需求分析就是从企业的战略要求出发，由上至下逐层确定企业的场景结构、活动结构和组织结构，直至最为具体的"基本构件"。对于场景结构而言，需求分析帮助企业确定有哪些具体的法定单元、资产负债表单元、损益型基本单元和成本中心以及这些场景单元之间的相互关系；组织结构分析，通过组织单元的逐层细化最终确定整个企业内部的所有职位以及这些职位之间的相互关系；而活动结构分析，则沿着领域、模式、任务的方向确定企业所需要的作业。

- 要素整理

任何一项作业都是由不同的事件、数据项、输入方式、输出方式、转换逻辑、业务标准、编辑控制、运行环境、处理模式、处理时限、文档要求等要素构成的，如果将“作业”比喻成一个独立的装置，那么这些要素就是构成这个装置的零件。要素整理就是综合从需求分析中获得的所有作业，对构成这些作业的要素进行的标准化处理，从而获得一整套能够拼装所有作业装置的“标准零件”，最大限度地实现“零件”的重复使用。ERP企业模型管理平台一般可以对输入方式、输出方式、转换逻辑、编辑控制、处理模式和处理时限等要素进行较为深入的标准化处理，需要企业建模人员重点整理的作业要素有事件、数据项、作业标准、运行环境和文档要求等。

- 模型构建

模型构建是以领域、模式、任务为主线，将“标准零件”组装成作业，将作业、实体集和职位加以整合，通过事件将整合后的作业相互连接形成某一个任务，并建立任务和场景单元之间的关联，继而覆盖某一个模式下的所有任务，以及某一个领域中的所有模式乃至整个企业的所有领域。正如本书2.3.3小节中所阐述的那样，在ERP企业建模环境中，企业需求模型是基于ERP企业模型“积木块”拼装而成的。

参考模型

优秀的商业化ERP系统不局限于为其用户提供零基建模的手段，它们往往还会为用户提供参考模型，以期降低用户需求分析和模型构建的难度，缩短企业建模的周期。

- 什么是参考模型

参考模型是ERP系统开发商借鉴和运用现代管理的先进思想和最佳实践，针对几乎所有常见和基本的业务操作和事务处理需求，在企业建模理论的框架下，运用ERP企业建模工具，通过对企业模型的标准构件的预制、关联和拼装为用户企业提供的通用性成品企业模型。由于企业经营和运作实践的多样性，研究、分析、设计和构造参考模型的难度可想而知。ERP 系统开发商往往针对企业经营和运作实践的共性提供一般性通用模型，并在此基础上，为具有行业特性、区域特性的企业经营和运作实践提供针对性通用模型。

- 参考模型的得与失

参考模型为 ERP 系统的企业用户完成企业建模提供了强大的手段和快捷的途径，它使得企业能够通过对参考模型中既有的成品方案的选择和调配获得适合企业需求的解决方案，而无须对企业模型进行“零基”构建。由于 ERP 系统开发商的专业优势，参考模型一般会比企业通过零基建模获得的企业模型更加严谨、完整，具备更强的可配置性。但是，参考模型也不同程度地消除了企业之间在业务操作和事务处理上的差异性。有时候，商业化 ERP 应用软件甚至会迫使企业放弃其在长期实践中形成的、体现企业竞争差异的独特解决方案而转向 ERP 系统开发商在参考模型中提供的成品方案。同时，参考模型的高度可配置性也给企业实施 ERP 的过程带来了技术方面的挑战和功能方面的浪费。企业不仅需要理解数以千计、万计的参数，为它们选择正确的取值，而且很多对企业并不适用的可配置特性也成为一种闲置的资源。

- 基于参考模型建模

多数参考模型致力于企业模型中的“活动”，沿着企业、领域、模式、任务的路线，将所有常见和基本的企业经营和运作“活动”有序地组织成树状结构，以便用户由全局到细节层层深入地选择与本企业需求相关的活动。和零基建模类似的是，企业用户甚至可以深入到任务内部，对非关键作业做出增、减和顺序上的调整，对作业的基本要素进行增、减和修改。

在基于参考模型的建模方式下，企业仍然需要和零基建模一样，根据其现状和未来的需求，定义所有必要的场景单元，构建法定和管理场景结构，定义所有需要的职位，构建组织结构，并完成场景和任务、职位和作业、职位和人员的相互关联。

5.2.2 企业模型构件的创建

由需求分析入手将企业战略逐层分解，再经要素整理形成企业模型的标准构件，最终通过标准构件的组装形成企业模型，这是企业建模策略和方法所揭示的一般建模过程。在这个过程中，标准构件的形成机制是一个需要进一步深入研究的重要课题。

创建模型构件的基本策略

创建企业模型构件的基本途径就是为一个构件个体定义一组特定的属性值，这一组属性值使得不同的构件个体具备各自的特征并得以相互区别。如果将具体的企业模型构件个体称作“值”，那么，ERP的企业建模环境中提供的构件创建手段就是构件的“型”。构件的型是描述同一类型的构件个体的特征的统一方式，是该类型构件的所有属性的集合。创建构件个体就是对该构件类型的所有属性进行赋值的过程。例如，作业是企业模型的构件类型之一，对该构件类型的某一个体的定义需要通过为作业代码、作业名称、作业描述、前提事项、输入数据项，输入方式、逻辑原理、业务标准、输出数据项、输出方式、结果事项、处理方式、执行环境等属性项逐一进行赋值来完成。

在定义作业的过程中，作业的每一个输入和输出数据项都需要得到明确，每一项作业可能使用和生成多个数据项，某个作业所使用或生成的数据项中，有一个（些）可能会和另外一个（些）作业所使用和生成的数据项相同，这给数据项的唯一性带来了风险。彻底避免数据唯一性风险的根本解决之道就是在创建任一作业个体之前，对企业模型中的数据项进行完整、统一的定义。之后，在创建作业个体的环节，通过从这些预制的数据项中进行选择的方式逐一确定其输入和输出的数据项。

根据本书4.1节的介绍，数据项是实体的属性，因此数据项的创建和组织必须以实体为中心，这也是彻底保证数据项唯一性的必经之路。和企业模型构件的“型”和“值”的概念类似，实体也存在型和值两个方面。实体型包含了与该实体有关的所有数据项以及它们的选择性和限制性设置，而实体的每一个值则是按照“型”的规范创建个体时对各个数据项的一组赋值。按照规范化理论，这一组值会存在于一张或多张相互关联的二维表之中。企业经营和运作需要涉及的每一种不同的实体，都需要特定的实体型与之对应。

构件和实体属性项的特点

无论是模型的构件类型还是数据的实体类型，其属性项都必须满足以下三个方面的要求。

- 属性项的完整性

构件型和实体型中必须包含能够准确地对类型中的任何一个个体的身份加以识别、对其特质加以差异化定义所必需的所有属性项。仍然以作业为例，如果在企业建模的过程中，运用作业的现有属性项无法按照企业经营运作的需求完成某两个作业的创建并使得它们既具备必要的功能，又能够相互区别，那么，此时的“作业”所包含的属性项就是不完整的。构件型和实体型中的属性项的多少对构件个体的功能丰富性有着先天性和决定性影响。

- 属性项的选择性

很显然，并不是所有的属性项都具有相同的重要性。构件型和实体型必须能够确定其每一个属性项是必选项还是可选项。必选项具有不可缺省性，它们对构件和实体个体的身份识别或特质差异存在影响，用户在创建构件和实体个体时必须对“必选属性”项赋值。构件型和实体型中的大部分属性项都是“先天性”必选项，用户无法将它们改变成可选项，但用户可以将“先天性”的可选项改变为必选项。除此而外，一般的构件型和实体型还应该允许用户自定义属性项，并将其指定为必选项或可选项。

- 属性的赋值限制性

构件型和实体型中的大部分属性项需要服从预定的赋值限制以保证属性值的合法性。数据的合法性是保证数据质量以及避免数据处理异常的有效手段。从用户自由赋值到系统自动赋值，属性项的赋值存在着从宽松到严格的多种限制形式。

（1）自由赋值。顾名思义，用户可以进行任何内容的赋值。自由赋值一般为纯文本格式，其赋值长度也是存在一定限制的。

（2）格式限制。该类赋值限制保证赋值合乎标准的格式（包括数据类型、长度等），但对内容没有具体的限制。

(3) 自由定制。该类型的赋值限制允许用户预先自行定制标准备选值列表，赋值时在备选值列表中进行选择。

(4) 强制复选。强制复选只允许用户从 ERP 企业建模系统预先定义好的列表中选择一个取值或同时选择多个取值。

(5) 强制单选。强制单选只允许用户从 ERP 企业建模系统预先定义好的列表中选择一个取值。

(6) 自动赋值。该类赋值完全由 ERP 企业建模系统自动执行，无法进行人工干预。

赋值限制是对数据输入环节的控制手段，这并不等于说用户眼睛所“看见”的数据一定就是它们被输入时的样子，ERP 系统完全可以按照用户需要的输出格式将这些数据展示给用户。

类别、类型、模板和个体

从“型”到“值”的个体创建策略的普遍性和重要性不言而喻。下面从宏观到微观，在类别、类型、模板和个体四个层次上，对这一基本策略的应用场合加以梳理，以帮助读者进一步加深对企业建模的正确理解。

- 类别

正如本小节第一段落中所阐述的那样，从“型”到“值”的个体创建策略的应用领域主要包括模型构件和数据实体两个方面。企业模型中主要包括场景、活动和组织等不同类别的构件，而数据实体也可分为静态实体、动态实体和关系实体等类别。静态实体是现实世界中的基本经济元素，客户、员工、仓库、物料、供应商、产品、设备等都是静态实体的具体实例，描述静态实体属性的数据项统称为主数据；动态实体是针对上述基本经济元素进行的事务处理记录，订单、发票、出库单、检验单、会计凭证等都是动态实体的具体实例，描述动态实体属性的数据项统称为交易数据或者凭证数据。另外，关系数据库为了反映实体间的多对多关系，需要将双方的关键字嵌入到一张表现双方联系的新的二维表中，形成诸如价格表、BOM 等关系实体。关系实体是一种特殊形式的静态实体。

- 类型

模型构件和数据实体的每一个类别又可以进一步细分为类型，模型构件和数据实体的“型”是和模型构件及数据实体的“类型”相对应的。以静态实体类别为例，它含有客户、员工、仓库、物料等不同的类型，每一个实体类型都会对应一组属性项。构件型和实体型的数量多少决定了可以创建的构件值和实体值的种类多少，这在很大程度上决定了 ERP 企业模型的能力大小。

- 模板

理论上讲，有了“型”，就有了确定的属性项，“值”可以直接通过给这些数据项的赋值得以创建。但有时候，在型和值之间，还需要有“模板”存在。这是因为“型”往往包含大量的属性项，在创建个体时对这些属性项一一赋值将会对值的创建效率形成重大阻碍。为了克服这一困难，ERP 建模工具允许用户针对同一个型建立若干组典型的赋值来对应该型中的细分种类，以这样的模板为基础创建值时，只需要对少量数据项的赋值进行补充或修改，从而大大提高了值的创建效率和准确度。

- 个体

模型构件和数据实体的值（个体）对企业建模和模型运行有着不同的地位和作用。模型构件的型是 ERP 企业建模环境提供的，而模型构件的值和数据实体的型是在模型构建的过程中创建的，数据实体的值则是在企业模型运行的过程中创建的。

5.2.3 企业模型的参数配置

参数的概念

事实上，模型构件和数据实体的属性项可以分为数据项和参数项两类。数据项描述的是构件或实体的表征属性，其赋值由一般用户创建个体值时完成；参数项则定义了构件或实体的控制特性，其赋值一般由企业建模团队在创建模板时完成。例如，与实体型“仓库”相关的数据项有仓库代码、仓库名称、仓库地址等，这些属性项通常由负责仓库主数据维护的一般用户根据企业经营运作的需要在实体值创建或修改的环节加以赋值或修改；而诸如成本移动假设、成本跟踪、数量跟踪等参数项，则往往由企业建模团队通过模板的创建在后台完成配置，一般用户在创建实体值时，只需要选择不同种类的模板，完成数据项的赋值，而不需要，也不可能对后台的参数项的配置加以改动。

ERP系统功能的应变能力，首先是通过以企业模型标准构件的预制、关联和拼装为核心的建模策略来获得的，在企业模型标准构件的预制、关联和拼装基本完成以后，其进一步的功能适应性则源自企业模型中的各个相关的参数项的具体赋值，即参数的配置。由基本构件组成的企业模型只是一个静态框架，参数所要做到的是对这个静态框架的动态表现产生影响。参数存在于许许多多二维表中，这些表中的每一个参数项都对应于企业模型中的一个具体的静态细节，调整某一个参数项的具体取值，就会改变企业模型的相关功能表现。因此，这种功能适应性策略被称为“表单驱动”或“参数驱动”。参数驱动策略能很方便地对业务需求差异和变化做出反应，应用程序的编程和运行依赖于表单中相关数据元素的取值，同样一段程序针对表单中相关数据元素的不同取值会出现不同的反应。

例如，售前服务人员在创建一份新的销售订单时选择标准报价，ERP系统就会从标准价格表中获得标准售价，并屏蔽掉售前服务人员在该订单中对价格进行修改的权限，之后，这份销售订单就可以不需其他人员的审批而直接进入发货流程。相反，如果售前服务人员在创建一份新的销售订单时选择特殊报价，ERP系统还会从标准价格表中获得标准售价，但会允许售前服务人员在该订单中对价格进行修改，之后，这份销售订单需要根据设置好的审批权限获得有关人员的批准方可进入发货流程。这里，创建销售订单时选择的价格类别是决定销售订单处理流程的十分重要的参数。

参数的作用

事实上，参数是表达和定义模型构件和数据实体的特殊属性项，参数必须依附于模型构件和数据实体而存在，它们是为参数提供寄宿的主体。参数分布于各种类型的主体中，它们的作用随着主体类型的不同而不同。

在数据实体方面，静态实体中的参数描述和说明的是基本经济元素的控制特性，它表达的是“对什么对象”进行作业处理。作业处理的具体方式可能因作业的对象而异，通过安置在静态实体中的参数，差异化作业处理需求有可能得到恰当的表达。同样，动态实体中的参数描述和说明的是作业处理的控制特性，它表达的是对一个对象"做怎样的处理"。动态实体是针对基本经济元素所进行的作业处理的凭证数据，不同类型的作业对应不同类型的凭证，通过安置在不同的凭证类型中的参数，差异化的作业处理需求有可能得到恰当的表达。

在模型构件方面，场景参数帮助确定场景单元的会计科目表、本位币种类、父节点和子节点等控制特性，组织参数帮助确定职位的作业权限、列权限和行权限等控制特性，作业参数帮助确定作业的前提事项、输入数据项、输入方式、逻辑原理、业务标准、输出数据项、输出方式、结果事项、处理方式、执行环境等控制特性。报告是按照一定规则对主数据和交易数据进行加工后形成的格式文件。作为一种特殊形式的作业，报告生成也需要依赖于相关的参数，以便使得一个报告生成规则能够尽可能多的得到重复使用。

参数的机制

为了满足企业模型的功能需求，参数的定义、赋值和作用等环节需要存在某些约定，遵循一定的规则，采用必要的方式，这些约定、规则和方式统称为参数的机制。现举例如下：

- *参数的主体层次*

自定义参数值是参数主体的某个参数项的一个可能的取值，但定义该参数值的过程往往是在对另一个主体展开描述，需要对该另一个主体内部所包含的参数项赋值，这体现了参数的主体层次。例如，在资产管理领域，每一项资产个体必须归属为特定的"折旧组"，资产个体的折旧组属性项的取值决定了该项资产个体的折旧年限、残值率和折旧方式，因此，"折旧组"是资产主体中的一个参数项。为了能够使得每一项资产个体在创建的时候能够从标准的折旧组值列表中选择标准的折旧组值，这些标准的折旧组值必须预先得到定义。而定义这些标准折旧组值的过程，就是通过对折旧组主体的属性项进行赋值，创建折旧组个体的过程。这样，先在折旧组主体下创建折旧组个体，形成标准的折旧组值列表，之后，在资产主体下创建资产个体时，将某一个折旧组值作为资产个体中折旧参数项的赋值。再比如，在定义法定场景单元时，需要确定该单元的诸多属性值，例如，单元编码、单元名称、币种、会计科目表编码、税率表编码等，而对会计科目表、税率表的具体内容的定义须由实施人员在此前预先完成。这些实例都体现了参数定义和赋值过程中的主体层次机制。

- 参数的赋值方式

根据参数值的稳定性，参数的赋值方式可以分为配置性和运行性两个基本类别。前者是在企业建模过程中对模型进行配置时使用到的参数，一旦完成配置，在企业经营运作需求保持不变的情况下，一般不需要，也不适宜对该类参数做出调整。后者是在企业模型进入正常运行状态后，在用户的具体操作中使用到的，或者自动生成的系统参数，该类参数会随着用户任务类型和进程的不同而变化。在 EPC 中表示事件状态的参数就是十分典型的运行性参数的实例。

- 参数的优先级别

作用相同的参数可能会在两个或多个主体中存在各自的取值，这些取值之间可能存在正常的冲突。解决这类正常冲突的策略就是预先为不同主体的参数设定优先级别，以优先级别高的主体参数值为有效值，在优先级别高的主体参数值缺省的情况下，位居次优先级的主体参数值将决定企业模型的功能表现，以此类推。确定优先级别的一般规律是特殊高于普遍，即隶属于影响范围具体的主体的参数较隶属于影响范围宽泛的主体的参数更为优先。参数项所在的主体的影响范围越具体，系统所具有的功能就越灵活。例如，原材料验收入库的会计分录的借贷科目可以在资产负债表场景单元、原材料标准采购单以及某个具体的物料三个不同的主体中设定，其中，安置在具体物料主数据中的借贷科目的优先级最高，安置在资产负债表场景单元中的借贷科目的优先级最低。

5.3 财务职能的框架

财务可以概括地理解为价值运动。在价值运动中获得资金的增值是企业的根本目标，也是财务管理肩负的使命。从这个意义上讲，企业的具体经营业务只是实现企业根本目的的手段和途径，无论企业从事什么行业的业务，也无论其业务的商务模式是什么，它们的根本目标是同质的。基于这样的认识，也就不难理解财务和企业中的每一位员工高度相关的道理，因为他们的工作表现都将会对价值运动中的资金增值产生影响。也正因如此，财务应该成为企业内部各个职能部门的通用语言，这些职能部门的经理人必须了解自己的某项决定会给企业带来什么样的财务后果，这种后果是否是企业管理者预期的或能够接受的。另外，当企业确立了一定时期内的财务目标之后，各个部门的职业经理人也应该明白为使得企业实现这一财务目标，自己需要采取怎样的行动。

由此可以看出，财务管理决不是某个封闭角落中的几个乏味的职员的“古怪”的作业，财务管理应该是能够让各个职能部门了解各自的目标和行动，不断提升企业整体经营业绩的、无处不在的智慧、引擎和工具。要达到这样的境界，需要企业管理者和财务职业经理人具备对财务角色的深度理解以及能够对这种理解进行广泛的实践性诠释的解决方案。

5.3.1 企业财务管理的实践框架

和财务管理的知识体系相比，财务管理的实践框架对于企业管理者和财务经理人更为重要。财务管理需要应对战略、经营和操作层面的实践挑战。运用财务的智慧进行资本的运筹是战略性财务的课题。资本运筹的任务就是寻求适当的资金来源，并将资金投入到适当的项目之中，实现可持续性的资本增值。当一项投资进入经营运作期，经营性财务便成为经营的内置引擎，通过贴身的计划、控制和分析，为经营提供方向和动力。而操作性财务的主要任务是完成经营活动中的交易处理、记录和报告。如图5.3-1所示，在企业环境中，这一实践框架包含了战略性财务、经营性财务和操作性财务三重角色。

战略性财务

资本的唯一目的是获得最大限度的增值，资本增值的最终源泉是企业的经营利润。然而，如果财务人员将眼光仅仅局限在企业的经营业务中，那他们将遗漏资本市场价值“函数”中的几个十分重要的变量。这些变量置身于企业经营业务之外，而对它们的考察和决策正是战略性财务的职能。

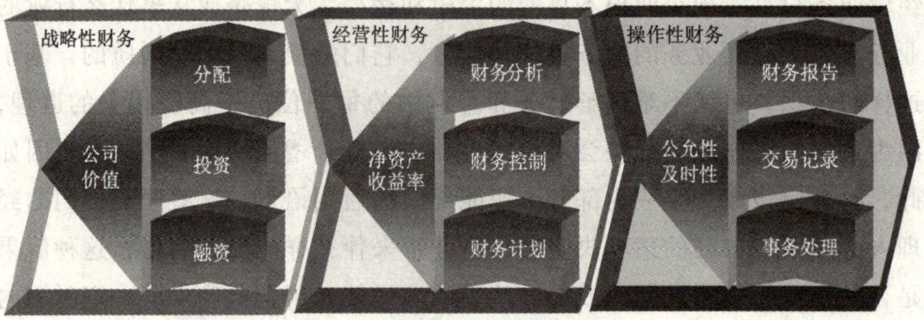

图 5.3-1 财务的三重角色

● 主要责任

使得资本的市场价值最大化是战略性财务肩负的使命。资本是以增值为目的投入到使用或持有过程中去的现金或其他具有货币价值的资源。当现金和其他具有货币价值的资源在某一个时点进入以增值为目的的使用或持有过程后，它们会在资本市场获得一个估值，这种估值往往会和现金的投入金额以及其他资源在投入时点的货币价值相互分离，其大小取决于人们对现金和其他具有货币价值的资源在使用或持有过程中的增值能力和风险的判断。战略性财务的责任就是力求资本获得最大的市场估值。

● 基本原理

首先，指导战略性财务思考和履行其职责的重要原则首先是资金的动态价值，在这个原则下，今天的一元钱比明天的一元钱具有更大的价值。资本的市场估值取决于资本在使用或持有过程中的增值能力，这个能力体现在一定时间区间内的增值率，因此它包含数量和时间两个方面。在同样的时间区间内，增值率越高，资本的市场估值就高；在增值率相同的条件下，实现这一增值所需要的时间越短，资本的市场估值就高。其次，战略性财务对价值的衡量是以现金的流出和流入为依据的，而不是采用会计上的损失和利润以及会计上的支出或收入。现金的流出客观和清晰地明确了现金和其他具有货币价值的资源投入到以增值为目的的使用或持有过程的时点和金额，而现金的流入则客观和清晰地明确了资本获得回报以及投资收回的时点和金额。最后，市场对资本在使用或持有过程中的增值能力高低的判断是相对于资本在这个过程中所需承担的风险大小来确定的，人们对资本所承担的风险需要通过相应的资本增值加以补偿，这就是战略性财务所需遵循的风险补偿原则。资本在使用或持有过程中所需承担的风险越大，资本持有者要求获得的增值就越高，在增值能力相同的条件下，资本的持有者则会更加青睐于低风险的使用或持有过程。

- 具体职能

由上述基本原理可以看到，资本的市场价值取决于预期回报率以及能够获得这种回报的时间和相应的风险，战略性财务通过以下三个途径对资本的市场价值产生影响。

(1) 融资。在资金短缺的情况下以何种方式和渠道取得资金？不同的方式和渠道各取得多少？通过任何方式和渠道获取的资金都是需要付出成本的。此外，不同来源的资金，或者会增加现有资本的财务风险，或者会稀释现有资本的获利能力，最终都会对资本的市值产生影响。

(2) 投资。将有限的或闲置的资本投向何处？怎样在纳税、法律、地域、行业等方面进行筹划，才能最大限度地获得增值，从而拉动资本的市值上升？

(3) 分配。在向资本发放现金回报和将现金留存在经营循环中实现更大的增值之间进行平衡，以建立市场对回报的现实性和可持续性的双重信心，从而获得市场对资本增值的最高预期。

在企业实践中，上述职能主要体现在融资策略的确立和操作、投资项目的评估和决策以及股利政策的制定和落实上，除此之外，税务筹划、风险管理、资金管理、投资人关系管理等也是战略性财务需要承担的重要职责。

经营性财务

当资本通过投资决策进入业务经营循环，财务的角色也从战略性财务转向了经营性财务。经营性财务针对承载价值运动的经营业务进行计划、控制和分析。企业的经营业务是经营性财务需要关注的唯一主题。经营性财务需要协助管理者在一定的战略和假设下对经营业务作出思考和部署，了解其可能产生的财务结果，并在这个过程中对诸如现金、人员、产能等资源的需求进行量化分析和论证。在业务的经营过程中，经营性财务需要对不同业务场景的关键控制节点加以识别并实施密切的监控，对经营风险加以识别、评估并尽可能规避，对于无法规避的风险，通过预案将损失减至最小并尽早建立必要的财务对冲准备。基于经营业务的事实性数据，经营性财务还需要对经营的得失加以分析和挖掘，以期找到扭转颓势、扩大成功、实现延伸性目标所需采取的策略和措施。

- 主要责任

经营性财务需要保证财务计划和预测的合理准确性，财务控制对风险评估、损失预防的充分有效性，以及经营管理所需财务信息的及时可获得性。

- 基本原理

和战略性财务不同的是，除了针对局部性固定资产投资的分析和论证以外，经营性财务的计划、分析和控制活动均基于会计利润和资金的静态价值，注重帮助企业制订和达成有挑战性的目标和计划，改善经营业务的获利能力。由于净资产回报率是公认的企业获利能力综合指标，它既反映了企业已经进行的经营活动所形成的财务表现，也包含了为预期的风险和负债所建立的必要财务准备，而该指标又可以层层分解，完整地覆盖资产负债表和损益表中对企业获利能力存在影响的所有重要因素，因此，杜邦分析体系应该是指导经营性财务的核心理论。该体系包含了所有关键和重要的、绝对的和相对的财务指标，并清楚地展示了它们对企业综合获利能力的贡献方式。

当然，评估和管理一个企业不能仅仅使用财务指标，对许多关键性非财务指标的关注能够帮助管理者更加全面和客观地认识企业的现状，更好地为企业设定中长期的目标和愿景并引领企业逐步达成和接近这个目标和愿景。在企业实践中，经营业务的目标既包含绝对指标，又存在相对指标，既有财务指标，也有非财务指标。这些指标往往相互制约，保证了企业的可持续发展。重要的绝对指标实例有销售收入、息税前利润、市场份额和员工满意度等，重要的相对指标实例有净资产回报率、应收账款天数、准时交付率、首验合格率等。这些指标中，销售收入、息税前利润、净资产回报率和应收账款天数属于财务指标，市场份额、准时交付率和首验合格率属于非财务指标。

● 具体职能

经营性财务的具体职能包括：

（1）财务计划。这方面的职能主要包括：①根据企业管理者的经营管理需要建立和实施中长期和短期财务计划和预测的流程和模板，保证所有的假设都存在充分的论据，并且得到完整的记载，在计划和预测的各个不同版本之间的变动以及它们和实际之间的差异都能够得到清晰的追踪和必要的解释，计划和预测未能覆盖的主要风险和机会能够得到明确的识别和审视；②协调和管理财务计划和预测的具体过程，对来自不同方面的数据进行预审和合并；③整理形成计划和预测的成套的完整资料和要点概览并向管理者进行综合性陈述。

（2）财务控制。这方面的职能主要包括：①根据企业经营业务的具体情况，识别经营环节的关键节点并建立必要的财务控制机制；②执行业务经营绩效的定期回顾并根据财务分析的线索推动和跟踪相关职能部门针对经营中出现的问题或机会形成和落实有效的措施和方案。

（3）财务分析。这方面的职能主要包括：①识别经营管理对状态和过程信息的需求，设计和开发满足这些需求的格式化报告；②在诸如销售订单和销售收入、销售毛利和产品成本、按成本中心划分的期间费用、客户信用状况、存货周转、固定资产及投资变动、应付账款周转等领域识别和设计能够满足经营管理信息挖掘需求的分析工具；③为管理层提供月度财务分析综述。

操作性财务

企业经营过程中的业务活动，需要通过财务的职能加以记录和报告，这就是操作性财务的角色。操作性财务针对价值运动所形成的事实进行事务处理、交易记录和财务报告。它致力于对事实性数据的处理，按照明确的步骤和方法进行机械性操作，利用系统现有的数据完成各种重复性的标准格式报告。

● 主要责任

操作性财务是所有财务职能的基石，其主要目标是：

（1）在基于有效证据支持的事实且合乎相关法律、标准和规定的前提下，保证财务业务操作、事务处理和会计处理的合规性、准确性和及时性。

（2）保证为各个利害关系方面准备的各类财务报告的及时性以及这些报告中的数据和财务账本中的数据的一致性。

（3）通过改善方法和流程，不断提升自身的操作效率。

- 基本原理

操作性财务以财务会计为核心，它建立在一些基本的前提和要求之上，主要包括：

（1）以会计主体、持续经营和会计分期为基本假设；

（2）以货币为计量单位，采用复式记账法，遵循权责发生制；

（3）对资产、负债、所有者权益、收入、成本、费用和利润进行系统化的严格核算；

（4）向企业内外的各个利害关系方提供符合可靠性、相关性、完整性、重要性、实质性、明晰性、可比性、谨慎性和及时性要求的会计信息。

操作性财务需要遵从十分严格的规则体系，包括一国甚至多国的会计准则、税务管辖地税务机关的申报和缴纳要求、来自企业内部各级管理者的经营管理性需求。

- 具体职能

操作性财务的具体职能包括：

（1）核算体系。建立和维护包括会计科目表、费用分摊规则、报表映射关系等要素在内的会计核算体系框架以满足经营管理、业绩考评、会计准则、纳税申报等多方面的报告要求。

（2）作业流程。这方面的职能主要包括：制定、维护、落实和监管每一种可单独识别的作业的标准操作流程；为会计期末结账的计划、控制和审核建立适当的程序和规定；对例外情况加以识别并在必要的时候为重复出现的例外情况建立标准的处理流程。

（3）日常操作。这方面的职能主要包括：监督诸如购买、打印和邮寄发票、获取、核对和归档银行回单等财务业务操作，以保证其合乎标准操作程序的规定；监控单据审核、会计簿记和凭证存档等会计事务处理以保证其合乎标准操作程序的规定；根据会计期末结账程序中设定的进程、清单和工具对会计期末结账的具体过程加以控制和记录；按时完成和报送利害相关各方需要的所有财务报告，并在必要时在集成的数据库或档案中心加以统一保存，确保报告上的数据和会计账目明细保持一致。

（4）审计协助。这方面的职能主要包括：①在强制性的年度账目审计中和外部审计师相互协调，共同确定审计的具体安排；②根据外部审计师的具体要求提供必要的证据、资料、分析和说明；③获取外部审计师的审计意见并给予必要的和适当的反馈，针对外部审计师在审计过程中提出的问题进行必要的调查、分析和讨论，对审计报告草稿进行必要的审核并作出必要的反馈；④针对外部审计师提出的、经企业管理层最终确认的管理意见和建议，协同各相关部门采取有效的措施在明确的时限内加以纠正；⑤及时取得并妥善保管好由外部审计机构签发的正式审计报告。

5.3.2 企业模型的内部控制要求

内部控制一直都是伴随财务管理职能的一个重要课题，随着越来越多的公司舞弊和财务丑闻的出现，相关的行业规范和政策法规对内部控制的要求也越来越明确和具体，这使得内部控制成为企业日常运作机制不可分割的一部分，因此作为企业日常运作机制的理性抽象和系统再现的企业模型必须针对内部控制的框架提出有效的解决方案。

内部控制的权威文献

学习内部控制的权威文献，是了解内部控制内涵、建设有效的内控体系和评估内部控制状况的重要起点。在全球范围内对内部控制实践具有重要影响力的权威文献主要源自美国，其中包括：①由全美反舞弊性财务报告委员会发起组织（COSO）1992 年编写并于 1994 年修订的《内部控制集成框架》（原文为"*Internal Control—Integrated Framework*"，Committee of Sponsoring Organizations of the Treadway Commission，copyright 1992，1994，简作"COSO 的内控框架"）；②美国注册会计师协会 1995 年发布的《审计准则公告第 78 号——在财务报告审计中对内部控制的考虑》（原文为"*American Institute of Certified Public Accountants SAS No. 78——Consideration of Internal Control in Financial Statement Audit*. An Amendment to SAS No. 55，New York，AICPA 1995"）；③美国国会于 2002 年 1 月 23 日第

二届会议颁布的《Sarbanes - Oxley 法案 2002》（原文为“*Sarbanes - Oxley Act of* 2002”，以下简作“SOX 法案 2002”）；④美国证券交易委员会（SEC）2003 年颁布的《最后规则：管理层关于与财务报告相关的内部控制的报告和在证券交易法案规定的期报中的披露的认证》（原文为“*Final Rule: Management's Reports on Internal Control Over Financial Reporting and Certification of Disclosure in Exchange Act Periodic Reports*,” U. S. Securities and Exchange Commission, 2003，以下简作“SEC 的最后规则”）；⑤美国上市公司会计监管委员会（PCAOB）2004 年颁布的 2004—001 号文告：“审计准则 2 号，和财务报表审计相结合而进行的针对与财务报告相关的内部控制的审计”（原文为 Release No. 2004 - 001：“*Auditing Standard No.* 2, *An Audit of Internal Control Over Financial Reporting Performed in Conjunction with an Audit of Financial Statements*”, Public Company Accounting Oversight Board，简作“PCAOB 的 2 号准则”）；⑥COSO 于 2004 年完成并发表的“企业风险管理集成框架”（原文为“*Enterprise Risk Management — Integrated Framework*”，简作“COSO 的 ERM 框架”）。

在内部控制标准的建设方面，我国财政部会同有关部门于 2006 年 7 月 15 日发起成立企业内部控制标准委员会（财会［2006］11 号），致力于研究制定我国企业内部控制规范。2007 年 3 月 2 日，该委员会下达了“关于印发《企业内部控制规范——基本规范》和 17 项具体规范（征求意见稿）的通知”（财会［2007］7 号），就其草拟的《企业内部控制规范——基本规范》和 17 项具体规范（征求意见稿），向有关方面征求意见。2008 年 5 月 22 日，财政部、证监会、审计署、银监会、保监会下达了“关于印发《企业内部控制基本规范》的通知”（财会［2008］7 号），正式发布了由财政部、证监会、审计署、银监会、保监会制定的《企业内部控制基本规范》（简作“我国的基本规范”），要求自 2009 年 7 月 1 日起在上市公司范围内施行，并鼓励非上市的大中型企业执行。同时，为了配合《企业内部控制基本规范》的施行，在深入部分地区、企业和会计师事务所调查研究并初步征求企业内部控制标准委员会委员、咨询专家意见的基础上，财政部会同国务院有关部门草拟了《企业内部控制评价指引》（征求意见稿）、《企业内部控制应用指引》（征求意见稿）和《企业内部控制鉴证指引》（征求意见稿），并于 2008 年 6 月 12 日通过“关于征求《企业内部控制评价指引》、《企业内部控制应用指引》和《企业内部控制鉴证指引》意见的通知”（财办会［2008］7号）开始向有关方面征求意见。这一系列的进展充分地说明了我国在内部控制建设方面所取得的成就。

以下就最具代表性的COSO的内部控制框架和风险管理框架做简要介绍。内部控制的定义（包括有关过程的基本概念、受人的影响、提供合理的保障）以及对目标和要素的分类、内部控制有效性的判断标准构成了COSO所提出的内部控制的框架。

- 什么是内部控制

（1）内部控制的定义。COSO认为，内部控制可以被宽泛地定义成为受实体董事会和管理层以及其他人员的影响，为合理保障运作的效果和效率、财务报告的可靠性以及对适用法规的遵循等三类目标的达成而设计形成的一种过程。

（2）内部控制的目标。COSO将内部控制的目标分为三个基本类别，它们既相互区别又相互搭接，致力于不同的企业需要，并允许有导向性地对不同的需求加以重点关注。第一类目标关注的是实体的业务，包括绩效和获利性以及对资源的守护；第二类目标和可靠的公开财务报告的编制有关，包括中期和浓缩型财务报告以及能够从财务报告中有选择地导出的财务数据；第三类目标涉及对实体有约束力的法规的遵循。

（3）内部控制的效果。内部控制体系存在着不同的有效性水平。如果董事会和管理层认为，企业经营运作目标正在实现，需要发布的财务报告是企业可靠地编制完成的，以及适用的法律和规定都得到了遵循，那么其内部控制在上述三个目标类别就是有效的。

（4）内控是一种过程。既然内部控制是一种过程，那么它的有效性就是这种过程在一个或多个时点的一定的状态或状况。

- 内部控制的要素

COSO进一步认为，内部控制有控制环境、风险评估、控制活动、信息沟通和监督机制五个相互关联的要素组成，它们源自管理层经营业务的方式，和管理流程融为一体。虽然这五个要素适用于任何实体，在实施方面，小型的和中型的公司可能会有别于大型企业。它们的内部控制和大型公司相比可能不够正式和结构化，但它们仍然可以拥有有效的内部控制。

（1）控制环境。控制环境决定了组织的基调，影响着人们的控制意识，是内部控制所有其他要素的基础。控制环境包括实体中的人员的诚实和正直度、道德观以及个人能力、管理理念和运作风格、权力和职责的配置方式、对人员的组织和培养以及来自董事会的关注和指导。

（2）风险评估。每一个实体都面对着来自内部和外部的各种各样的风险，对这些风险进行评估是必须的。进行风险评估的前提条件是明确组织的目标体系，目标体系中的不同目标在组织内部的各个层次相互联系并保持内部的一致。风险评估就是对达成这些目标的相关风险进行识别和分析，进而为风险管理提供良好的基础。由于经济、行业、法规、运作条件会发生持续不断的变化，因这些变化而产生的特定风险需要通过有效的机制加以识别和处理。

（3）控制活动。控制活动是那些保证管理层的指令得到执行的政策和程序，它们帮助和保证一个组织针对达到目标的风险采取必要的行动。控制活动广泛存在于组织的各个层次、各个职能中，它们包括一系列各种各样的活动，诸如批准、授权、验证、调解、对运作绩效的审核、资产安全以及职权分离。

（4）信息沟通。为了保证相关人员行使其职责，必须按照一定的形式和时间要求识别和获取有用的信息。信息系统产生的报告包含运作的、财务的和合规性的信息，对于运行和控制业务而言，这些信息是十分必要的。它们不但涉及由内部产生的数据，也涉及有关外部事件、活动状况的信息，这些外部信息使得业务决策和外部报告能够获得更好的信息支持。有效的沟通应该得到更加广义的实践和落实，这包括组织内部自上而下、跨部门和自下而上的沟通。最高管理层必须让组织中的所有人员清楚地了解他们各自应该认真承担的控制责任。同时，每个人必须理解自己在内部控制系统中的角色，理解个人的活动会怎样和其他人员的工作相互联系。他们必须获得进行自下而上反映重要信息的渠道，且和客户、供应商、股东、法规制定者等外部各方的有效沟通也应该是有效的。

（5）监督机制。内部控制系统需要得到监督——一种对系统在一段时间内的表现质量进行评估的过程，这需要通过持续的监督活动、独立的评估或是两者的结合来完成。持续的监督存在于运作进程，这包含定期的管理和监督活动以及有关人员在履行其职责时采取的必要行动。独立评估的范围和间隔期主要取决于对风险的评估意见和持续监督程序的有效性。

内部控制不力的情况需要及时地向上报告，情节严重的需要向最高管理层和董事会报告。

上述要素之间存在着相互联系和合力效应，进而成为一个集成的体系对变化中的状况做出反应。内部控制系统和实体的运作活动是相伴相随的，它的存在具有基本的业务根源。当控制内置于实体的基础设施，成为企业精华的一部分时，内部控制将是最为有效的。“内置式”控制支持质量和授权创意，避免不必要的成本，对变化中的状况形成快速反应。

内部控制的三个目标类别和五个基本要素之间存在着直接的联系。一个实体需要努力达到三个类别的目标，而五个要素是达到目标需要的手段和条件。所有要素都和每一个目标类别相关，任何一个类别的目标——以运作的效果和效率为例——的达成都需要所有五项要素有效地发挥作用。

- 合理的保障

内部控制能够帮助企业达成其绩效及获利性目标，防止资源的损失；它也能够帮助企业做到财务报告的可靠性；它还能够帮助企业做到遵循适用法律和规定，避免对其声誉及其他结果带来的损害。总之，内部控制能够帮助企业到达企业想要去的地方，并且防止整个过程中出现难以预料的困难和意外。

但是，内部控制不是灵丹妙药。对内部控制不应抱有不切实际的幻想。即便是十分有效的内部控制，能做到的也仅仅是对企业达成那些目标有所帮助。内部控制能够给管理层提供有关通往目标的进展的信息，或者让管理者意识到这类信息的不足，但内部控制不能将本质上无能的管理者改造成能力强的管理者。政府政策、经济状况以及竞争对手的行为都超出了管理者的掌控范围。内部控制无法保证成功，甚至无法保障生存。内部控制对于财务报告的可靠性和对适用法规的遵循的保障同样不是绝对的。一个内部控制体系，无论其构想和运作得如何完善，只能够为上述目标的达到提供合理的保障，因为达到目标的可能性会受到内部控制固有局限性的制约。这些固有局限性包括管理者的决策失误、由于细小的错误导致的运作中断、不同人员通过串通来逃避控制以及管理者个人凌驾于体系之上等，同时，内部控制的保证性也会受到资源的限制，受到成本收益权衡的制约。

• 角色和职责

COSO认为，组织中的每一个人都需要在内部控制中承担相应的职责。具体而言：

（1）管理层。首席执行官对内部控制系统负最终责任并承担“责任人”的角色。在企业顶层基调的设定方面，首席执行官比其他任何人员都具有更大的影响力，这一基调对一个积极的控制环境的诚实和正直度、道德观和其他因素具有根本性的影响。在一个庞大的公司，首席执行官通过对高级经理人的领导和指引以及对他们控制业务的方式的审核来行使其在内部控制方面的职责。同样，高级经理人将有关建立更为具体的内部控制政策和程序的职责分配给具体负责各单元职能的人员。在小型实体，首席执行官（通常是由企业业主兼任）的影响会更加直接。一般地，在一个层级制的体系中，管理者实际上是其职责范围内的首席执行官。其中，尤为重要的是财务负责人及其团队成员，由他们承担的控制活动贯穿企业的各个运作性职能和层级及其他单元。

（2）董事会。管理层对董事会负责，而董事会履行着对管理层的监管、指引和监督职能。有效的董事会成员应该客观、有能力和洞悉力。他们应该具备实体活动和环境的必要知识，并保证投入必要的时间履行其董事职责。管理层可能滥用职权僭越内控制度，忽视甚至抑制来自部属的意见，这些行为会滋长一个不诚实的管理层，通过故意错报结果来掩盖他们的行迹。一个强有力的董事会，尤其是当它和有效的上行沟通渠道、能干的财务、法务和内审职能相结合时，通常是最有能力识别和纠正这些问题的。

（3）内部审计。内部审计人员在对内部控制有效性的评估、保证其持续有效方面担当着重要的角色。由于其在组织结构中的位置和权力，内部审计职能常常起到了重大的监督作用。

（4）其他人员。在某种程度上，内部控制是组织中每一个人员的职责，因此，在每一个人员的岗位描述中都或明或暗地包含了这一内容。事实上，所有职员都在输出用于内部控制的信息，或者在实施着影响内部控制的其他行动的同时，他们负有责任向上反映运作性问题、违反行为规范的问题、违反其他政策的问题以及非法活动。

还有一些外部人员也对实体目标的达成有着一定的作用。外部审计人员从独立和客观的角度在财务报表的审计方面发挥了直接的作用。他们还在审计的过程中通过向管理层和董事会提供有用的信息在内部控制方面发挥了间接的作用。其他一些人员为实体提供对内部控制有影响的信息，例如立法者、规则制定者、客户、和企业发生交易的其他人员、金融分析师、债券定价师以及新闻媒体，但外部人员并不对内部控制负责，也不是实体内部控制系统的构成部分。

2004 年，COSO 在其内控框架的基础上，完成并发表了“企业风险管理集成框架”（原文为“*Enterprise Risk Management—Integrated Framework*”，简作“COSO 的 ERM 框架”）。主要内容包括：

- 企业风险管理

COSO 的 ERM 框架将内部控制作为其不可分割的一部分，它包含内部控制，是对其内部控制框架的扩展，为更为广义的企业风险管理建立了更加完备的管理概念和工具。它的意图以及实际作用并不是取代内部控制框架，而是将内部控制框架融合进来，使得公司通过对它的应用，从致力于内部控制建设向着更为完整的风险管理体系演进。因此 COSO 的风险管理框架中，完整地保留了其内部控制框架的所有内容。

每一个组织都面临不确定性。管理者需要在致力于提高各个利害相关方价值的过程中决定什么样的不确定性水平是可以接受的。不确定性意味着风险和机会，它们会损害或提升企业的价值。企业风险管理使得管理层能够有效地对付不确定性以及相关的风险和机会，提升他们创造企业价值的能力。它能够帮助管理者达成企业绩效和获利能力方面的目标，预防资源的损失，保证有效的报告和合规性，规避对企业商誉的损害及其他后续影响。总之，风险管理帮助企业到达其想去的地方，并在此过程中避免缺陷和非预料性。

- 风险管理的定义

企业风险管理是一个受实体董事会和管理层以及其他人员的影响、应用于战略制定、贯穿于企业全局、为识别影响企业的可能事件并将风险管制在企业风险容忍度之内而设计的，为企业目标的达成提供合理保障的一种过程。

关于企业的目标，COSO 的 ERM 框架在内部控制框架中提到过的运作性、报告性和合规性目标的基础上，增加了战略性目标，即和企业使命相一致并对企业使命的履行形成支持的高层目标。

- 风险管理的要素

关于企业风险管理的要素，COSO的ERM框架对内部控制框架中提到过的控制环境进行了修改，并改称为“内部环境”，同时，还增加了三项新的要素。

（1）内部环境。内部环境包含组织的基调，为组织中的人员看待和处理风险设定了基础。它包括风险管理的理念、风险容忍度、诚实正直度、道德观等。

（2）目标设定。在管理者对影响目标达成的可能事件进行识别前，目标必须已经设定完毕。企业风险管理保证管理层具有目标设定的流程，使得设定的目标和企业使命相一致并对企业使命的履行形成支持，同时和企业的风险容忍度相一致。

（3）事件识别。管理者必须对影响企业目标达成的内部的和外部的事件加以识别，辨析风险和机会，并将有关机会的信息纳入战略或目标制订的过程。

（4）风险应对。管理层对风险反应方式做出选择——避免、接受、降低、分担——制订一整套行动方案，将风险限定在企业的风险容忍度范围之内。

内部控制概念的梳理

对有关内部控制的主要权威性文献有了详尽了解之后，管理者需要进一步考虑的问题是，如何正确、全面地理解内部控制并在企业实践中建立、提升、监督和评价内部控制体系。

- 内部控制和管理

（1）内部控制管理学定位的思辨困惑。COSO在其内部控制框架中提到：内部控制使企业保持在通往获利性目标、实现其使命的正确道路上，并在此过程中尽可能减少意外。内部控制使得管理层能够处理快速变化的经济和竞争环境，应对不断转变的客户需求和优先级别，为今后成长进行重组。内部控制提升效率，减少资产损失的风险，帮助保障财务报告的可靠性以及对适用法规的遵循。内部控制能够帮助企业达成其绩效和获利性目标，防止资源损失，避免名誉的损害和其他不良后果。这些陈述使得“内部控制的范围伸展到了公司所有层面上的所有类型的政策、计划、程序、流程、系统、活动、职能、项目、创意和努力”（摘自美国证券交易委员会2003年颁布的“最后规则：管理层关于与财务报告相关的内部控制的报告和在证券交易法案规定的期报中的披露的认证”），很容易在实践中引起内部控制的泛化，内部控制似乎越来越多地承载着企业成功的希望，也集成了越来越多的责任和使命。本书的第一章对管理理论和实践发展的百年历史做出了言简意赅的总结，并在这个基础上阐述了管理的实践性框架。有兴趣的读者可以回到本书的开始处重温一下这些内容。而后你可能会发现，对内部控制的泛化使得内部控制从内涵和外延上和“管理”越来越接近。人们不禁会问，内部控制和管理之间的边界究竟在哪里？

另外，COSO的内控框架对内部控制局限性的阐述又和上述泛化趋势背道而驰。COSO的内控框架提到：内部控制只能够帮助企业达成三类目标，但不能保证目标的达成。内部控制为不同目标提供不同程度的保障，对于运作的效果和效率，内部控制甚至不能为这类目标的达成提供合理的保障，因为许多事件和状况明显不在管理层的掌控范围之内。对于任何一类目标，内部控制不能提供绝对的保障。

这一面泛化、一面又弱化的局面显现了COSO在内部控制管理学定位方面的思辨困惑。

（2）内部控制肩负的使命。找到内部控制的准确的管理学定位的关键在于明确内部控制肩负的使命。具体来说，内部控制具有股东权益的保障性、财务报告的可靠性以及经营运作的合规性三个基本使命。

①股东权益的保障性。内部控制这一命题的出现，很大程度上根植于所有权、管理权和执行权的分离。由于这种分离，企业的所有者需要在不参与企业日常运作的情况下，对其自身的权益仍然具备合理的保障。这一点对于上市公司而言尤为突出，但私营企业也会存在这方面的诉求。一般地，作为非企业股东的职员如果能够对企业资源的保管和处置以及公司经营运作的决策产生重大影响，那么这类职员的欺诈和舞弊行为、渎职或不作为、应有工作技能的缺失以及他们和公司股东之间的利益冲突等影响和损害股东利益的现象就可能存在，企业就有必要建立和完善相应的体系合理保障股东的权益。因此，股东权益的保障性是包含杜绝欺诈和舞弊、避

免利益冲突、防治渎职和不作为、应对机械性错误等子目标的防御性保障，而非追求股东利益最大化的积极性保障。前者是内部控制的使命，后者是管理的使命。

②财务报告的可靠性。包括股东在内，很多组织和个人都可能和企业存在利害关系，例如政府税务部门、商业银行、债券持有人、提供信用的供应商等。他们针对企业所进行的评估和决策高度依赖于企业为他们提供的财务报告，企业有义务向他们提供公允的财务信息，这使得企业有必要建立和完善相应的体系为财务报告的可靠性提供合理保障。财务报告的可靠性包括合法性和公允性两个方面的子目标。合法性是指在确认、计量、估计、分摊、分类列报和披露等环节所采用的会计政策符合适用的会计准则和相关会计制度，且适合会计主体的客观情况。公允性是指在交易、事项、余额、列报和披露等方面满足真实性、完整性、谨慎性、准确性、截止性、充分性、明晰性、可比性、相关性、重要性、实质性和及时性等要求。

③经营运作的合规性。经营运作的合规性源自企业的社会责任。作为社会经济体系的一个基本单元，企业在追求各自目标的同时，还必须对公众承担一定的社会责任，例如环保、公平竞争、廉政建设等，企业在履行其社会责任方面的表现会得到社会、政府机构以及公众的关注，这使得企业有必要建立和完善相应的体系为经营运作的合规性提供合理保障。在企业实践中，经营运作合规性的主要子目标包括税务、劳资、安全、环境、反腐、反不正当竞争、生产和产品许可、国际贸易等方面的合规性。

(3) 内部控制的可视性和可验证性。正是由于上述原因，管理实践框架中不但必须具备和上述三项意图相关的片段，而且由这些片段所形成的体系还必须对所有利害相关方是可视的和可验证的。在所有权、管理权和执行权相互分离、利害关系各方依赖于财务报告以及企业必须承担应有的社会责任的情况下，仅仅让管理者看到并相信企业已经把事情做好了是不够的，可视性和可验证性是股东、利害相关各方以及社会大众对股东权益的保障性、财务报告的可靠性和经营运作的合规性的程度作出判断的基本途径。这就是为什么要对与上述三项意图相关的管理片段予以专门关注和报告的根本原因。

内部控制的可视性和可验证性要求：①所有的主要经营运作活动都必须依据预先定义的运作规则；②所有的运作规则都必须具备完整、准确的文档；③所有的规则性文档都必须为有关执行人员所掌握并可随时获取；④所有的规则执行过程都必须产生证据；⑤所有的过程证据都必须得到妥善保存。

- 内部控制的要素

（1）对 COSO 内控框架中的要素的思考。无论是 COSO 的内控框架提出的内部控制五项要素，还是其 ERM 框架提出的风险管理的八项要素，都是值得商榷的。COSO 的内控框架提出的内部控制的五项要素是控制环境、风险评估、控制活动、信息沟通和监督机制。之后，COSO 以此为基础进一步提出了 ERM 框架，对内控框架的五个要素做出了进一步扩展，增加了目标设定、事件识别和风险应对三项要素，试图将风险管理定位成一个包容内部控制框架、专注于更为广泛的企业风险管理主题的一般性框架，为企业目标的实现提供合理保障。然而，造成内控框架和 ERM 框架缺陷的正是其对 ERM 框架和内控框架之间相互关系的表述以及构成内控框架和 ERM 框架的五项和八项基本要素的定义。

风险管理的本质是识别出风险事件，并对它们的出现可能给企业带来的影响做出合理的评估，在这个基础上制定出应对策略，以更好地保证企业目标的达成。企业管理和内部控制的不同使命决定了它们所关注的风险具有不同的特性。在企业管理范畴，“风险”是指影响企业达成其使命——经营和运作目标——的不确定性因素、事件和状况，这里的“使命”是企业的自主性目标，识别、评估和应对与自主性目标相关的风险毫无疑问是一个管理命题，管理者的任务就是通过战略谋划和企业建模，使得企业进入通往使命达成的有序的常规运作中，并对例外事项和不确定性及时做出处理，为企业使命的达成扫除障碍。在企业实践中，这类不确定性可以说是到处存在的，它可以大到极具破坏性的自然灾害或经济萧条，小到某一个操作工人的缺勤，这些风险事件都会给企业带来影响。对待这类风险，管理者需要设计、落实和维护一整套风险项目检查的流程和工具，协调各职能部门对企业风险进行完全扫描，定期检查评估财务准备的充分性和紧急预案的有效性，计划和落实与公司财产、运作、义务等有关的各类商业保险事宜。

在内部控制范畴，“风险”是指可能导致管理者不妥善履行其达成企业使命过程中应尽的职责、财务系统未能提供可靠的报告以及经营和运作违反相关法规的各种不确定因素、事件和状况。这里的应尽职责、可靠性和合规性与其说是目标，不如说是来自企业外部的"强制性"要求。识别、评估和应对与强制性目标相关的风险既是内部控制体系设计和有效性评估的基本原理和指导策略，同时也是内部控制整体层面的一项控制活动，从逻辑上讲，它们显然不应该是内部控制的独立成员要素。

将目标设定和信息沟通作为风险管理和内部控制的基本要素也存在问题。风险管理的目的是为更好地达成企业目标提供合理的保障，因此，在逻辑上风险管理的目标和企业目标完全是两回事。对于风险管理而言，企业目标应该是一个已知条件。管理者在为企业设定目标时，当然需要对诸多不确定性因素加以考虑，但目标设定和风险管理显然是两个不同层次的工作。信息沟通对于企业运作、经营和管理的所有方面和整个过程而言，就像空气和水对于这个自然世界一样，更是一种无处不在的基本通用技术，信息沟通既非风险管理和内部控制的本质手段，也非衡量其有效性的最终指标，因而不应当将它作为承载风险管理和内部控制的本质特征的基本要素。

COSO希望把ERM当做一般性的管理框架，这种定位夸大了风险管理的角色。事实上，由风险识别、风险评估和风险应对构成的风险管理只能是一种广泛应用于管理活动的面向不确定性情形的决策技术，而面向战略谋划、企业建模、常规运行、例外管理和人文建设等主要任务的管理实践才是具有普遍应用意义的一般框架。

COSO的内控框架中有关内部控制的基本要素的另一个问题存在于对控制环境、控制活动和监督机制的详述中。根据COSO的内控框架，内控环境决定着组织的基调，影响着组织中的人员的控制意识。它提供了纪律和结构，是其他内控要素的基础。内控环境因素包括组织中的人员的正直诚实、道德观念和胜任能力、管理理念和运作风格、管理层分配权力和职责、组织和培养人员的方式以及来自董事会的关注和指令。而控制活动则是保证管理者的指令得到有效执行的政策和程序，确保企业能针对达到目标所面临的风险采取必要的行动。控制活动遍布整个组织的所有职能领域和管理层次，包括诸如批准、授权、证实、调解、运作表现回顾、资产安全和角色分割等在内的各种各样的活动。这里作为内控环境因素的组织结构、权限和职责的分配和定义、人事政策和流程与控制活动的区别就非常模糊。在对监督机制进行举例说明时，COSO认为监控性审核、账实核对、账账核对等活动都属于监督机制范畴，而事实上，它们是典型的控制活动。监督机制和控制活动的本质区别是监督机制需要具有独立性的一方来实施。任何运作活动过程中的措施只能看做是控制活动的一部分。

（2）构成内部控制的基本要素。内部控制体系包含了许许多多具体的要素，这些具体要素的数量、属性和相互关系是因各个企业的具体情况和阶段而异的，但是在任何情况下，这些具体要素不外乎控制环境、控制手段和监督机制三个基本类别，它们是构成内部控制体系的基本要素。图5.3－2对基于内部控制要素的上述三个基本类别的内部控制进行了形象化的描述。

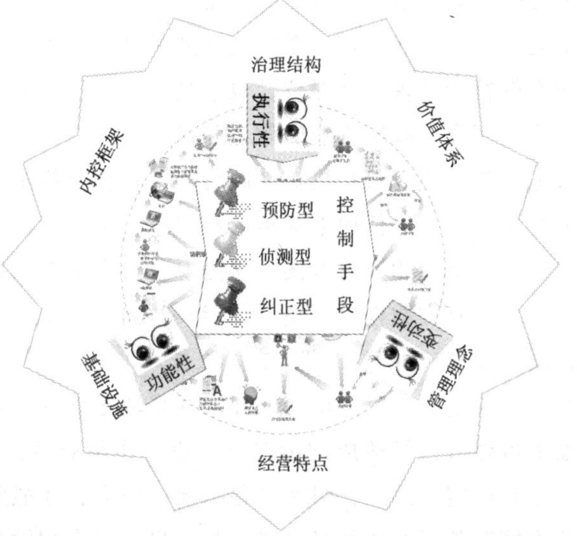

图5.3－2　内部控制的基本要素

①控制环境。控制环境决定了整个内部控制体系的基调，是内部控制体系的基础，它包含治理结构、价值体系、管理理念、经营特点、基础设施和文档指南六个方面。

治理结构是公司在法律框架中发挥不同作用，承担不同责任的各职能方所形成的基本结构，主要包括股东、董事会、监事会、法人代表、高管层和审计等。治理结构对内部控制的广泛影响取决于治理结构在设置上的明晰性、完整性、合规性，担任治理结构中不同角色的人员在利害关系方面的独立性、在工作职责方面的胜任能力，这些角色对公司章程和授权文件所规定的职能、责任和权利的忠实程度，以及对授权、管理层职业道德、薪酬和奖金、关联交易、股权转让、主要干部的任命和经营业绩等方面的监管力度。

除了治理结构为内部控制提供的职能结构方面的保障之外，治理层和管理层人员所奉行的价值体系对企业内部控制的影响也是至关重要的。价值体系包含对是非判断的基本标准、对工作方式的基本取向和对社会生活的基本态度。崇尚内控精神、对舞弊零容忍的价值体系无疑会对股东权益的保障性、财务报告的可靠性以及经营运作的合规性产生积极的作用。其中最为重要的价值观包括诚实、公平、尊重，工作尽心尽责，提高胜任能力以及回避利益冲突四个方面：第一，诚实是一切职业道德的基本前提，是企业和个人必须坚守的道德底线。公平是在工作压力和个人报酬方面取得全体员工认同、避免积怨和矛盾激化的必要条件。尊重不但意味着在日常工作中以应有的社会礼仪相互对待，也包括对员工工作成绩的肯定和褒奖，还含有对企业制度、政府法规的敬畏和遵从。第二，严格按照上级领导的指令刻板地操作，或者只是机械地履行个人在整个组织中的职责，都远不能称得上是尽心尽责。任何上级指令和组织分工都无法穷尽所有可能出现的情况向执行人员传达应对方案，这需要执行人员在执行的过程中根据实际情况随时对原有方案作出调整，或者及时向上级主管反映，主动寻求进一步的行动方案，确保目标的达成。工作尽心尽责，就是尽忠职守，能动地设想目标达成过程中可能出现的异动并采取正确的应对措施，甚至当目标在表面上可能或已经达成的情况下，进一步检查可能存在的隐患，确保结果的安全和稳定。第三，只有具备必要的能力，才能胜任肩负的职责。使自己获得能够胜任工作的必要能力是和尽心尽责相辅相成的，缺失其一，就很难有好的工作表现。因此，提高自己的工作能力，实质上也是职业道德的一部分。第四，当公司内部的人员或其家庭成员同时又是本公司的竞争对手、顾问、客户、供应商以及其他生意伙伴的职员、董事、顾问或投资人或他们的家庭成员时，或者是公司内部的人员与本公司的竞争对手、顾问、客户、供应商以及其他生意伙伴之间直接或间接地存在着私人的或经济利益上的关系时，在该类人员的个人利益和公司利益之间便可能形成冲突。在这种情况下，如果该类人员对本公司和本公司的竞争对手、顾问、客户、供应商以及其他生意伙伴之间的交易决策具有一定的影响力，该类人员的意见的公正性和客观性将会受到质疑。因此，企业内部的员工、董事会成员、管理层应该避免私人利益和公司利益之间出现直接或间接的冲突，并把这种要求作为应尽的职责。更进一步，企业内部的员工、董事会成员、管理层甚至应该在基于个人关系而获得的与本公司的竞争对手、顾问、客户、供应商以及其他生意伙伴之间的业务往来中避免提出任何带有倾向性的要求，以防止他人对自己产生任何疑似利益冲突的猜疑。比如，独自封闭开发业务机会、独自利用公司的员工或财产等行为都可能会存在利益冲突的嫌疑。

管理理念决定了管理层的行为模式和风格，不同的管理理念对普遍适用的管理实践框架中的许多基本命题将会做出不同的诠释。虽然这类诠释中大部分是在相互制约的各项因素间进行的权衡，往往没有绝对的是非界限，但不同的取向将注定企业不同的未来，对内部控制也有着深刻而重大的影响。一般而言，过分偏激的取向会使得事态暴露出更多的弊害，管理者需要根据具体的情况，方能在相互制约的诸多因素的权衡中找到适合的答案。有关管理理念的思考和权衡包括但不限于：第一，在对外经营方面，企业的管理者是更愿意承担风险以获得更大的进取，还是更偏向保守来获得更加稳健的生存；是将资源优先投入到研发以获得技术优势，还是用于营销策略以换取市场份额；在短期利益和长远利益之间，管理者又会做怎样的取舍。第二，在对内事务方面，管理者是更加相信集权还是授权，是更加喜好放任还是监督；是严谨精细型的，还是宽松粗放型的。第三，在绩效管理方面，管理者是通过奖金刺激以求艰巨任务的达成，还是循序渐进制定相对现实的目标；是推崇平均化分配体制，还是主张按绩效论奖惩的差异化方式。第四，在领导风格方面，是命令遵从型，还是价值能动型；是信任引导为主，还是怀疑防范为主；是任人唯能，或是任人唯贤，还是坚持德才兼备的原则；是重视员工能力的要求和培养，还是要求员工成为机械式执行的熟练工。第五，在内控意识方面，是强调制度的权威性，还是重结果轻过程；对违规、舞弊的行为是姑息，还是严惩；对财务报告是敏感，还是淡漠；对数据的可靠性要求是严格，还是松懈；对财务职能是倚重，还是淡化。企业治理层和管理层应该根据企业的实际情况深入思考，识别出哪些管理理念和经营风格的基本命题对企业存在重大影响，并对于这些命题给出明确的原则和指南。

在对企业控制环境中的价值体系和管理理念进行评估时，可以通过对治理层和管理层主要人员的直接问卷和访谈来取得其本人对价值体系和管理理念的主观陈述，但通过这种方式取得的资料往往不足以构成有效证据。通过对其他有关人员的访谈和独立调查等方式，在管理层主要负责人的家庭背景、教育程度、生活经历、习惯爱好、冲突处理等事实的基础上，对其道德底线、风险偏好、习惯爱好、内控自觉度、守法意识、自律性、社交圈、对舞弊和错误的容忍度等意识形态的基本方面做出的判断一般会更为准确。除此而外，还应该进一步关注企业对这些价值取向和管理理念的传播渠道、倡导力度、推行技巧以及企业内部员工的认同感、满意度和行为特点等。

经营特点是控制环境的另一个重要方面。它包括行业特点、竞争状况、宏观形势、政府监管等各种外部因素，也包括企业的经营模式、战略资源类型（是技术密集型，还是劳动密集型，或是资本密集型等）、核心竞争力等内部因素，还包括重大交易和经营安排的制约性、资金和人员的盈缺、企业的银行信用和市场地位等内外交互因素。对上述因素的考察，能够揭示一个企业在某个特定时期内可能存在的经营过程中的薄弱环节以及这些薄弱环节对内部控制的不利影响。

控制环境中的基础设施是指承载企业运作系统功能的信息技术架构。任何组织都具有自己的运作系统，但承载这个运作系统功能的信息技术架构却是各不相同的。它可以是以最为原始的纸笔为手段的传统人工系统，也可以是基于个人电脑和电子表格等办公应用软件的电子人工系统，或者是由多个互为独立的商务运作应用软件所组成的多岛式应用系统，还可能是覆盖整个运作体系的集成化应用系统，或者是上述几种类别的技术架构的混合。信息技术架构的类型和级别方面的差异，对企业内部控制的状况有着深刻的影响。一般而言，在传统人工系统和电子人工系统中，控制手段的落实只能依赖于内部人员对业务和内控要求的熟练掌握和自觉遵守，同时，因人性局限而导致的错误或失误的几率也会大大增加。因此，即便是内部控制体系在设计上很完善，其执行方面的有效性也很难有充分的保障。在集成化应用系统环境下，内部控制的手段可以安置在自动化运作体系的内部，成为运作体系的一部分，这使得这些内置的控制手段对执行人员形成了“刚性”约束。同时，集成化应用系统的强大逻辑管理能力，也为更加精致的内部控制体系设计提供了技术支持。从控制环境角度对企业的信息技术架构进行考察，需要了解自动化应用系统的覆盖范围、功能表现、集成性能和安全性能。内部控制的有效性在自动化应用系统覆盖范围内和覆盖范围外可能存在重大差异，同时，自动化应用系统在不同职能领域的特点也是十分值得关注的。一般而言，成熟的 ERP 产品能够提供众多的配置参数，这些 ERP 产品对操作人员权限的控制在作业上可以实现到步骤层，在数据上可以实现到字段层，在场景和组织上可以控制到最小的单元层，还可以对诸如审批权限、容差范围等参数进行灵活的配置，因此，它们能够识别不同类型的事务之间的细微差异并实施针对性的流程，为企业实现精细化的分类控制提供了技术上的可行性。对于多岛式应用系统，考察其集成性能是十分重要的。由于各个应用程序是相互独立的，因此数据的一致性会成为其十分关键的环节。系统的安全性能也是不容忽视的重要方面，安全性能包括系统在功能配置更改、权限设定、非法数据访问、数据备份、系统稳定性和中断恢复性能等方面的表现。

内部控制，尤其是大型组织中的内部控制是一项复杂、持续的系统工程，企业需要有一个文档指南来为其内部控制的实践提供系统化的框架。这个文档指南是由企业内部控制部门编写和维护、由董事会和管理层批准和签发的有关企业内部控制实践的权威性、实践性和唯一性纲领，它体现了董事会、管理层和内控部门对企业内部控制体系的完整框架、目录和标准的理解、设计和要求，是员工学习和掌握企业的内部控制框架、获取相关的内部控制文件和标准的统一门户。

②控制手段。控制手段是为了达成内部控制目标而在企业运作体系中采取的贯穿企业内部所有层次、各个职能领域的具体措施、安排、方法、工具、途径、程序和政策。控制手段包括寄宿于运作体系之中的具体作业要求和专门为内部控制意图而设立的企业制度。大部分的控制手段是寄宿于运作体系之中的，它们和商务运作活动并不相互矛盾，甚至是商务运作体系中的必要环节。控制手段只是出于可视化、可验证和其他重要的内控原则考虑，对原本就存在的商务运作活动提出某种要求或限制。例如，交易单据对于商务运作和内部控制而言都是必不可少的，但内部控制不仅止步于此，它往往会要求某类单据带有连续的固有编号以防在交易的授权和记录等环节发生重复或遗漏。有时，管理者也需要为内部控制意图设置专门的控制手段，将它们嵌入业务流程之中，甚至形成独立的流程。例如，对公司设立匿名举报通道，为员工向管理层报告有关内部控制的缺陷和舞弊行为提供有效的途径。控制手段可以分为预防性、侦测性和纠正性三个类型，它们分别针对影响内控目标达成的事件出现之前、出现过程中以及

出现之后三个阶段，有着各自的优劣特点和适用范围。这种分类为控制手段的设计提供了有价值的指引。

判断控制手段的有效性应该从执行和设计两个方面加以考察。通过测试可以对控制手段的执行情况做出评估。例如，测试交易凭证在授权、操作、审核等环节是否具备有关人员的签字，并摸清签字人是否理解交易的内容，是否明确在落款之前应该关注哪些细节，这些都十分有助于形成对控制手段的执行有效性的评估意见。设计有效性的评估则需结合企业的具体业务模型，对经营运作体系中的主要风险点做出识别，并检验和分析针对这些主要风险点的控制手段是否存在和充分。

③监督机制。监督机制是内部控制持续有效的保障性措施，体现在执行性测试、有效性评估和变动性管理三个层次上。执行性测试通过对部分或全部样本的定期或不定期的检查，对没有按照控制手段要求执行的作业加以识别，在根源分析的基础上提出整顿和改进的建议并监督有关方面加以落实；有效性评估定期对整个内部控制体系设计上的有效性进行评估，识别出影响内部控制目标达成的风险，拟定相应的改进措施并监督有关方面加以落实；变动性管理对企业外部的四类环境、产业结构中的五种力量、内部控制的三类基本要素、企业内部的六种基本资源以及管理者的五项基本任务等诸多因素的变化进行监测，一旦出现变动，便及时对变动可能给内部控制的有效性造成的影响做出评估，制订必要的调整方案并监督有关方面加以落实。

检验监督机制的有效性首先必须确认其执行机构在职能和组织方面是否具有相对的独立性；其次，应该对该执行机构中的主要负责人员和业务骨干的工作能力和态度进行必要的了解；最后，需要对测试记录、评估报告、变动检查以及问题的后续跟踪、落实，直至解决的证据资料进行详细检查，以确保对监督职责的履行状况和工作成果作出全面、客观和正确的判断。

（3）内控要素和目标的关系。在基本层面，内部控制的每一项基本要素须服从于内部控制的三个基本目标，而内部控制的每一个基本目标也需要三项基本要素的全面支撑。在具体层面，内部控制的每一个具体要素都是为某一个或多个具体目标而设置的，而内部控制的每一个具体目标也需要通过某一个或多个具体要素得到落实。

例如，定期按时编制银行调节表是控制手段中的一项具体要素，它的存在是为了对双方之间的差异进行严格的跟踪，并在必要时采取有效的措施消除差异，保证会计账目和银行余额的一致性，最终杜绝因疏忽或舞弊对股东权益的损害，保障财务报告的可靠性。采购环节的多方比价也是控制手段中的一项具体要素，它的存在是为了使企业在一定的品质和功能要求下获得有竞争力的供应商报价，最终对基本目标“股东利益的保障性”的实现形成具体的支持。

内部控制中每一个要素乃至整个内部控制体系的有效性，取决于每一个具体的要素以及由它们形成的整个内部控制体系是否在设计和运行两个方面为每一个具体目标乃至三项基本目标提供了合理的保障。

- 内部控制的内涵和外延

掌握内部控制的本质需要从内部控制的内涵和外延两个方面入手。

（1）内部控制的内涵。根据上述分析，可以得出这样的结论：内部控制是以股东权益的保障性、财务报告的可靠性和经营运作的合规性为基本目标，由控制环境、控制手段和监督机制构成的可视化和可验证的体系。

COSO 把内部控制定义为一种“过程”，把控制活动定义为“政策和程序”。但事实上，企业存在就一定有其自身的目标，就会有实现目标的过程以及这个过程需要遵循的政策和程序。这些过程、政策和程序是否有效决定了企业生存、发展和成败，它们本身就是企业经营和管理所要面对的课题，绝非内部控制所特有。内部控制是管理实践框架中和上述三项意图相关的片段所形成的局部系统。对内部控制的泛化已经而且正在让我们逐渐迷失对内部控制的本质的认识。

（2）内部控制的外延。正如 COSO 在其内部控制框架中指出的那样：“有人抱有更大的、不切实际的期望，他们寻求绝对，他们相信：第一，内部控制能够保证企业的成功，即它将保证基本业务目标的达成，或者至少保障生存。但事实上，即便是有效的内部控制，也仅仅能对企业实现这些目标有所帮助。内部控制能够为管理层提供企业达成目标的进展信息，或者使管理层意识到缺失了哪些信息，但是内部控制不能将一个拙劣的管理者变为良好的管理者。而且，政府政策或程序、竞争对手的行动或经济状况都是管理层所无法掌控的。第二，内部控制能够保证财务报告的可靠性和对适用法规的遵循，这一点也是没有保障的。无论一个内部控制系统构想和运作得多好，都只能为管理层和董事会提供企业目标达成的合理的而非绝对的保障，实现目标的可能性受内部控制系统中的固有局限的制约。”

内部控制的外延可以从以下两个方面来理解：

①作用范围。内部控制的本质决定了它的使命。由于内部控制只是管理实践框架中和股东权益的保障性、财务报告的可靠性和经营运作的合规性相关的片段，它便注定无法承受实质性的经营与运作管理之重。正像COSO的内控框架中指出的那样，“内部控制无法保证成功，甚至无法保障生存”。面向战略谋划、企业建模、常规运行、例外管理和人文建设等主要任务的管理实践框架才是致力于企业生存、获利和发展的完整机制。

②作用程度。内部控制只能为股东权益的保障性、财务报告的可靠性和经营运作的合规性提供合理的但不是绝对的保障。即便是设计再合理、执行再有效的控制手段也可能因种种原因而失效。这其中包括决策过程中出现的错误判断、造成业务中断的简单的人为过失、为躲避控制手段而出现的职员间的串通、管理层滥用职权僭越内控制度等情形。除此而外，内控体系的建设和维护本身也需要进行成本和效果的权衡，企业在内部控制方面的投入一定是存在约束的，不可能方方面面都达到尽善尽美。况且，企业经营和运作的外部环境、内部条件和操作实务都一直在变化之中，内部控制和这些环境、条件和实务之间可能出现的时间性差异，也是造成内部控制局限性的原因之一。

- 内部控制体系中的不同角色

如图5.3-3所示，内部控制体系中的角色主要有包含董事长在内的董事会全体成员、以CEO和CFO为主的企业管理层、隶属于董事会或监事会的内部审计、隶属于CFO的企业内部控制部门、企业内部各个内控责任区的负责人、企业内部的各个职能部门的执行人员等不同的人群，他们在企业内部控制体系中发挥着不同的作用，承担着不同的责任。

（1）董事会和管理层。董事会和管理层负责：提倡和推动崇尚内部控制的价值体系；保证所有控制手段在设计、建设和维护方面的完整性并达到应有的效果；保证对控制手段的落实、执行和效果进行必要的监督、评估，以便对控制手段加以补充、修改和提高。

图 5.3－3 内部控制体系中的角色

（2）责任区域负责人。责任区域负责人负责在各自的内部控制责任区域内提案、起草、维护、培训和实施涵盖必要控制手段的运作体系文档。

（3）内部控制部门。内部控制部门负责：①对控制手段的执行状况的监督以及对内部控制体系有效性的评估、讨论、建议并形成最终的整改方案，跟踪和监督整改方案的落实和完成情况。②在内部审计的过程中和内部审计人员、职能部门和管理层进行充分的沟通，以期获得客观、中肯的审计结论和审计意见，讨论、建议并形成最终的整改方案，跟踪和监督整改方案的落实和完成情况。③在企业员工中倡导内部控制的意识，编写、维护和宣讲企业内部控制指南，进行必要的内控普及教育和技能培训。④定义、建立、维护、管理内部控制中央数据库，对公司的内部控制制度、自我监督和评估记录、内部审计报告和管理层反馈、整改计划的落实进程、内部控制培训资料等进行统一集中的保存。内部控制部门隶属于管理层，体现了管理层的自我监督机制。

（4）内部和外部审计。内部和外部审计人员作为独立于运作单元和部门的职能负责对企业内各个运作单元和部门的内部控制的有效性进行评估。内部和外部审计体现了独立于企业管理层的监督机制，对企业的内部控制起到了重大的监督作用。

（5）其他执行人员。上述各类人员以及其他执行人员必须做到严格按照控制手段的要求执行其日常的职能，公司应该鼓励和赞赏员工自由地或者通过规定的渠道就任何和内部控制相关的问题和疑虑与管理层沟通。任何员工如果发现欺诈和偷盗等不良行为，应该及时向他（她）的直接主管领导或直接向最高管理层报告。

内部控制体系的设计

- 内部控制的设计策略

在进行内部控制体系设计时应该遵循以下三个基本策略：

（1）风险识别和遏制措施。内部控制的风险就是妨碍内部控制目标达成的因素和事项，在对内部控制体系进行设计时，有关人员应该对这些因素和事项进行一一识别，并拟定相应的应对措施。

（2）控制效果和控制效率。控制的效果取决于能否对风险做出防御、侦测和补救。为此，设计人员所拟定的控制手段必须切中要害；必须对完成什么、什么时间完成、在什么环境中完成、由谁来完成以及怎样去完成做出明确的定义；必须保证所设计的控制手段能够为执行者所理解，并具备操作所需的条件，因而切实可行；必须能够真正彻底地解决问题，并且能够在同样的问题再次出现时反复使用、反复有效，因而是可持续的。控制的效率是指实施该项控制手段需要花费的时间、成本和人力等资源的数量。当控制的效果相同时，所需要的时间、成本和人力等资源的投入越少，表明控制的效率越高。良好的内部控制设计必须同时兼顾控制的效果和效率。

（3）控制成本和剩余风险。多数情况下，针对风险而设计的控制手段并不能使得剩余风险降低至零。很显然，在其他因素不变的前提下，剩余风险越接近于零，实施控制手段时需要投入的成本越大。一般情况下，剩余风险过大或控制成本过高都可能意味着企业的总体效率和效果受到了某种程度的损害。

- 内部控制的基本原则

在一个经过良好设计的内部控制体系中，可以找到诸多普遍存在的通用法则，它们体现了隐含在内部控制体系中的最为基本的原则。通过图 5.3-4 总结的可能只是它们中间的一部分。

（1）职能隔离。一笔交易的完整执行过程通常包括交易发起、必要性复核、供应商或客户评审、合同准备、交易批准、标的物接收和保管、往来结算、会计记账等许多步骤，职能隔离就是禁止同一个人在同一笔交

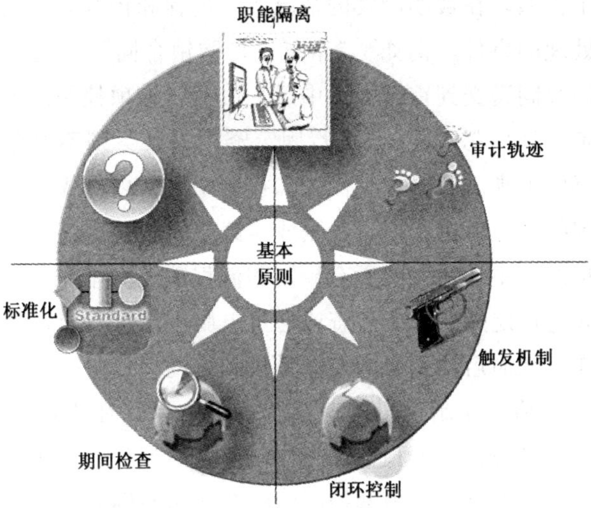

图 5.3－4 内部控制的基本原则

易的过程中同时负责执行多个关键步骤，以减少该人员操纵交易、编造事实或谋取私利等风险事项出现的可能性。一笔交易的哪些步骤需要实行职能隔离取决于交易类型、流程设计、可容忍风险、岗位设置以及补偿性措施等诸多因素。

（2）审计轨迹。在交易执行的过程中，操作人员在完成每一个步骤时都应该就其操作的具体内容生成有效的文档（可能是纸质的或电子的）作为凭证。这些步骤在执行上环环相扣，前序步骤是后续步骤的准备和依据，后续步骤是前序步骤的延伸和结果，由各个步骤产生的凭证必须形成锁链方能表现前序和后续步骤间的这种依赖和因果关系（参阅本书 4.2.3“事件驱动的事项处理链”中的“凭证锁链”段落）。凭证之间的锁链关系使得人们通过凭证锁链上的任何一个环节的文档都可以按其前序和后续关系依次找到整个锁链上的所有凭证，为审计活动提供了验证和测试的轨迹。

（3）触发机制。控制手段需要在其寄宿的相关流程的实际运行过程中才能发挥作用。如果一个流程无法在其应该运行时被激活，那么寄宿在该流程中的控制手段设计得再好也不会产生任何实际的作用。引发流程进入运行状态的事件就是流程的触发机制，内部控制的这一基本原则要求所有流程和控制手段都具备相应的触发机制。触发机制存在被动触发和主动触发两种基本类型。在被动触发的情况下，流程和控制手段的启动信号来自需要得到处理的事件。例如，“审批一份购销合同”作为一项控制手段是在待审批的合同送交到审批人手中后，由执行该项控制的人员被动完成的。而同样是一种控制手段，“进行固定资产盘点”则不可能有某个能触发其运行的事件出现。对于这类流程和控制手段，内部控制的设计应该把主动触发机制的建立考虑在内。在企业实践中，人们普遍采用的技术就是控制日历，将需要主动触发的所有控制和流程预先安排在应该启动的时间点，通过专人进行定期的人工检查或通过电脑程序进行自动检查，向有关人员发出通知，从而启动相应的控制手段和流程。

（4）闭合回路。控制手段的后续状态和结果往往不可能在执行完控制手段之后立即显现，在这种情况下，仅仅按照流程的要求完成具体的控制手段执行显然是不够的。内部控制的闭合回路原则要求人们对有关状态和结果主动实施跟踪，真正形成闭环控制。例如，在和供应商或客户签订合同时，在双方对合同的所有条款达成了完全的共识以后，企业可能会由合同文员准备纸质合同，并在盖讫企业公章后快递给对方，同时要求对方在一定的时间内将盖有对方公章的合同原件寄回给合同文员本人。在收到对方寄回的合同原件以后，该合同文员按照规定将完成双方盖章的合同原件分发给相关的部门留存。但实际情况可能是，企业将盖讫公章的合同寄往对方以后，会有一定比例的供应商或客户没有任何反馈，以至于数月甚至一年以后，这些合同仍然流落在外。造成这一结果的直接原因是内部控制手段在设计上的缺陷，因为在合同快递给对方和收到对方寄回的合同之间是一种开放式的状态，没有形成闭合回路。正确的做法是，合同文员维护一份寄出合同的清单，并定期查验在这些合同中有哪些已经接近或超出了回收期限，然后针对相应的供应商或客户进行一一催要，对于催要无效的合同，由合同文员报告公司的法务部门和相关业务部门，以便及时采取必要的措施。

（5）期间查验。内部控制的闭合回路原则要求有关人员对状态和结果进行查验，以保障预期目标的达成和流程的完整。有时候，这种状态和结果的出现需要经过较长的一段时间，而且一旦出现的状态和结果不理想，局面就很难挽回。对此，内部控制的期间查验原则提出了比闭环控制更进一步的要求。期间查验原则要求相关人员在状态和结果形成的过程中，定期、多次地查看和检验事态的进展是否和预期的方向一致，这样做会给予相关人员纠正偏差的机会，大大提高目标状态和结果达成的概率。

（6）标准化。尽管大部分业务流程对每一环节的要求都有着清晰的描述，但这些环节的操作还远没有成为标准作业。作业的标准化依赖于操作任务、操作环境和操作工具的标准化。一线销售人员了解和报告新客户的情况以便信用控制人员对客户的信用等级作出评估是一件十分明确的非标准化操作任务。根据这一指令，不同的销售人员提供的信息可能在内容、格式、媒介等诸方面都会是迥然不同的。如果将这一任务转化为一份格式化的表格，并对于表格中的每个项目是否必填、内容要求等加以清晰的说明，那么这个任务就向着标准化迈进了一步。如果将这份表格制作成加密的电子表单，并要求每个销售人员以邮件形式将完成后的表格递交给他们的直接主管，那么这个任务离标准化又近了一步。如果在这个电子表格中加入了更多的改进，使得销售人员在填写时可以利用诸如下拉列表、格式验证等小工具来完成这项任务，那么这个任务离标准化就非常接近了。作业的标准化对提升作业的效果和效率有着非同一般的贡献。

- *内部控制的常用技术*

内部控制的技术是控制手段的具体实现方法。如同对内部控制的基本原则的总结那样，通过对内部控制技术的全面总结而获得完整的技术清单是不现实的，通过图5.3－5介绍的只是内部控制的一部分常用技术。

（1）授权审批。内部控制要求任何交易在执行前必须得到具有相应权限的负责人员的批准，授权审批是内部控制中最为重要的技术。正确使用授权审批技术的关键是要明确授权审批人员的权限以及应该将审批控制安置在交易过程的哪个节点。权限含有交易类别、交易尺度以及职能领域多重限制，一个质量部经理针对质量部门（职能领域）人员的现金费用（交易类别）的审批权限可能是RMB 5 000.00元（交易尺度），针对质量部门（职能领域）负责范围内的认证和咨询费用（交易类别）的权限可能是RMB 20 000.00元（交易尺度）。控制的节点应该是在有关合同签订之前，而不是根据合同支付首批款项之前。

（2）检查清单。检查清单是通过对任务的周密思考后将与之有关的事项一一枚举形成的一份标准化列表，这是一项确保企业人员在行使职责的时候既富有效率又没有遗漏的常用技术。例如，企业风险评审中，一份综合的风险项目表事实上就是一个完整的风险检查框架，引导有关人员对

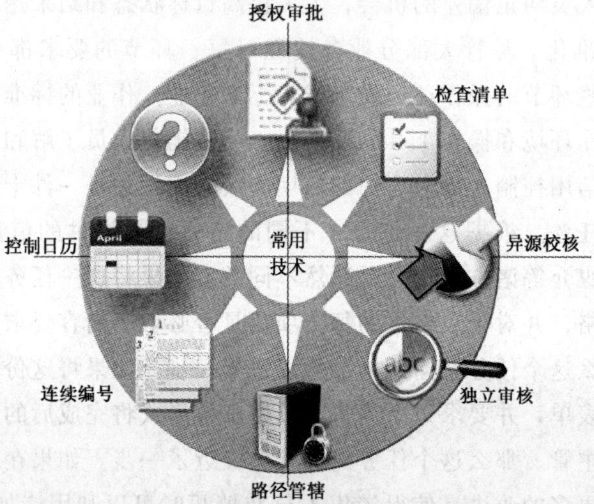

图 5.3-5 内部控制的常用技术

企业做出全面的风险评估；财务期间结账过程中，为保证财务报告的可靠性，必须按时完成所有作业，保存所有底稿，出具所有报告，确保数以百计的作业、底稿和报告无一遗漏的唯一手段就是检查清单。

(3) 异源校核。将来自相互独立的不同信息来源或不同计算方法的关于同一客体的数据进行相互对比，是避免和发现数据错误的十分有效的技术。在企业实践中，总账和明细账之间的核对，存货明细账、现金明细账、固定资产明细账和资产实物之间的核对，不同供应商报价之间的比对，交易双方往来账目之间的核对等都是异源校核技术的具体应用。手工录入明细项目时，可以通过比对录入明细的合计和原始凭证上的合计是否一致，来快速判断是否存在录入错误。

(4) 监督审核。监督审核就是在执行人员完成某项操作后，由另外一个具有必要技能和知识的人员对该结果进行检查以保障其正确性。一般而言，监督审核是被审核人员的直接主管来执行的。监督审核和授权审批是完全不同的，前者关注的是交易操作的正确性，后者关注的是交易本身的必要性和可能性。

(5) 路径管制。路径管制就是对获取实物、文件、凭证、电子数据的通道进行严格的监管，避免未经授权的访问。对电子数据的路径管制还应该进一步区分禁止、只读、读写等不同的级别。

(6) 连续编号。为每一项交易合同和交易单证编号并保证同类文档编号的连续性是防止交易重复和遗漏的有效技术。

（7）控制日历。将需要主动触发的流程或控制手段按照触发时间、运行间隔等方面的要求预先设定到工作日历中去，或是制作成主动触发清单，之后，可以通过对该日历或清单的定期人工检查或电脑程序自动检查，获得启动指令。

● 内部控制文档指南

正如前面有关控制环境的论述中提到的那样，企业需要有一个文档指南来为其内部控制的实践提供系统化的框架。这个文档指南是企业内部控制实践的权威性、实践性和唯一性纲领，它体现了董事会、管理层和内控部门对企业内部控制体系的完整框架、目录和标准的理解、设计和要求，是员工学习和掌握企业的内部控制框架、获取相关的内部控制文件和标准的统一门户。

准确而具体地讲，内部控制的文档指南就是企业内部控制文档的体系目录和要点定义，它是内部控制体系设计的载体。内部控制的文档指南不仅仅是对内部控制文档的简单分类和集中，它更是管理层在企业整体立场上对内部控制的综合布局和梳理，是对内部控制体系各个文档之间的内容边界和相互联系的系统化分配和安排。没有进行内部控制文档体系设计的企业也会存在大量的内部控制文档，但它们是自发形成的结果，不是自觉设计的体系。这些文档的简单拼凑会导致诸多问题，例如，文档之间存在着控制范围的盲区和控制手段的冲突，本应在同一个文档中集成的内容可能散落在多个文档之中，或者相反。

完整的内部控制文档指南应该涵盖控制环境、控制手段和监督机制三项内部控制的基本要素。在企业实践中，管理者一般把控制环境、控制手段和监督机制的完整设计组织成如图 5.3 - 6 所示的三个层次的十二个领域。

（1）运作层。运作层中存在采购、资产、生产和销售四个领域，覆盖企业经营运作的基本活动。

（2）支持层。支持层包含人事、财务、资讯和法务四个领域，覆盖企业后台支持部门的基本活动。

（3）综合层。综合层包含监督、环境和控制三个领域。监督领域面向企业整个内部控制体系的监督机制，对监督机制的要求、程序和记录

图 5.3－6　内部控制文档的体系

等方面的要点作出详细的规定；环境领域定义的内容包括企业在价值体系、管理理念和治理结构等方面的主张和要求以及倡导、实践和保证这些主张和要求的具体途径、方式、措施和工具；控制领域则包括内部控制文档管理、企业授权制度、组织结构和岗位定义、企业经营运作计划、实际绩效审核、后续措施跟踪、企业风险管理等影响企业全局的政策和程序。

内部控制文档指南须为每一个职能领域识别出具体的内部控制文档，并针对每一个具体的内部控制文档就其编号、类别、负责人、电子版文件名、存放路径、要点提示（包括内部控制主要风险识别、具体要素定义、测试程序提示以及业务操作和事务处理要求等）和内控目标（包括股东权益的保障性、财务报告的可靠性和经营运作的合规性的主要子目标）的相关性检查等方面的内容作出准确的定义。由于内部控制文档指南的完整内容篇幅极为庞大，在此仅通过表 5.3－1 以采购领域的部分内容为例向读者作展示性介绍，以帮助读者加深对内部控制文档指南设计的理解。

5.3.3　企业模型的财务解决方案

企业模型中所包含的财务解决方案覆盖范围广、构件门类多、业务需求细，内容上的丰富性、细节上的复杂性和应用上的迫切性使得财务解决方案成为一个十分具有研究和开发价值的企业子模型。本小节拟在企业建模一般理论的基础上，对面向一般制造企业实践的综合性财务解决方案的体系结构和基本原理做出论述。有关综合性财务解决方案更为具体、深入的功能介绍实质上已经属于综合性财务解决方案的详细设计，由于本书定位所限，将不再做进一步延伸。

财务解决方案的覆盖范围

在一个高度集成化的运作环境中，许多在前端业务部门发生的活动，都对财务结果、财务关系、内部控制有着直接和间接的影响。在销售方面，从客户授信、销售政策、对外报价，到合同签署、订单确认、产品交付，再到客户履约跟踪、质保诉求受理、违约风险评估，在采购方面，从询盘、送样、考察，到比较、选择、准入，再到合同签署、订单确认、货物验收，在资产、生产、人事、法务、资讯等其他诸多方面，从投资认证、实物管理、资产处置，到生产领用、成品入库、盘点盈亏，再到人员工资、合同管理、数据安全，这些业务或交易无一发生在财务职能内部，但它们对企业的财务结果和内控状态有着极为重大的影响。因此，面向企业财务实践框架的完整模型必然是一个集成化的综合性财务解决方案，而不仅仅局限于通常意义上的财务职能本身。它主要涉及以下职能领域：

表 5.3-1 内部控制文档指南

文档				内控提示						股东权益				财务报告					经营运作							
作业内容	责任人	文件名	路径名	风险	可能性	影响力	要素	安置地点	测试	杜绝舞弊欺诈	避免利益冲突	防治渎职惰性	防呆滞性错误	合法性	真实性	完整性	截止性	准确性	税务	劳资	安全	环境	反腐	反不正当竞争	生产许可证	国际贸易
1. 采购																										
1.1. 订单采购概述 定义订单采购的所有基本要素 1. 事务处理的类型：详见各标准作业文档定义。 2. 采购领域的角色：索寻、采购、验收、质检、应付会计、主数据维护及各类审批、审核人员等，以及不同角色的兼任限制。 3. 采购标的物类型：库存物资（包括直接购买、寄售代销、加工外包、运输、货代、关税等）、对公费用（PO、银行直扣、免单采购；低值耐用消耗品和服务）。 4. 不同的付款场景：预付和后付、按单付款、银行直扣、免采购单付款。 5. 标准的商务条款：支付工具、付款条件、验收标准、质量保证、违约责任、其他条款（例如商家返利）。 6. 不同的采购政策：什么情况下必需采购合同、多方比价、允许差异。 7. 供应商分类：库存物资（存货预付、应付账款）、长期资产（在建预付、应付资本性支出）、对公费用（其他预付、应付）。 8. 供应商状态：临时、有效、禁用。 9. 供应商管理政策：什么情况下需要做财务评估、质量安全评估。	内控经理	Order Purchase Overview.doc	P:\IC\Design\1.Purchase\1.1.0 Order Purchase Overview	在采购领域的某些局部出现遗漏或冲突，形成内部控制的盲点或不协同点。	5	5	将采购领域的日常活动划分为包括供应商主数据等的22种作业，并统一定义原则和边界。	1.1.0	1. 活动类型的定义在逻辑上的完备性。 2. 标准活动类型之外的交易的处理方式。 3. 角色分配的合理性和允许兼任的风险，以及必要的防范措施。 4. 角色分配和兼任限制的实际执行情况。																	
				作业人员的舞弊和错误。	4	5	统一定义采购领域的所有角色并规定哪些角色必须由不同的人员来担任。	1.1.0																		
				对各类活动缺乏明确的操作指令。	5	5	——识别采购领域的各类作业，指定专门的人员负责起草和维护各项作业的标准化文档。	1.1.0		×		×	×		×	×		×			×	×			×	×
				对采购政策、交易条款没有统一的规定，对采购交易缺乏有效的约束。	5	5	统一定义付款方式、付款条件等标准的商务条款以及多方比价、允许差异等采购政策。	1.1.0																		
				对供应商缺乏具有针对性的持续监管。	5	5	按供应商的类型和状态提出相应的财务评估、质量安全评估等管理要求。	1.1.0																		

续表

文档				内控提示						股东权益				财务报告					经营运作							
作业内容	责任人	文件名	路径名	风险	可能性	影响力	要素	安置地点	测试	杜绝舞弊欺诈	避免利益冲突	防治渎职惰性	防呆滞性错误	合法性	真实性	完整性	截止性	准确性	税务	劳资	安全	环境	反腐	反不正当竞争	生产许可证	国际贸易
1.1.1　供应商主数据　详细定义供应商主数据的创建和更新流程 1. 在新供应商出现、原有供应商主动要求信息变更和公司要求的定期审核性变更、通过供应商跟踪识别出的风险警告等情况下，及时启动本流程。 2. 申请人完整填写供应商主数据申请表，严格区分供应商的状态和风险类型，以便有针对性地对附属文件（包括财务风险、质量安全和合作表现等方面的评估）提出明确的要求，同时，也便于依赖供应商状态参数和风险级别来保证其他相关流程的正常运作。 3. 只有获得批准的供应商主数据申请才能到达负责数据维护的职员手中。 4. 由负责数据维护的职员的主管对该职员的所有操作进行复核。 5. 妥善保管供应商主数据申请表及有关附属纸质文档。	操作性财务经理	Supplier Master Data. doc	P:\IC\Design\1. Purchase\1. 1. 1 Master Data	对现有供应商持续监管和变化跟踪方面的失察。	5	5	将供应商定期审核和及时跟踪的事项放入控制日历和季度风险检查清单之中。	6. 17;10. 5	1. 月末供应商信息定期审核清单的发放、执行和完成情况。 2. 季度经营运作风险评估文档对供应商变动跟踪识别的记录。 3. 供应商主数据申请表填写信息和附加文件的完整性和准确性，以及授权批准的充分性。 4. 供应商主数据的真实性、完整性、准确性和唯一性，以及监管性审核的有效性。	x		x	x		x	x		x			x	x			x	x
				供应商信息不够完整和准确，资料不够齐全，出现重复供应商。	4	4	制定标准化的供应商主数据申请表，根据不同情况对附加文件作出规定。使用对方营业执照和税务登记证上的完整法律名称，并在创建新供应商前对供应商主数据文件进行重名检查。	1. 1. 1																		
				对尚处于审核过程中的供应商的受控交易失去监管。	5	4	设定“临时、有效和禁用”三种不同的状态并为前两种状态设定有效期限。	1. 1. 1																		
				供应商在财务信用、质量环保安全方面的隐患可能会给企业带来直接经济损失和产品责任。	4	5	根据供应商的风险和关键级别对供应商进行首次和定期的财务风险评估和质量安全评审。	1. 1. 1;6. 17																		
				供应商的不当进入和主数据录入错误。	4	4	建立供应商的准入审核和批准，指定专人在监管性审核的条件下负责供应商信息的录入。	10. 1; 1. 1																		

续表

文档				内控提示						股东权益				财务报告					经营运作							
作业内容	责任人	文件名	路径名	风险	可能性	影响力	要素	安置地点	测试	杜绝舞弊欺诈	避免利益冲突	防治渎职惰性	防呆滞性错误	合法性	真实性	完整性	截止性	准确性	税务	劳资	安全	环境	反腐	反不正当竞争	生产许可证	国际贸易
1.1.2 备选供应商 备选供应商的管理流程包括 1. 确定哪些采购标的物需要备选供应商。 2. 确定年度备选供应商的目标覆盖率，并作为有关人员的业绩指标之一。 3. 对备选供应商实际覆盖率进行季度审核。	供应商开发经理	Backup Suppliers.doc	P:\IC\Design\1.doc Purchase\1.1.2 Backup Suppliers	在合同谈判方面处于不利局面，供应链稳定性受到严重影响。	4	5	建立备选供应商的强制标准、阶段目标和定期检查机制。	1.1.2	1. 备选供应商的政策和年度目标覆盖率的发布记录。 2. 对备份供应商覆盖率进行季度审核的记录。 3. 有关执行人员的个人绩效评估中是否含有相关指标。			x														

- 采购

采购领域包含存货采购、对公费用和员工费用等不同的模式以及子模式。例如存货采购模式中可能会进一步出现一般交付性采购、自备材料委外加工、供应商管理库存采购等子模式，对公费用中也可能会进一步出现采购单采购以及免采购单采购等子模式，员工费用中还可能进一步出现国外差旅、国内差旅、活动费用等子模式。在任务层面，该领域包含物料主数据、供应商及员工主数据、采购申请、框架性采购协议、交易性采购合同、采购订单、采购附单（采购附单必须隶属于采购订单而创建，不能独立存在。采购主单和采购附单的组合适用于采购同一个标的物时需要和多个供应商同时打交道的采购业务）、交付验收、发票校验、付款申请、退货申请、退货出库、责任索赔、各类折让、返利或免付确认以及款项支付等数目众多的任务。

- 资产

长期资产领域存在着自行建设、一般购置、融资租赁和经营性租赁等不同的模式和子模式。例如，一般采购模式中可能会进一步出现大型投资项目、零星固定资产、电脑软件、无形资产、低值耐用品等不同的子模式。除了与采购领域类似的有关采购性任务之外，资产领域的常见任务还包括资本性支出的论证、交付使用、折旧计算、保修主张、维护合同、维护订单、定期盘点、内部转移、状态变动、资产减值风险评估、处置评估、处置合同、处置订单、实物处置、处置结算等。

- 生产

生产领域的模式是一个较为复杂的变量，就其对财务处理流程、核算方式的要求和对财务结果的影响来看，大型非标产品交付、多品种小批量生产和大批量重复式生产是财务解决方案中必须面对的三个最为基本的模式。在大型非标产品交付模式中，设计、安装调试和服务部门显然成为“生产”和“产能”的一部分，并使得这些部门的人力成本和相关变动费用成为产品的直接变动成本。大型非标产品一般采用单件成本法进行成本核算，采用完工进度法确认销售收入，这不仅和小型产品在完成实物交付时确认销售的财务实践迥然不同，也因设计生产过程中需要大量的资源和资金投入而对供销双方可能出现的违约风险的评估和跟踪提出了极为严格的要求。多品种小批量生产的重要特点是按照工单配备物料、人员、设备和其他资源，按照工单进行产品及在制品成本的核算。大批量重复式生产仅仅在产成品验收入库时按照物料清单对原材料库存进行倒冲，在财务处理流程和核算方法上最为简单。生产领域常见的任务类型有物料主数据、物料清单、仓库主数据、制造单元主数据、生产工单、反工工单、试制工单、拆解工单、生产领料、生产入库、工单结算（材料、人工、费用等耗用情况确认）、库存盘点、存货减值风险评估、生产报废、库存报废、物料移库、物料杂收杂发、物料报废结算等。

- 销售

销售领域存在按完工进度确定销售收入的大型项目业务、以寄售代销方式开展的销售业务、以租赁方式开展的销售业务以及按产品实物交付为节点确定权益和风险转移的普通销售业务等常见模式。构成这些模式的主要任务有客户主数据、大型项目业务投标保证金、大型项目业务竞标报价、标准产品价格主数据、标准产品对外报价、框架性销售协议、交易性销售合同、销售订单及销售附单、银行保函、标的物交付、寄售产品耗用确认、发票生成和邮寄、退换货订单、标的物退换、货款提醒和催讨、往来结算余额确认、大型项目业务风险评估、坏账风险评估、剩余维保义务评估、佣金、折让、返利及坏账确认、保修订单、保修材料及备件发运、保修人工及直接费用、现金赔付结算、款项到账等。

- 财务

财务是一个十分丰富的领域，它包含总账、成本、资金、税务、期末控制、报告和披露、财务预算、资金计划和经营绩效评审等众多子领域。

(1) 总账。该子领域需要完成的任务有会计科目表的维护、期末余额分配表、自动重复分录、自动反冲分录、一般手工分录等。

(2) 成本。成本的设定存在着标准成本和实际成本两种基本模式，而实际成本模式还可以进一步细分为个别计价成本以及在先进先出、移动平均、加权平均等存货移动假设下的多种子模式。每一个模式和子模式都包含成本要素设定、物料成本设定和卷积、成本更新等常见的任务。

(3) 资金。该子领域需要为银行账户管理、利息、股利、贷款的核算和收支、外汇套期保值处理、企业内部资金调度、银行票据管理、发票管理、现金管理、汇票托收等常见任务提供解决方案。

（4）税务。该子领域主要包括所得税会计、报税、退税、税款收支等常见任务。

（5）期末控制。每一次结账都应该是期末控制流程的一次完整的执行过程，期末控制子领域确保所有的交易都须完成核算，所有的控制手段（包括总账明细账的调节、关联公司往来核对、银行调节表）均得到执行并没有重大的遗留问题，以便获得关于过去一个会计期间的准确经营结果和截止到该期末的准确的财务状况。

（6）报告和披露。该子领域包括财务报告的生成和披露信息的准备、财务报告和披露信息在发布前的最终审核和批准。

（7）财务预算和计划。该子领域包含年度财务预算、期间财务计划和短期资金计划三项重要任务。年度财务预算一般是以年度为计划期根据下一年度的经营和资源计划以及详细的业务计划编制的，它是对下一年度企业的财务业绩、财务状况和现金流状况的全面预计和评估；期间财务计划是指在一个预算年度内根据最新的实际状况定期对本年度财务预算作出调整，作为经营运作活动的最新策略指南；短期资金计划则对 5 至 10 周内的现金流作出精确的预计和具体的安排。

（8）经营绩效评审。该子领域提供关于损益表和资产负债表所有重要绩效指标的结构化的完整分析和跟踪工具。经营绩效评审要求企业管理者定期举行经营绩效评审会议，通过实际与计划、历史的比较或是时间序列上的趋势分析找到扰动，并按特性值和影响因素对该扰动加以拆分，逐层钻取直至锁定最具有影响力的个体，从而形成扭转颓势、扩大成功、实现延伸性目标所需采取的策略和措施。之后，经营绩效评审还需要通过其跟踪工具，制订和下达明确的行动方案，以期在下一次评审会议中审核行动方案的落实情况和后续效果。

- 综合

该子领域包括综合授权制度、经营风险管理、内部控制执行有效性测试、内部控制设计有效性评估、内部控制变化应对性评估等综合性任务。

● 其他

其他领域主要包括人事职能的薪酬社保的计算、确认、账务处理和款项支付以及员工离任、换岗、调薪的主数据管理，法务职能的合同管理、印章管理和法律文件管理以及资讯职能的ERP系统及服务器文档权限控制等任务。

由于财务解决方案中涉及的许多任务与财务以外的职能部门存在着密不可分的关系，完成这些任务的业务操作和事务处理的流程、方法和工具在相关职能部门可能都有各自的定义，因此，协调好两者的边界对于建立系统化的完整企业模型至关重要。简单地说，财务解决方案面向事务处理，关注与之相关的人员的分工、文档要求、数据完整性和依赖性以及基于事务数据的格式报告和商务智能，而其他职能领域的解决方案则面向业务操作。例如，采购职能解决方案中需要考虑的供应商评价、市场预测和研究，销售职能解决方案中包含的销售活动计划和跟踪、客户拜访支持和资料更新等均属业务操作支持功能。对于那些对财务结果、财务报告以及内部控制存在着直接和（或）间接的可追索性影响的任务，财务解决方案中所定义的流程、方法和工具是必须遵循的“刚性”约束。因此，在企业建模时，应该以财务解决方案为主线，兼顾来自其他职能领域的技术性和操作性要求。

账簿设置和总账数据粒度

● 会计账簿体系

总账和明细账、交易凭证和会计凭证是构成会计账簿体系的基本元素。它们之间的结构和关系可以通过图5.3-7得到说明。

(1) 总账和明细账。会计账簿体系由居于中心地位的总账和作为总账补充说明的若干本明细账组成。总账实质上是一套完整的会计科目表以及表中各个科目的余额和它们在财务报表中的报告行次，财务报告是基于总账编制而成的，总账的重要性不言自明。

对于有些总账科目而言，仅仅具备科目的余额是不够的。为了明确掌握资产的具体组成、债务和债权各方的往来细节，这些总账科目需要借助明细账来加以说明和管理。常见的明细账包括现金明细账、银行存款明细

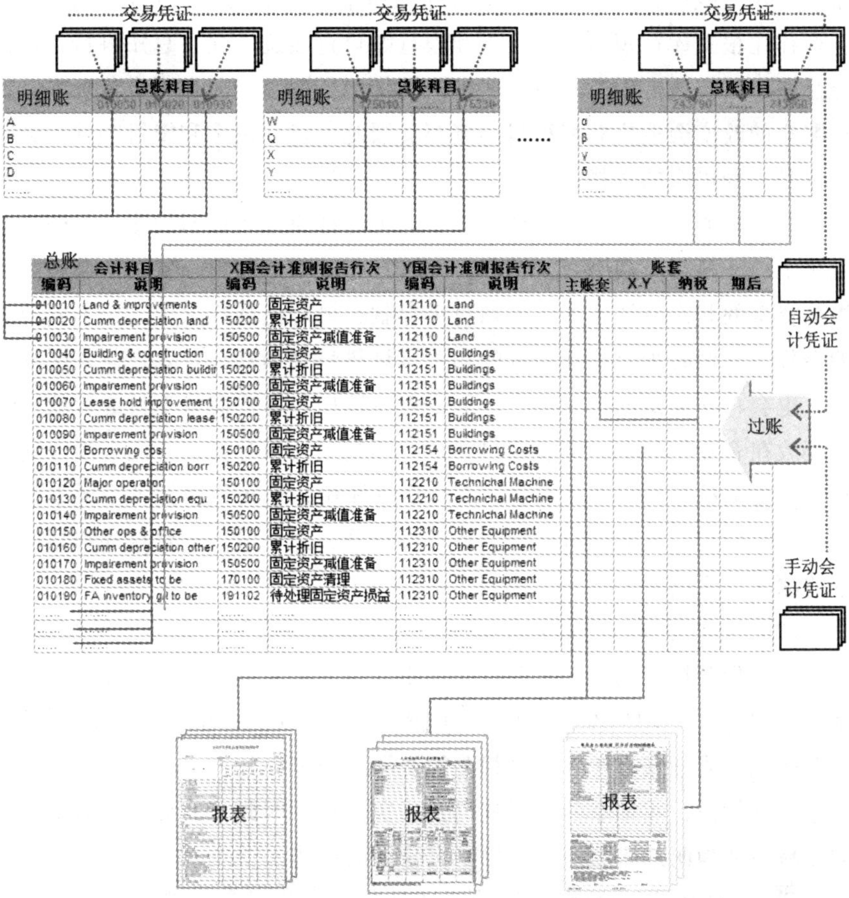

图 5.3-7 会计账簿体系

账、存货明细账、客户往来明细账、长期资产明细账、供应商往来明细账。现金明细账按照库存现金的负责人逐一设置，银行存款明细账按照银行账户逐一设置，存货明细账按照仓库和物料种类逐一设置，客户往来明细账按照客户逐一设置，长期资产明细账按照在建项目和资产编号逐一设置，供应商往来明细账根据供应商逐一设置。损益表级费用科目（如制造费用、销售费用、管理费用、研发费用等）也可以效仿这种方式根据各自的费用细目逐一设立明细账，对个别费用细目的支出情况做详细的分类核算，而费用的预提、准备和分摊等会计处理可以完全针对损益表级费用科目来进行，避免这些会计处理对费用细目实际支出状况的扭曲，从而大大提高费用细目支出汇总报告对于部门费用预算负责人的可理解性和实用性。在实践中，由于现金和银行存款明细账提供的也只是资金的金额，企业往往根据库存现金的负责人和银行账户直接逐一建立总账科目，这部分总账科目实质上同时具备了明细账的作用。但由于库存现金负责人、银行账户的改变会造成总账科目的废弃，因此，建立现金和银行存款明细账仍然是一种可取的选择。

某一本明细账的一个合计或多个分类合计应该和该明细账相关的一个或多个总账科目余额吻合。例如，在银行存款明细账中，资金的余额需要根据资金的状态分类，形成类似自由存款、风险抵押存款等多个不同项下的余额，它们必须分别和总账的相关核算科目余额吻合。客户往来明细账中，也会存在类似的情况，往来的余额应该按照客户尚未支付的货款、客户存放在企业的押金、企业应付客户的佣金等性质分类，它们必须分别和总账的相关核算科目余额吻合。存货明细账中，也可以按照各个成本要素以及关联公司间利润等对存货金额进行细分，这样做便于对存货和制造成本的深入分析以及关联公司报表合并。

（2）交易凭证和明细账。明细账提供组成总账科目余额的明细余额，例如，存货明细账提供了按照仓库和物料细分的余额，这些余额是组成总账科目“存货”的明细。同时，明细账又是交易凭证的分类标记，通过这个标记，明细账将所有与之相关的交易凭证聚集到了它的旗下，每产生一笔交易凭证，明细账的余额就得到一次刷新。因此，聚集到明细账旗下的交易凭证为明细账的余额提供了交易级的证明。

（3）会计凭证和总账。会计凭证是对总账科目余额进行更新操作的指令。会计凭证通过手工录入方式或自动集成方式得以创建，经合法批准后，系统会根据该会计凭证所载有的科目和金额等细节自动执行过账，即完成对总账科目余额的更新。会计凭证多是依据前序交易凭证而创建，例如，在确认了供应商发票（交易凭证）之后，供应商往来会计便能以此创建借记预计负债、贷记应付账款的会计凭证。它和前序凭证通过凭证编号互为索引，成为整个凭证锁链和审计线索的端点。总账科目余额的每一次变动都可以找到相应的会计凭证的支持，并由此出发，沿着审计线索到达凭证锁链上的任何一个环节，直至整个锁链的起点。

（4）总账会计科目表。总账会计科目表基于场景结构中的资产负债单元而设立，每一个资产负债单元都可以有各自不同的总账会计科目表。科目表除了需要定义每一个会计科目的代码、名称以及简要说明之外，还需要按照相关的会计准则确定每一个科目在财务报表中的报告行次，即建立会计科目和报表行次对照表。在该对照表中，会计科目和报告行次必须且只能是 n：1 的关系，某个科目和多个报告行次对应时，需要把该会计科目降级成多个科目，使得降级后的每个科目具有更小的粒度，以便和唯一的报告行次对应。当某个资产负债表单元需要按照多个会计准则体系向有关方面提供不同的财务报告时，就需要按照这些会计准则为每一个会计科目建立多个会计科目和报表行次对照表，并且在每一张对照表中都保持上述 n：1 的关系。一般地，科目表需要对应的会计准则体系越多，就需要会计科目具有更小的粒度。

（5）总账科目余额账套。当系统完成了会计凭证的过账之后，科目表中相关会计科目的余额就发生了改变。科目表中的一组余额被称作一个账套。同一个科目表可以存在多个账套，多个账套是协调不同会计准则体系之间通过科目报告行次无法调解的差异、企业所得税纳税调整以及期后审计调整的有效技术手段。在多账套的情况下，系统需要指定其中一个为主账套，其余都为辅账套。主账套按照某一个会计准则体系对企业的日常经营运作活动进行会计核算，其余每一个会计准则对应一个独立的辅账套，用于记录该会计准则下的会计核算和主账套核算之间无法通过科目报告行次的变化而得到调解的差异。另外，企业所得税纳税调整以及期后审计调整也需有各自独立的账套，用于记录因企业所得税纳税核算需要而对主账套核算所做的调整以及在期末关账后根据审计意见在期后对上期会计核算所做的调整。这样，通过同一套会计科目在多个账套余额的不同组合，来满足不同会计准则体系、企业所得税纳税调整前后、期后审计调整前后的所有财务报告的需求。

- *总账数据粒度*

总账数据的基本粒度取决于企业模型中的场景结构以及基于资产负债表单元而定义的总账会计科目这两个基本维度，这样的数据粒度只能满足企业内部和外部对财务数据的基本需求。企业实践中存在的更为深入的数据需求需要借助于会计凭证层面在补充维度的进一步标识或拆分。以下列举了部分常见的总账数据补充维度。

（1）变动种类。不同种类的交易都可能会对同一个总账科目的余额发生影响，有时候，将这些受影响的金额按照交易种类作出细分是十分必要的。例如，购入、折旧和处置固定资产对固定资产原值和净值科目的余额都会产生影响，在编制固定资产变动表时，如果会计凭证中含有变动种类标记，那么此类信息便可以直接通过凭证汇总报告自动产生。对于使用直接法编制的现金流量表而言，正确区分影响库存现金、银行存款以及应收票据、应付票据科目余额的不同变动种类，能够使得直接法现金流量表的出具变得极为容易。因此，为需要进行余额变动分析的总账科目设定专属的变动种类参数值，并强制每一笔影响该总账科目的会计凭证都取得变动种类的标识，是提高总账交易信息使用效率和效果的重要手段。

（2）货币类型。在会计核算中，所有的总账余额及其变动都采用本位币记账，这使得货币种类配比形态的计划和汇率风险的分析变得十分困难。如果会计凭证含有原始交易币种的标识，就能够使得这个问题迎刃而解。

（3）交易对手。在会计凭证中带有交易对手的信息，或者使得不具备交易对手明细账的总账科目（例如存货、销售收入）的余额按照交易对手（尤其是关联公司）细分，可以大大提升管理报告的编制效率以及关联公司交易披露和报表合并的自动化进程。

（4）综合任务。另外一项常见的总账数据补充维度是经营性支出事由。经营性支出在会计核算中通过差旅费、咨询费等费用细目汇总到制造费用、销售费用、管理费用等损益表级别的总账费用科目后进入当期损益，但企业也经常需要从支出事由的维度来考察某一项综合任务在执行过程中的经营性支出总额。综合任务就是为满足企业管理者这方面的需求而设立的总账数据补充维度，它为用于某一项综合任务的每一笔经营性支出贴上了该任务的身份标签，便于管理者穿越费用科目对综合任务的支出情况进行汇总。

资源成本集成的基本原理

资源成本的集成就是为需要持有和（或）需要交易的经济资源设定单位成本。没有资源成本的集成，企业不但不能够根据其资源的持有数量推算出持有成本，而且，在交易发生的时候，也无法根据交易的资源数量确定交易金额。存货是企业中需要持有和交易的最为常见的经济资源。在服务行业，企业虽然不需要像对待存货那样对各类标准服务项目或各级服务人员的可使用小时的持有量进行计量，但作为这类企业的主要交易标的物，各类标准服务项目（各级服务人员的每小时服务也可以看作是一种最为简单的标准服务项目）仍然需要具有单位成本的设定。在上述诸多资源类别中，存货的成本设定技术是极其复杂的。下面就以存货为背景，对成本设定技术进行三个方面的讨论。

- 成本模式

正如本小节上一个段落中提到的那样，成本的设定存在着标准成本和实际成本两种基本模式，而实际成本模式还可以进一步细分为个别计价成本以及在先进先出、移动平均、加权平均等存货移动假设下的多种子模式。企业进行财务解决方案建模时，首先须确定统一的成本模式。在标准成本模式下，企业成本会计需要为每一种物料设定标准的单位成本，存货的收取和发出都是以该标准的单位成本为依据加以计量，同时，根据存货收发交易的性质，对实际成本和标准成本之间的差异加以必要的分摊处理。在实际成本模式下，收取存货时的单位成本是根据该项存货的实际收取数量和实际需要支付的成本来确定的，发出存货时的单位成本则按照不同的存货移动假设而确定。不同模式下的成本计量和交易核算的方法和技术各不相同。

- 成本要素

在成本模式确定的前提下，企业还需要进一步完成成本要素的定义，并对每一种物料、半成品和产成品的各项成本要素进行赋值。成本要素是物料实体型的数据项，是构成成本的基本成分，是在任何成本模式下都需要考虑的基本设定。常见的成本要素包括：

（1）直接采购成本。直接采购成本是指直接从供应商处采购的物料达到可用状态（合乎品种、质量、地点和时间等方面的要求）的单位全部直接成本。在实际成本模式下，直接采购成本的赋值是由系统根据采购单价格自动完成的。在标准成本模式下，该成本要素需要由成本会计在系统中建立相关的成本假设数据（例如最近一次的实际交易单价或过去12个月的平均交易单价为基数以及相应的价格变动指数）后由系统自动计算结果并完成赋值，或是由成本会计根据相关的成本假设数据离线计算出结果后以手工录入方式完成赋值。

（2）变动采购费用。变动采购费用是指采购部门的管理和运作费用中和采购活动成正比的所有支出项目之和在单位采购物料中的分摊额，属间接采购成本。该成本要素可以根据金额的大小拆分成更加具体的项目，或并入固定采购费用。该成本要素需要由成本会计在系统中建立相关的成本假设数据后由系统自动计算结果并完成赋值，或是由成本会计根据相关的成本假设数据离线计算出结果后以手工录入方式完成赋值。

（3）固定采购费用。采购部门的管理和运作费用中除变动采购费用以外的所有支出项目之和在单位采购标的物中的分摊额，属间接采购成本。固定采购费用一般不做进一步拆分。该成本要素的赋值方式和变动采购费用的赋值方式相同。

（4）直接人工成本。凝聚在单位产品中的直接从事生产服务的一线人员的劳动力成本。劳动力成本是包含直接人工的基本工资、津贴、社保、福利、奖金等所有报酬项目在内的完全雇佣成本。该类人员的劳动时间和产出量成正比。该成本要素的赋值方式和变动采购费用的赋值方式相同。

（5）变动制造费用。制造部门的管理和运作费用中和生产活动成正比的所有支出项目之和在单位产品中的分摊额，属间接制造成本。该成本要素可以根据金额的大小拆分成更加具体的项目（例如，在高耗能的行业，电费可能会被作为一项单独的变动制造费用），或并入固定制造费用。该成本要素的赋值方式和变动采购费用的赋值方式相同。

（6）固定制造费用。制造部门的管理和运作费用中除变动制造费用以外的所有支出项目之和在单位产品中的分摊额，属间接制造成本。固定制造费用一般不做进一步拆分。该成本要素的赋值方式和变动采购费用的赋值方式相同。

值得注意的是，上述成本要素中除了直接采购成本外，其余任何一项成本因素在绝大部分企业的实践中均难以严格合乎实际成本模式的标准。除了直接采购成本外，其余所有成本要素的确定均需要基于一定的成本假设，这些假设包括产量（或产能）、人员配备、直接人工薪酬总额、直接人工计划工时和额定工时、变动费用消耗率、固定采购费用总额以及固定制造费用总额等，在实际采购和生产过程中，准确地确认这些成本要素凝聚在单位物料、单位半成品和单位产成品中的金额几乎是不可能的。实际成本和设定成本之间的差异在所难免，成本差异的分摊也因此成为任何成本模式都需要面对的任务。

• 成本卷积

对于存货而言，在完成了成本要素的设定和赋值之后，单位成本的设定远没有完成。上述成本要素的计算只能给出发生在本层的单位成本，这对于直接从供应商处采购的物料而言可能已经是完整的成本了，但对于在外购料件基础上加工装配而成的半成品、产成品而言，完整的成本需要根据其物料清单将所属各层物料、部件、半成品由下至上逐层累加后方能获得，这个过程被称作“成本卷积”。

成本卷积的原理可以通过图 5.3－8 得到清晰的说明。在图 5.3－8 中，每个单位的总装件 A0 由 2 个单位的组装件 S1 和 2 个单位的采购件 P1 装配而成，而每个单位的组装件 S1 又由 1 个单位的采购件 P2－1 和 3 个单位的采购件 P2－2 装配而成。总装件 A0 的成本需要通过处于三个层次上的 5 个不同物料的本层成本的卷积方能获得。成本卷积由系统根据处于各个层次的每一种物料的本层成本要素的赋值，沿着物料清单提供的结构路径自下而上自动地完成。卷积计算确定了物料 A0 的总成本为 1 023 元。其中，直接采购成本为 860 元，固定采购费用分摊额为 40 元，直接人工成本为 100 元，变动制造费用和固定制造费用分摊额分别为 7 元和 16 元。

会计核算集成的基本原理

会计核算的集成是综合性财务解决方案对交易进行自动会计核算的实现技术。交易是指对企业财务后果和（或）财务关系具有直接或间接影响的经营运作活动。会计核算集成技术根据交易的种类自动地识别出会计分录的借贷科目，根据交易的金额和借贷科目自动创建会计凭证，并最终根据会计凭证自动更新总账科目余额。上述原理可以通过图 5.3－9 加以说明。

会计核算集成的关键在于根据交易的种类完成对会计分录的借贷科目的自动识别，而实现对会计分录的借贷科目的自动识别必须依靠会计字典，这就好比根据字形来确定其读音和释义需要用到语言字典一样。然而，会计字典并不只是一份由交易种类到借贷方科目的简单对照表，而是基于多种数据实体、具有优先级的一组对照表。系统将优先按照优先级别高的对照表实施自动会计核算，当优先级别高的对照表无法为当前发生的

物料层次:顶层
物料代码:A0
物料类型:总装
物料数量:×1

A0	直接采购成本	变动采购费用	固定采购费用	直接人工成本	变动制造费用	固定制造费用
成本卷积总额	860		40	100	7	16
本层成本总额				40	3	6
本层单位成本				40	3	6

物料层次:1层
物料代码:S1
物料类型:组装
物料数量:×2

S1	直接采购成本	变动采购费用	固定采购费用	直接人工成本	变动制造费用	固定制造费用
成本卷积总额	740		36	60	4	10
本层成本总额				60	4	10
本层单位成本				30	2	5

物料层次:2层
物料代码:P2-1
物料类型:采购
物料数量:×1

P2-1	直接采购成本	变动采购费用	固定采购费用	直接人工成本	变动制造费用	固定制造费用
成本卷积总额	70		3			
本层成本总额	70		3			
本层单位成本	70		3			

物料层次:2层
物料代码:P2-2
物料类型:采购
物料数量:×3

P2-2	直接采购成本	变动采购费用	固定采购费用	直接人工成本	变动制造费用	固定制造费用
成本卷积总额	300		15			
本层成本总额	300		15			
本层单位成本	100		5			

物料层次:1层
物料代码:P1
物料类型:采购
物料数量:×2

P1	直接采购成本	变动采购费用	固定采购费用	直接人工成本	变动制造费用	固定制造费用
成本卷积总额	120		4			
本层成本总额	120		4			
本层单位成本	60		2			

图 5.3-8　成本卷积（单位：元）

交易提供借贷方会计科目时，系统会自动转到处于下一个优先级别的对照表中去查阅，以此类推。会计字典所涵盖的所有交易种类构成了标准交易集，但标准交易集很可能无法穷尽所有的实际交易种类，为此，会计字典可以为标准交易集范围以外的交易种类分配一组过渡性会计科目，之后通过手工方式将余额转往正确的科目。为了确保所有过渡性科目的期末余额都为零，在期末控制中应将所有过渡性科目余额都为零设定为关闭会计报告期间的必要条件。

● 资产负债表级会计字典

在资产负债表场景单元，财务模型需要配置一套完整的会计字典。显然，这一级别的会计字典只能根据每一种类的交易最为一般或常见的情形设定会计科目，因此，资产负债表级会计字典是优先级别最低的会计字典。尽管如此，资产负债表级会计字典仍然是十分必要的，粗放的交易分类所换来的是核算方面的高度严密性，这使得它成为具有更高优先级别的

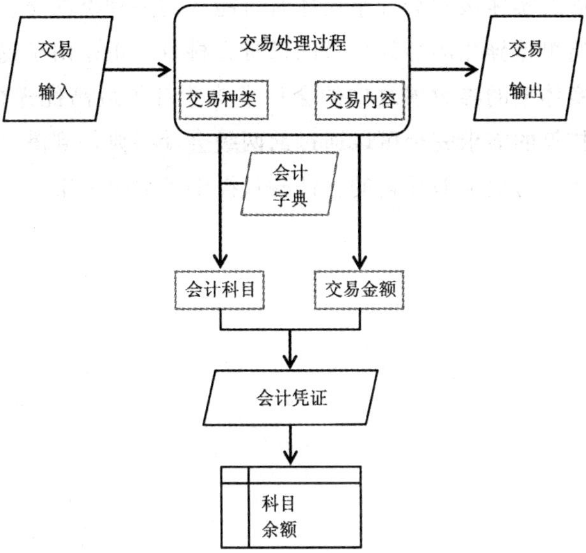

图 5.3－9 会计核算的集成

另外两部会计字典的可靠后备。

- 动态实体级会计字典

动态实体是记录作业处理实况的凭证数据，订单、发票、出库单、检验单、会计凭证等都是动态实体的具体实例。交易的种类体现在其执行过程中创建的凭证的种类，换句话说，用户通过选择需要创建的凭证类型来实现某个种类的交易操作。因此，会计分录的借贷方科目便被安置在了该凭证实体型的参数项之中。和资产负债表级会计字典相比，这一级别的会计字典是基于具体的交易凭证种类而配置的，交易的性质和细节更加清晰和具体，因而具备更高的优先级别。

- 静态实体级会计字典

静态实体是现实世界中的基本经济元素，客户、员工、仓库、物料、供应商、产品、设备等都是静态实体的具体实例。安置在动态实体型的参数项中的会计字典，其借贷方会计科目按照凭证类型配置，这虽然比资产负债表级的会计字典有了更加明细的交易分类，但是同样种类的交易凭证可以为不同的物料、产品、客户、供应商、员工等静态实体所用，因此，只有建立在静态实体级的会计字典才有可能在同一种类的交易中针对具体的交易内容给出差异化的会计分录的借贷方科目。正是由于这种优势，被安置在静态实体型的参数项之中的会计字典才有了最高优先级别。当然，大部分会计核算的需求完全可以通过前两级会计字典得到满足，但静态实体级的会计字典为更加差异化的会计核算提供了解决方案。

参 考 文 献

1. Weihrich H. , Cannice, M. V. , Koontz, H. *Management: A Global and Entrepreneurial Perspective Twelfth Edition.* McGraw – Hill, 2008

2. Donnelly, J. H. , Gibson, J. L. , Ivancevich J. M. *Fundamentals of Management Tenth Edition.* McGraw – Hill, 1998

3. Robbins S. P. 著，黄卫伟等译．管理学．第 4 版．北京：中国人民大学出版社，1996

4. Porter, M. E. *Competitive Strategy: Techniques for Analyzing Industries and Competitors with a New Introduction.* New York: The Free Press, 1998

5. Kaplan, R. S. , Norton, D. P. *The Balance Scorecard: Translating Strategy into Action.* HBS Press, 1996

6. Kaplan, R. S. , Norton, D. P. *The Strategy – focused Organization: How Balanced Scorecard Companies Thrive in the New Business Environment.* Harvard Business School Publishing Corporation, 2001

7. 徐志跃等．"过去八十年中最具影响力的十大管理思想"．哈佛商业评论．2003. 01

8. 顾培亮．系统分析．北京：机械工业出版社，1991. 10

9. Wight, O. W. *Manufacturing Resource Planning: MRPII Unlocking America' s Productivity Potential Revised Edition.* John Wiley & Sons Jun. , 1984

10. Plossl, G. *Orlicky's Materials Requirement Planning Second Edition.* McGraw – Hill, 1995

11. Brady, J. A. , Monk, E. F. , Wagner, B. J. *Concepts in Enterprise Resource Planning.* Course Technology, 2001

12. Vitt, E, Luckevich, M. , Misner, S. *Business Intelligence: Making Better Decision Faster.* Washington Microsoft Press, 2002

13. Ptak, C. A., Schragenheim, E. *ERP: Tools, Techniques, and Applications for Integrating the Supply Chain.* St. Lucie Press, 1999

14. 陈启申. *ERP*—从内部集成起步. 第 2 版. 北京：电子工业出版社，2005. 04

15. 程控、革扬. *MRPII/ERP* 原理与应用. 第 2 版. 北京：清华大学出版社，2006. 03（2007 重印）

16. APICS *APICS. Dictionary Eleventh Edition*

17. APICS *APICS. Guideline for ERP*

18. APICS *APICS. Operations Management Body of Knowledge Framework*

19. Enns V. "*A Brief Overview of MRP*". APICS Calgary Chapter Newsletter Mar, 2008

20. GartnerGroup, Inc. *ERPII: The Boxed Set* GartnerGroup Inc, 2002. 03. 04

21. Gartnergroup, Inc. ERP is dead — *Long Life ERPII*, Gartner Group Inc., 2000. 10. 04

22. AMT ERP 专家组. 企业资源计划（*ERP*）初阶. AMT－企业资源管理研究中心，2003. 07

23. AMT ERPII 专家组. *ERPII* 初阶. AMT－企业资源管理研究中心，2003. 08

24. 王玉荣、孔祥云. 大型管理应用软件 *SAPR/*3 系统内部结构剖析与实例研究. AMT

25. Mϕller, C. "*ERPII: a conceptual framework for next－generation enterprise systems?*". Journal of Enterprise Information Management Vol. 18 No. 4. 2005. pp. 483－497 Emerald Group Publishing Limited

26. Langenwalter, G. A. *Enterprise Resources Planning and Beyond: Integrating Your Entire Organization.* St. Lucie Press, 2000

27. Hamilton, S. *Maximizing Your ERP System: A Practical Guide for Managers.* McGraw－Hill, 2003

28. O' Leary, D. E. *Enterprise Resource Planning Systems: Systems, Life Cycle, Electronic Commerce and Risk.* New York: Cambridge University Press, 2000

29. 陈庄、毛华扬等. *ERP* 原理与应用教程. 第 2 版. 北京：电子工

业出版社，2006.08

30. 罗鸿．*ERP* 原理·设计·实施．第3版．北京：电子工业出版社，2005.04

31. Curran, T. A. and Ladd, A. *SAP R/3 Business Blueprint: Understanding Enterprise Supply Chain Management Second Edition.* Pearson Education, 2000

32. Röhricht, J., Teufel, T., Teufel – Weiss B., Willems, P. *SAP Process Library: Analyze and Understand SAP Processes with Knowledge Maps.* Pearson Education, 2002

33. Larocca, D. *Sams Teach Yourself SAP R/3 in 24 Hours.* Sam Publishing, 1999

34. Kale, V. 著，朱岩、谢明译．*SAP* 软件实施 *Implementing SAP R/3: The Guide for Business and Technology Managers.* 北京：中国人民大学出版社，2003

35. Curran, T. A., Ladd, A., Ladd, Dennis 著，肖勇波、刘运辉译．*SAP* 报表与电子商务智能．北京：中国人民大学出版社，2003

36. 傅彪、Fu, H. 著，肖勇波、刘晓玲译．*SAP* 业务信息仓库应用指南．北京：中国人民大学出版社，2003

37. 黄骁俭．*SAP Business One.* 中文版7.0. 北京：中国人民大学出版社，2004

38. Nowak H. *Configuring SAP R/3 FI/CO: The Essential Resource for Configuring the Financial and Controlling Modules.* SYBEX, 2000

39. 王纹、孙健．*SAP* 财务管理大全．北京：清华大学出版社，2005.04

40. Williams, G. C. *Implementing SAP R/3 Sales & Distribution.* McGraw – Hill, 2000

41. Brinkmann, S., Zeilinger, A. *SAP R/3 Financial Accounting: Making it work for your business.* Pearson Education, 2001

42. Crum, J. *Special Edition Using Oracle 11i.* Que, 2002

43. James, D., Russell, S., Seibert, G. *Oracle E – Business Suite Financial Handbook: Implement Oracle's Robust Suite of Financial Applications.* McGraw – Hill, 2002

44. Scheer, A. – W. *ARIS – Business Process Frameworks Third Edition*. Springer – Verlag, 1998

45. Scheer, A. – W. *ARIS – Business Process Modeling Third Edition*. Springer – Verlag, 1999

46. Scheer, A. –W. 下一代业务流程管理：*ARIS* 与 *SAP* 应用案例．上海：同济大学出版社，2007. 07

47. 范玉顺．集成化企业建模方法与系统．北京：中国电力出版社，2007

48. 王珊、萨师煊．数据库系统概论．第四版．北京：高等教育出版社，2006. 05（2009 重印）

49. Silberschatz, A., Korth, H. F., Sudarshan, S. *Database System Concepts Third Edition*. McGraw – Hill, 1997

50. Stair, R. M., Reynolds, G. W. 著，张靖、蒋传海译，信息系统原理．北京：机械工业出版社，2000. 01

51. 张海藩．软件工程导论（修订版）．北京：清华大学出版社，1992. 06

52. Hall, J. A. *Accounting Information Systems Second Edition*. 大连：东北财经大学出版社，1998. 03

53. COSO. "*Internal Control—Integrated Framework*". Committee of Sponsoring Organizations of the Treadway Commission, 1992

54. AICPA, *Consideration of Internal Control in Financial Statement Audit: An Amendment to SAS No.* 55. SAS No. 78 New York: American Institute of Certified Public Accountants, 1995

55. Congress of United States of America. "*Sarbanes – Oxley Act of* 2002". The Second Session of The Hundred Seventh Congress of United States of America, 2002. 01. 23

56. SEC. "*Final Rule: Management's Reports on Internal Control Over Financial Reporting and Certification of Disclosure in Exchange Act Periodic Reports*". U. S. Securities and Exchange Commission, 2003

57. PCAOB. *An Audit of Internal Control Over Financial Reporting Performed in Conjunction with an Audit of Financial Statements*" Release No. 2004 – 001 Auditing Standard No. 2 Public Company Accounting Oversight Board

58. COSO. "*Enterprise Risk Management—Integrated Framework*". Committee of Sponsoring Organizations of the Treadway Commission, 2004

59. 企业内部控制标准委员会. "关于印发《企业内部控制规范——基本规范》和17项具体规范（征求意见稿）的通知"（财会［2007］7号）. 2007. 03. 02

60. 财政部、证监会、审计署、银监会、保监会. "关于印发《企业内部控制基本规范》的通知"（财会［2008］7号）. 2008. 05. 22

后　　记

探索企业模型的动力源自我大学时代的管理工程专业背景以及对管理信息系统的偏好。我个人过去16年的财务职业生涯更是给了我大量的机会接触不同的应用系统，这使得我产生了想要驾驭这些系统的共性原理和模型构建的一般规律的强烈愿望。多年来，虽然工作的繁忙和压力日复一日，但这个梦想一直没有磨灭。随着不断的学习、体会、思考和交流，我感觉它离我越来越近。到了2007年，我开始尝试将我的思路加以整理，力图形成体系。期间反反复复，体系和文字经历了多次的推翻和重塑，放弃还是坚持也曾经是我面对过的艰难抉择。直到今天，与读者见面的本书终于有了令我满意的体系的完整性、结构的合理性、逻辑的严谨性、内容的充实性和图文的表现性。

为此，我渴望通过这个机会向所有关心本书、对本书的面世具有重要影响力的师长、朋友和家人表达衷心的谢意！

我要感谢我在河北工学院工业管理工程系（现河北工业大学工商管理学院）学习期间的老师，特别是我的硕士研究生导师——已故教授郑铁梅老师的教诲和指导，感谢时任河北工学院工业管理工程系主任的著名管理学教授张贤模老师对我的培养和提携。两年半的硕士课程学习和课题研究给了我完整的管理学知识体系以及宝贵的信息系统和现代财务的视野。

我要感谢我曾经工作过的跨国公司中的领导和同事，是他们给予我了解、学习、应用和改进现代先进企业管理和财务实践的宝贵契机。

我要感谢时任苏州国家税务局党委书记和局长的糜冠荣前辈、江苏省税务干部学校徐至诚校长和黄建芳副校长以及苏州市、江苏省、国家税务总局高层次复合人才培训班的学员干部。是糜局长对税务干部培训的战略眼光、徐校长和黄校长对培训课程和师资的审慎要求和热切厚望以及培训班学员的支持和肯定引导我从2001年开始对ERP主流商业软件进行了深入的钻研，奠定了我对ERP共性原理的梳理和总结以及对企业模型一般理论的探索和构建的基础。

我还要感谢苏州众勤会计师事务所主任会计师、所长张苏先生和我进行过的许许多多与本书有关的交流，感谢张苏先生向我推荐宝贵的参考资料，并在我遇到挫折时给予我的真诚鼓励。

最后，我还要深切感谢我的家人和朋友：在我为完成书稿而艰苦努力的数年之中，他们给予我深刻的理解和有力的支持，让我感到了饱含亲情、友情的包容和关怀。

愿此书不负这一份份真挚的厚爱！

王　征

2011岁末于苏州